まぼろしの
奇想建築
PHANTOM
ARCHITECTURE

NATIONAL
GEOGRAPHIC

まぼろしの奇想建築
PHANTOM ARCHITECTURE

フィリップ・ウィルキンソン

関谷冬華 訳

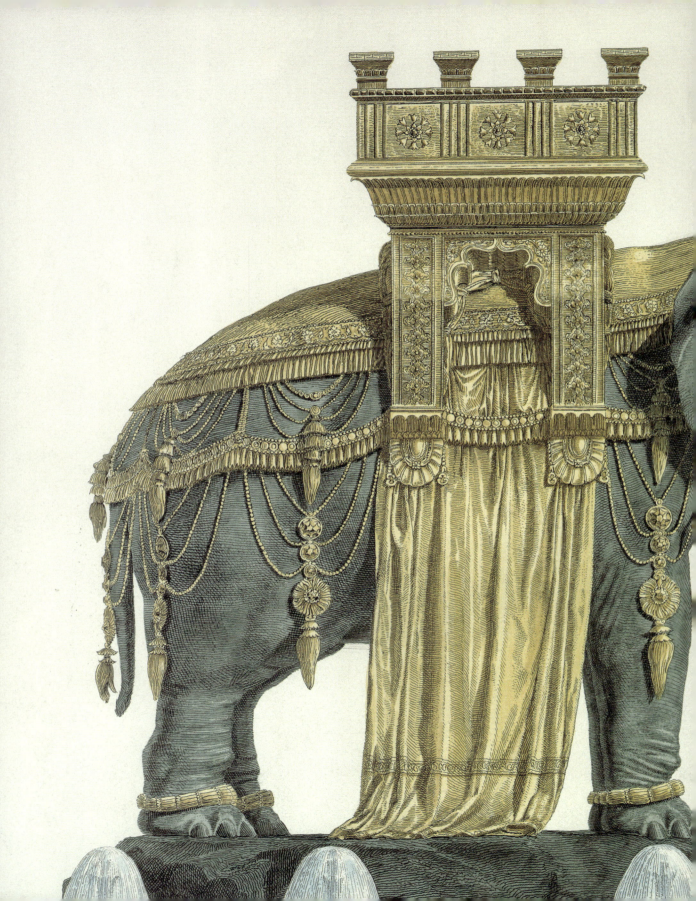

ゾエに捧ぐ

Н. ПУНИН

ПАМЯТНИК III ИНТЕРНАЦИОНАЛА

Проект худ. В. Е. ТАТЛИНА

ПЕТЕРБУРГ
Издание Отдела Изобразительных Искусств Н. К. П.
1920 г.

目次

はじめに 8

CHAPTER 1：夢見た理想の都市 12

ザンクト・ガレン修道院 14
ボーヴェ大聖堂の身廊（しんろう） 18
スフォルツィンダ 22
理想都市のパネル画 26
ダ・ヴィンチの階層構造都市 30
クリスティアノポリス 36

CHAPTER 2：啓蒙時代が生んだ奇妙な空間 40

ホワイトホール宮殿 42
セント・ポール大聖堂 46
勝利の凱旋ゾウ 50
王立製塩所 56
アイザック・ニュートン記念堂 60
国立図書館 66
パノプティコン 70

CHAPTER 3：急成長する都市 74

ニューハーモニー 76
ピラミッド型墓地 82
アクロポリスの丘の宮殿 86
テムズ川の3階建て堤防 90
グレート・ヴィクトリアン・ウェイ 94
リール大聖堂 98
ワトキンの塔 104
国立歴史・美術博物館 108

CHAPTER 4：建築の革命 112

万国博覧会のための音楽堂 114
ホテル・アトラクション 118
キュビスムの家 122
新都市（チッタ・スォーヴァ） 126

第三インターナショナル記念塔 130
庭園のあずまや 134
フリードリヒ通りビル 138
エリエル・サーリネンのトリビューン・タワー 142
アドルフ・ロースのトリビューン・タワー 146

CHAPTER 5：輝く都市 150

雲の鐙（あぶみ） 152
ガラスの家 156
輝く都市 162
橋の上のアパート 168
全体劇場 172
空中レストラン 176
カトリック大聖堂 180
ザ・イリノイ 184
ニューノーシア 188

CHAPTER 6：そして未来へ 192

東京計画1960 194
エンドレスハウス 198
空中都市 202
ウォーキング・シティ 206
ジャージー回廊 212
アメリカ移民記念館 216
マンハッタンドーム 220
ザ・ピーク 226
トゥール・サン・ファン 230
バンコク・ハイパービルディング 234
アジアの石塚 238

主な参考文献 244
索引 246
図版クレジット 254

はじめに

Introduction

　マンハッタンのミッドタウンの大部分を覆いつくす巨大ドーム、アテネのパルテノン神殿の横に建つ王宮、高さ1マイル（1.6キロメートル）の超高層ビル、ゾウの形をした凱旋門……。最終的にはどれ一つとして建設されることなく終わったが、もし実現していれば、歴史に残るすばらしい建物になっていたことだろう。そんな建築物はほかにもある。建築家たちが材料を限界まで駆使し、旧来の常識にとらわれないまったく新しいアイデアを追求し、創造力の翼を自由気ままに広げ、未来を目指した設計は数多い。本書では、そんな建築物にまつわる50の物語を紹介しよう。設計図やスケッチ、模型しか残っていない「幻」の建築は、実際に建設されなかったにもかかわらず、それらはなぜ、今日まで忘れ去られることなく、人の心を惹きつけてきたのだろうか。

　これらの建物が幻に終わった理由はさまざまだ。資金が足りなかったり、予期しない構造上の問題に突き当たったり、規制にひっかかったこともある。依頼主と建築家の間で衝突が起こったり、コンペで負けたり、建築家の気が変わったこともあった。建築用地に建物の設計が合っていなかったり、目的に合わないと判断されたり、「時代の先を行き過ぎている」と評されたものもある。

　それでも、魅力があり、実現すれば息をのむような作品になったであろう建築計画は、そのまま消えることはなかった。デザインとしては優れていながらも、不幸な運命をたどった作品も少なくない。クリストファー・レンが手がけた「セント・ポール大聖堂」のグレート・モデルは、実現していればロンドンを代表する建物になったはずだが、やや伝統から外れていたため、ロンドンの聖職者にふさわしくないと判断された。ミース・ファン・デル・ローエによるベルリンの「フリードリヒ通りビル」や、建築コンペで次点になったエリエル・サーリネンのシカゴの「トリビューンタワー」は、新しい高層ビルのあり方を示した傑作だ。これらは紙上の建築に終わったという意味では失敗だが、明確なビジョンを示したデザインが人々の記憶に残り、世界中の建築家たちがこれらの作品を研究し、真似をしたという点では大成功を収めた。

　傑出した建築デザインの中にも、幻に終わったものがある。例えば、18世紀のフランスの建築家エティエンヌ＝ルイ・ブーレーの「国立図書館」。彼はまた、科学者アイザック・ニュートンにちなん

だ巨大な球形の「アイザック・ニュートン記念堂」という、非常に優れた作品を残した。どちらも結局は建設されなかったが、これらの作品を描いたスケッチには、啓蒙主義という理性を追求する社会の大きなうねりが視覚的にも空間的にも集約され、印象的で純粋なデザインが現在も息づいている。さらに卓越した美しさが刻みつけられていることも生き残った秘訣だろう。ブーレーが設計した建築物はあまりに巨大で実用性に欠けるため、実際に建設される見込みはほとんどなかった。それでもなお、彼のデザインは時代を越えて変わらぬ魅力を発し続ける。

　ブーレーが夢見たのは巨大建築だが、街をそっくり作り変えたり、理想の都市を一から作り上げようとした人々もいる。ユートピアの建設という概念の発祥は、古代ギリシャの哲学者プラトンまでさかのぼる。しかしプラトンは、建築よりも社会や政府のほうに関心を持っていた。ルネサンス時代の哲学者や芸術家もプラトンにならい、ときには自分のアイデアを目に見える形で表現したり、理想都市や長く記憶に残るような建築物を設計したりした。

　ルネサンス時代の理想の都市には、完璧な幾何学図形をなぞったものが多かった。円形や四角形の街が壁に囲まれ、道は車輪のスポークのように放射状に広がるか、同心円状に配置された。このような街のデザインは、無計画な建設のせいで、狭く曲がりくねった路地が無秩序に広がる中世都市への反動だった。理想都市に込められた願いには、建築に秩序を生み出すことだけでなく、整った街にふさわしい秩序を持つ政府と社会を実現することも含まれていた。また、伝染病の流行を抑えるためにレオナルド・ダ・ヴィンチが考えた「階層構造都市」など、現実的な社会問題を都市計画で解決しようとする試みもあった。

　いかに栄えたルネサンス時代であっても、ウルビーノやミラノのようなすでに建設された都市を、完全に整備し直すことはほぼ不可能だった。巨額な費用がかかるだけでなく、生活にも甚大な影響が生じることは明白だったからだ。20世紀に入るとパリやバルセロナ周辺の再開発計画が持ち上がったが、さらに大きな混乱が予想され、必要な予算も以前より多額になっていた。しかし、例えばル・コルビュジエの「輝く都市」をはじめとする20世紀の理想都市は、特に第二次世界大戦後のヨーロッパ都市の再建に大きな影響を及ぼした。だが、ル・コルビュジエの都市計画ほど周到に考え抜かれたデザインの街はごくわずかだ。彼に続く建築家たちはコルビュジエ風の高層ビルを建てたが、周囲に十分な緑地を設けるゆとりはなかったし、コルビュジエのユニテ・ダビタシオン（マンションに店舗や保育所、レストランを併設したビル）の外観を真似

た建物は建てたが、結局は単なる集合住宅にすぎず、共同体のあり方までも再現することはできなかった。

　実現不可能としか思えない夢のような計画もあったが、そのほとんどは最初から荒唐無稽だったわけではない。建築家は、危機的状況に対して、短期間のうちに巧みな解決案を出さなければならないことも少なくなかった。ルネサンス時代のヨーロッパで起きた腺ペストの流行、19世紀の都市の急成長、第二次世界大戦がもたらした壊滅的な被害からの復興など、切迫した需要に応える設計が芸術家や都市計画家、建築家に求められた。問題自体も予想外のものが多かったが、その問題に対応するための解決策もまた意表を突いていた。ヴィクトリア時代のロンドンでは、都市の急速な拡大によって引き起こされた交通渋滞が深刻な問題になっていた。そこで技師のジョセフ・パクストンは、ロンドン中心部をぐるりと一周する長さ11マイル（17.7キロメートル）の屋根つきショッピングアーケードを建設し、その上に鉄道を通すという途方もない計画を思いついた。「グレート・ヴィクトリアン・ウェイ」と名づけられたこの構造をパクストンが考えついた理由は、目の前の問題に対して現実的な解決策が必要とされたからだ。そして彼は、この巨大構造物をデザインする過程で、ロンドンの成功と重要性を示すシンボルも生み出そうとした。

　凱旋門や国家的な記念碑など、何かのシンボルとして生まれる建築物もある。それは、18世紀フランスの絶対王政やロシア革命後の共産主義など、権力や意義を誇示するために用いられたが、不格好な姿だったり、大げさな造りになったりすることもあった。フランスの建築家シャルル゠フランソワ・リバールは、ルイ15世に捧げる記念碑として、ゾウの形をした「勝利の凱旋ゾウ」を思いついた。ばかげた考えのようにも思えるが、これは魅力的でおもしろい設計として歴史に刻まれることになった。このゾウの建設候補地がパリのシャンゼリゼと知ると、よりいっそうの驚きがある。ロシアの彫刻家ウラジーミル・タトリンも、巨大ならせん形の「第三インターナショナル記念塔」を設計し、建設地として18世紀のサンクトペテルブルク（設計当時はペトログラード）を背景にするという挑発的な検討がされていた。この塔は支柱や筋交いがすべて鉄製で、内側にはガラスの箱のような構造物が配置されており、リバールの凱旋ゾウとは違った意味で不思議な形をしていた。数点のイラストとわずかな数の模型しか残っていないにもかかわらず、タトリンの設計は後年の彫刻や視覚芸術に大きな影響を及ぼした。

　建設されなかった設計が後世まで伝わった理由の一つに、図面の完成度の高さが挙げられる。表現主義の建築家エーリヒ・メ

ンデルゾーンの手から、たちどころに生みだされる鉛筆のスケッチや、ザハ・ハディドの美しい構成のカラー図面は、私たちの目を楽しませてくれる。一部の設計者が描く硬い線を使った正確な製図とは違い、彼らの図面は、内容をよく理解する前の私たちの目をも惹きつける。凝った図面ではなくても、魅力を感じさせるものもある。フランク・ロイド・ライトが考え出した高さ1マイル（1.6キロメートル）の超高層ビルの巨大図面や、カール・フリードリッヒ・シンケルがアテネのアクロポリスに建てることを提案した宮殿の優雅なカラーイラストは、あらゆる意味で型破りだが、私たちを納得させる力を持っている。21世紀を生きる私たちにとって、パルテノン神殿の横に19世紀の宮殿を建てたり、シカゴのような風の強い都市に高さ1マイル（1.6キロメートル）もの超高層ビルを建設しようと考えるのは、非常に不合理に思える。だが、図面があまりにすばらしいため、その可能性を認めてしまいそうになるのだ。

　本書に収められた幻の建築物の数々が、人々の記憶にとどめられている理由は、ほかにもある。個人の努力が見事に結実したケースもあれば、建築界の発展に大きく寄与したり、ほかの建築家に大きな影響を及ぼしたりした作品もある。不思議さ、奇抜さから愛され続けてきたものもある。多くの場合、大切なのはそこにある主張だ。有名な、あるいは悪名高い例を一つ紹介しよう。1960年代に、技術者で発明家のリチャード・バックミンスター・フラーは、一風変わったアイデアを次々と発表していた。その中になんとも奇抜なアイデアがあった。マンハッタンのミッドタウンのほとんどを覆う巨大ドームを建設しようというのだ。都市をすっぽりドームに入れてしまえば、エネルギーや水の大幅な節約になるとフラーは主張した。地球上であまり人の住まない地域に巨大ドームを建てて、都市を建設することならできたかもしれない。フラーは、ニューヨークにそんなドームを建設できる見込みがないことを承知していた。だが、ドームのアイデアを世に出せば、より軽量でエネルギー効率に優れた建物や都市の実現につながるのではないかと彼は考えた。エネルギー問題が今ほど深刻な問題になる前から、フラーはその可能性を意識して行動していたわけだ。

　本書に登場する建築物は、それぞれ背景こそ違っているが、どれもが興味深い。統治者や都市の為政者たちがあたためていた構想があり、建築家や都市計画家がよりよい生き方を示そうとした試みがあり、英雄や指導者を称えた記念碑があり、必要に迫られて生み出された窮余の策があり、建築の常識をひっくり返すような挑戦がある。どれ一つとして、私たちは目を離せない。

CHAPTER 1
夢見た理想の都市
IDEAL WORLDS

What would the ideal city be like? How would you

理想の都市とは、どのようなものだろう。
どのような都市でなら、完璧な社会をつくり上げることができるだろう。

　中世からルネサンス時代にかけて、人々はさまざまな方法で理想的な都市を成立させるための答えを探し続けてきた。宗教が重んじられていた中世には、地上の楽園を体現する完璧な大聖堂や、キリスト教社会の理想形である修道院こそが理想の都市だという考えが一般的だった。やがてルネサンス時代に入ると、古代ギリシャやローマの古典様式に近い比率を採用して、すばらしく優雅な建物と街並み、広場がそろった理想都市を設計しようとする試みが始まった。確かにそれらは理想としてはすばらしかったが、実現する見込みはほとんどなかった。ミラノやウルビーノなどの都市にはすでに多くの人々が暮らしていたし、住宅や店や宮殿や教会などのあらゆる建物をいったん取り払って新しい都市を建設するという案は、現実離れしているうえに、費用がかかりすぎる。だが、理想都市の建設計画は、街並みや広場の再開発や、主要な建築物の再建の際に何かの参考になるかもしれないと、そのまま後世に受け継がれた。
　理想の都市を思い描き、紙に書き留めてきた当時の人の多くは、私たちが「建築家」という言葉から想像するような人々ではなかった。現代の建築家は、専門的な勉強をしてきた建築物設計のスペシャリスト

house the perfect community?

だ。しかし、建築家が現在のような専門職になったのは15世紀や16世紀頃のことで、それ以前は、ベテランの石工や彫刻家、職人、技師、画家、作家などが設計者の役割を兼ねていた。19世紀に理想の修道院とされたスイスのザンクト・ガレン修道院の設計を手がけたのは1人の修道士だったようだ。1480年代にウルビーノ公のために非常に美しい理想都市を設計した人物の職業は画家だった。そのわずか数年後に、油彩の技法から工学にいたるまであらゆる技術を身につけたレオナルド・ダ・ヴィンチも、ミラノ公に捧げる有名な理想都市を設計した。

さまざまな時代と場所を背景に生み出されたこれらの理想世界は、禁欲的で質素な中世の修道院から、豪華絢爛なルネサンス調の都市まで、外観も様式もまったく異なる。それでも、設計者たちがそこかしこに残した足跡、例えば未完成のボーヴェ大聖堂、見事というほかないウルビーノの絵画、緻密で複雑なザンクト・ガレン修道院平面図、見る者を魅了するダ・ヴィンチのスケッチ、スフォルツィンダやクリスティアノポリスなどの理想都市の設計図は、私たちに過ぎ去った時間と歴史の中に消えた理想を思い起こさせ、変わらぬ感動を与えてくれる。

夢見た理想の都市

ザンクト・ガレン修道院
千年以上前に描かれた理想の修道院

The Abbey of St Gall

スイス・ザンクト・ガレン 820年頃

「劣悪で粗野で文明のかけらもない」——千年前の生活に対して私たちはそんな印象を持っている。ほとんどの人は正式な教育を受けられず、子供のうちから働き始め、労働は過酷、住居は隙き間風の入るあばら家、水道も明かりもトイレもなく、医療は最低限の自然療法のみというのが当時の生活だった。しかし、同じような状況にあっても、ある一つの集団にとっては事情が異なっていたようだ。その集団とは修道院で暮らしていた修道士や修道女たちだ。彼らの生活は勤労と熱心な祈りであったが、生活環境は驚くばかりに整えられていた。修道院は寒く、現代から考えると生活は厳しい。だが、ほとんどの場所ではきれいな水道水ときちんとしたトイレと最高の医療が整っていた。修道士は読み書きができたし、ロウソクの灯りもあった。当時の生活水準を考えれば、悪くない暮らしを送っていたことになる。

あらゆる施設が整った大規模な修道院

理想の修道院の姿を描いた1枚の平面図が現在も残っている。9世紀に作成されたもので、5枚の羊皮紙が丁寧に縫い合わせられたその大きさは44×30インチ（112×77.5センチ）という巨大さだ。その驚くべき図面には、大規模で設備の整った「ベネディクト修道院」の平面図が描き記されている。図面には、礼拝堂とそれに付随する宿舎や作業場、台所、医務室、馬小屋などが描かれ、最大110人の修道士と100人以上の労働者やゲストを抱えるコミュニティが、自給自足の暮らしを送るために必要なものがそろう。

この文書は、保管されているスイスのザンクト・ガレン修道院にちなんで、「ザンクト・ガレン修道院平面図」と呼ばれる。ローマ帝国衰亡後の5世紀から1250年頃までの間に描かれた主な建築図面の中で、現存する唯一の作品だ。この図面の作成者はよく考え抜き、あらゆるところに神経を行き届かせる人物だったようだ。例えば、修道院の畑はすべて建物で囲われ、それぞれの建物は、木材旋盤や樽作りの工房のように専用の目的を持っていた。図面のあちこちには短い注釈が書き込まれ、建物の目的や庭園、果樹園などの配置がわかるようになっている。あらゆるものが規則正しく配置され、修道院長室は廊下によって礼拝堂と直結している。奉仕者向けの宿坊は修道院長室から離れた、工房や農場の建物に近い利便性のよい場所に用意されている。修道院の一

半円形の礼拝堂

ザンクト・ガレン修道院平面図の礼拝堂の端は、壁が半円形に突出したアプスと呼ばれる構造になっている。西の端の中央には屋根つきの四角い入口があり、両脇に円形の塔が立ち並ぶ。

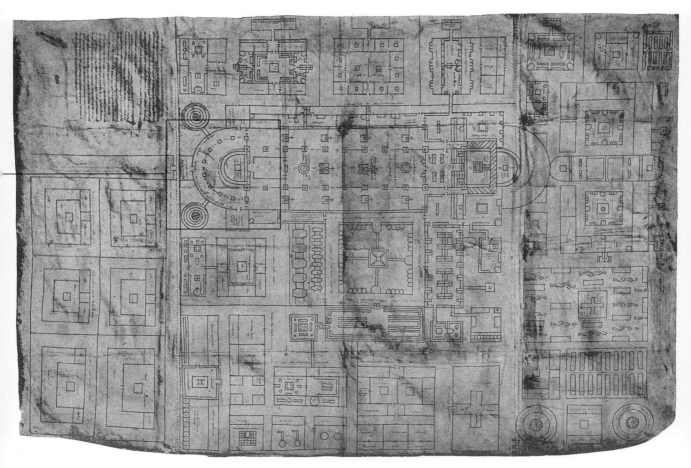

理想の修道院全図

大きな羊皮紙に描かれた平面図には、礼拝堂と隣接する回廊の周囲に40前後の建築物が配置されている。建物の一つ一つに医務室や醸造所など名称が添えられている。

部には古代ローマの建築物と同じような床暖房が設置され、汚物の処理に便利な敷地の端には十分な数のトイレがある。

　この図面はオーストリアのライヒェナウ修道院で描かれ、816年から836年の間に、ライヒェナウの修道院長から、修道院の改修を計画していたザンクト・ガレンのゴベルトゥス修道院長に送られた。わかっている限りでは、その後図面は現在までずっと同修道院に保管されてきた。しかし、図面はかなり広い面積に建物を配置しているが、実際のザンクト・ガレン修道院の敷地にそれほどの広さはない。そのためこれは、ちょうどよい用地と十分な材料と人手があれば実現させたかった、理想の修道院の姿を示しているのではないかと考えられている。この羊皮紙がゴベルトゥス修道院長に献納されていることから、実際に新修道院を建てる際の思惟と考究のための資料だった可能性もある。「親愛なる子ゴベルトゥス、簡単な注釈入りの修道院の設計図面を送る。これに工夫を加えるもよし、私からの献身の証と覚えてほしい」

　ゴベルトゥスは、実際にザンクト・ガレンの修道院を改修する

礼拝堂の内部（後世の想像図）

1982年にアーネスト・ボーンが描いた礼拝堂内部の完成予想図。礼拝堂の東端にあるザンクト・ガレンの墓に向かう身廊が描かれている。

段階で図面をじっくりと検討し、できる限り多くの細部を取り入れようとしていた節がある。ゴベルトゥスによる改修は主に礼拝堂部分に限られていたうえ、礼拝堂は17世紀に再び建て替えられた。ゴベルトゥスが建てた礼拝堂は現在は残っていないが、考古学的証拠から当時の礼拝堂は寸法もデザインも図面とは異なっており、ザンクト・ガレン修道院平面図がそのまま設計図として使用されたわけではないことが明らかになっている。

　ザンクト・ガレン修道院平面図は、あらゆる設備が整い、時代の先端を行く修道院のあり方（当時の教会は、例えば労働者が寝泊まりする宿坊を修道院の外ではなく修道院内部に用意するなどの改革案を取り入れようとしていた）が示されていたという点で模範的な修道院の設計

図だった。この図面は高度な秩序が体現された設計図であり、その秩序には、修道士たちが従うベネディクト会の規律を反映しようとする意図がはっきりと見える。おそらく設計者は究極的な理想の生き方をも表現しようとしたのだろう。

中世の多くの小さな修道院の修道院長たちにとって、図面の施設はかなりぜいたくなものに映ったはずだ。例えば、当時は修練者（まだ修道誓願を立てていない「見習い」期間中の若い修道士たち）や病人専用の部屋を用意している修道院はまれだったが、ザンクト・ガレン修道院平面図では、修練者と体の弱った修道士たちのために専用の区画を設け、それぞれに回廊と礼拝堂と食堂と寝室を用意している。ほかにも、宿泊客を迎え入れる部屋からおびただしい数の工房まで、どこをとっても規模が大きい。

アーネスト・ボーンなど何人もの建築史家が、図面通りに建てた修道院の予想図を描いて公開した。予想図は当時のロマネスク様式に従い、厚い石壁、小さな窓、半円形のアーチ、円形の塔、それに円錐状の屋根がついている。建物内部は非常に簡素だが、礼拝堂には当時の様式の円柱が立ち並ぶ。柱頭には葉などの模様が装飾として彫り込まれたかもしれない。

中世の修道士は自らを神に捧げて仕え、ほとんどの時間を祈りと礼拝と労働に費やし、清貧、純潔、服従の誓いを立て、壁で囲まれた修道院からほとんど外に出ることなく日々を送っていた。彼らは常に理想とされる生活を保ち、修道士たちは（少なくとも理論上は、そして多くの場合実際に）できる限り目指すところに近い生き方をするべく努めていた。ザンクト・ガレン修道院平面図はこのような理想を建築図面に写し取った作品だ。しかし当然ながら、現実の世界では資金にも敷地にも人々の意欲にも限界があり、図面通りの修道院がそのまま実現することはなかった。

さて、21世紀に入った今、図面そのままの修道院が建てられるかもしれない。建設予定地はスイスではなく、ドイツ南西部に位置するバーデン＝ヴュルテンベルグ州メスキルヒだ。この地のキャンパス・ガルリでは、ザンクト・ガレン修道院平面図にならい、9世紀から使われていた材料と技術だけを用いて修道院を建設するプロジェクトが進められている。プロジェクトは長期にわたり、建設費は観光客から集めた資金で賄われる。このプロジェクトでは、中世の建築技術を探り、先人が直面したであろう困難について参加者が学べるという実験考古学的な側面も興味深い。

ボーヴェ大聖堂の身廊 Beauvais Cathedral Nave

高さ50メートルを目指した中世の大聖堂

フランス、ボーヴェ 1225年

　13世紀、フランスの司教たちは競い合って、ほかよりも荘厳でどこよりも高い大聖堂を次々と建てていた。中世の聖職者たちは教会を地上の天国のように考えていた。司教たちは自らが長を務める大聖堂をできる限り高く天に近づけ、どこよりも大きなステンドグラスの窓を通して天から降り注ぐ光で内部を満たしたいと願った。1163年から1250年にかけて建設されたパリのノートルダム大聖堂は、内部が112フィート(34メートル)という記録的な高さだったが、その後もさらに高い大聖堂の建設ラッシュは続いた。シャルトル、ブールジュ、ランスの大聖堂は高さ121フィート(37メートル)前後、アミアン大聖堂の身廊(信徒が礼拝に使う中央の主要な空間)はなんと139フィート(42.3メートル)もあった。そんな時代にボーヴェ司教だったナントゥイユのミロは、大胆にもアミアン大聖堂よりも高い、目もくらむばかりの大聖堂を建てたいと考えた。彼が設定した驚異的な目標は156フィート(47.5メートル)だった。

▎石の重量が問題に

　これほどの高さの建築物を建てようとすれば問題が出てくるのは当然だ。特に、中世の大聖堂の重い石を使ったヴォールト天井(アーチ状の天井)の膨大な重量は大きな問題になった。石造りのヴォールト天井に加えて壁に大きな窓を配すると、天井の重さを支える壁が弱くなってしまう。また、石の重みが壁を外側に押し、壁が崩壊するおそれもある。この問題を解決したのがゴシック建築の技術だ。ゴシック建築ではアーチ状の「フライングバットレス」と呼ばれる大きな構造物で外側から壁を支える。これは天井のアーチを内側に押し、応力とひずみを下方向に逃がすことで壁にかかる力を軽減する。窓を大きくしても問題ない。つまり、ゴシック建築の大聖堂はフライングバットレスと尖頭アーチによる石の骨組みで建物全体を支えているわけだ。このような建築技術を駆使すれば、ボーヴェ大聖堂がどのゴシック様式の大聖堂よりも高い最大の大聖堂に躍り出る可能性はあった。

　ミロが大聖堂改修プロジェクトを始めたのは、ボーヴェの古い大聖堂が火事で焼失した1225年のことだった。焼けた大聖堂の東側は取り壊され、建設作業がほぼ完了するまで、礼拝を行う身廊の部分だけが残った。

　工事は火事のすぐ後に始まった。1272年には大聖堂の東側に

現存するヴォールト天井

ボーヴェ大聖堂の唯一の完成部分である内陣の石造りのヴォールト天井を見上げたところ。目もくらむような高い空間にたっぷりの光が降り注ぐ。

ある内陣（大祭壇のある聖職者のためのスペース）が完成した。その間に、ボーヴェ司教と石工職人たちは、ここをヨーロッパで最も高いヴォールト天井の空間にしようと決めていた。大胆な試みはこれだけにとどまらず、これまでになく大きな窓を設置できるように、内陣を支える石壁は非常に細長く作られた。その結果、光がきらめくステンドグラスが頭上高くまで広がる、危うい構造の建物が完成した。かつて誰も見たことのない広さと高い天井の空間に、当時の人々は驚いたに違いない。まさに建築技術の勝利だった。

しかし、勝利は長くは続かなかった。内陣の完成からわずか12年後の1284年、天井の一部が崩れた。嵐のような強風にフライングバットレスが耐えられなかったことが原因だと思われた。再建に向けた動きはすばやかった。ヴォールト天井はリブと支柱を追加して補強された。だが、時代はすでに転換期にさしかかっていた。その後の200年間で建築された大聖堂はすべてそれまでより小規模なものばかりだった。百年戦争などの大きな出来事が重なり、経済的な制約が出てきたことも無関係ではないだろうが、ボーヴェ大聖堂の崩壊も高さを競い合う大聖堂の建築競争に歯止めをかけたに違いない。それから中世が終わるまで、ボーヴェ大聖堂の身廊の高さの記録に挑む石工は現れなかった。

▍高さ150メートルの尖塔も

13世紀のうちに完成したのは内陣だけだった。それからしばらくの間、ボーヴェ大聖堂は内陣の部分だけが建っていたが、16世紀に入って建築の第二段階として、翼廊（礼拝堂内の左右に張り出した部分）と中央尖塔を建てようという新たな計画が持ち上がった。翼廊の高さは内陣と同じで、中央尖塔はそれより高い500フィート（153メートル）前後もの計画で始められたが崩落した。石工たちは破片を片づけ、翼廊が完成したところで工事を打ち切った。教会は西側に延びるはずの身廊を欠いたままで、その後も建築されることはなかった。西側に風雨を防ぐ壁が作られたが、大聖堂は未完成のまま現在に至っている。

もし身廊が完成していれば、建物の長さはおよそ2倍になり、ヴォールト天井の高さも同じくらいになるはずだった。どんな中世の教会をもしのぐ圧巻の光景が見られたかもしれない。さらに、身廊には視覚的にも構造的にも大聖堂のバランスをとる役目があったが、そもそも大聖堂は建築開始当初からもろさの問題を抱えていた。どこかの時点で、おそらくは最初に天井が崩落した1284年の直後、建物を補強するために鉄製のつっかい棒が入れられた。19世紀には一時的につっかい棒が外されたことがあったが、強

さらなる高さを求めて

ボーヴェ大聖堂の断面図。大聖堂の石造り部分の大半が巨大なフライングバットレスによって外側から支えられていることがわかる。石のヴォールト天井の上には木枠の屋根があり、大聖堂の高さをさらに増す設計になっている。

い風が吹くと建物が危険を感じるほどに揺れたため、すぐに代わりとなる鉄骨が入れられた。

　中世の石工職人たちは、数世紀にわたって数々の建築物を建て続けた。特に12世紀から13世紀にかけては、非常に大胆な試みとも思えるヴォールト天井の大聖堂がいくつも誕生した。ときには試行錯誤を繰り返し、ときには計算により、彼らはフライングバットレスの最高の角度と曲線、ヴォールト天井を支えるリブの重量とサイズについての知識を蓄えていった。壁をどこまで薄くできるか、柱をどこまで細くできるか。職人たちは限界が迫っていることを知っていた。だが、彼らは新たな大聖堂を建設するたびにじわじわとハードルを上げていった。高さは数フィート（1〜2メートル）ずつ高くなり、ステンドグラスは数平方フィート（1〜2平方メートル）ずつ広がった。建築物が崩壊することは希だったとはいえ、ボーヴェ大聖堂の例は、微妙なバランスの維持が必要な石積みの建物の限界を示したといえるだろう。現在のボーヴェ大聖堂は、壁にひびが入り、鋼鉄製のつっかい棒で構造を支えている状態だ。翼廊は木材や金属の支柱で補強されながらも、かつての勝利を証するようにそびえ立ち、ゴシック建築の果敢な挑戦とそのもろさを現在に雄弁に語り伝えている。

スフルツィンダ

自分とパトロンを神にしようとしたルネサンスの再現都市

Sforzinda

イタリア、ミラノ　アントニオ・ディ・ピエトロ・アヴェルリーノ　1450年頃

　人は「古き良き時代」に憧れを抱くものだ。すべての人が素直で誠実に生き、国は公明正大な王や政府によって正しく治められ、人間と動物は仲よく一緒に暮らし、貧しい人は誰ひとりもおらず、みんなが幸福で太陽はいつも光り輝いている。ギリシャ神話にはそんな遠い過去の時代を描いた伝説がある。この理想の世界の伝説はさまざまに形を変え、エデンの園になったり、歴史上のどこかの時代の物語になったりした。古代ギリシャとローマには、黄金時代の伝説があった。ギリシャの詩人ヘシオドスは人類の最初の時代であった黄金時代についてこのように記している。「人間は神々のように生きて、悲しみを感じることはなかった」

黄金都市につながる架空の歴史

　古代の文化を復興しようとするルネサンス運動がイタリアで起こると、黄金時代の伝説は当時の作家や芸術家の間で広く知られるようになった。ルネサンス時代のイタリアの都市部の人々は、フィレンツェやシエナを大いに繁栄している文化的都市だと称したが、災害や汚職、疫病や戦争から逃れることはできなかった。伝説の幸せな時代を再現したい、少なくとも当時の幸福に近づきたいと望んだルネサンス時代のイタリア人たちは、公明正大な政府にふさわしい理想都市の設計を考えるようになった。

　ミラノは、15世紀後半に最も栄えた都市の一つだった。1450年以降のミラノはスフォルツァ家の支配下に置かれていた。スフォルツァ家の初代当主は、同年にミラノを征服して4代目ミラノ公となったフランチェスコ・スフォルツァだった。彼のお抱えの主任建築師兼技師はアントニオ・ディ・ピエトロ・アヴェルリーノという名前の男で、「フィラレーテ（徳を愛する者）」と呼ばれていた。フィラレーテはフィレンツェで生まれたが、フランチェスコがミラノ公の座につくと同時に彼に仕え、マッジョーレ病院（オスペダーレ・マッジョーレ）を設計し、さらにフランチェスコの居城の改修を手がけた。また、彼は文才にも恵まれ、建築に関する長い本を書いた。本の中で彼はミラノ公に敬意を表してスフォルツィンダと名づけた理想の都市について述べている。

　フィラレーテが設計した都市スフォルツィンダの紹介は、都市の詳細な記述と、その起源を説明する架空の物語から成る。都市の形は、二つの四角形を重ねた八頂点の星形が基本となり、街全体が円形の堀で囲まれている。8カ所の星の頂点にはそれぞれ

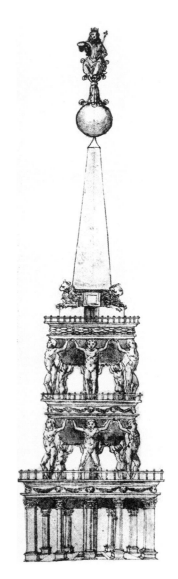

華やかなオベリスクとフィラレーテの直筆本

人の形が彫り込まれた石のオベリスク（方尖塔）。フィラレーテによる設計の華美な様式が垣間見える（上）。主要な建築物の線画と詳しい説明が書かれている（右ページ）。

Liber

p̃ncipiare pche furono tante lepietre diqueste ruine chetutti ifondamenti dun
partita cioe della croce della parte deglhuomini furono fatti fino alpian tereño

Sche essendo disegnato illuogho doue far sidoueua questo spedale alnome di
Cristo & della annuntiata fu ordinata una solenne processione collo arciue
scouo & contutta lacheria̧ elduca Francesco sforza insieme colla illustrissi
ma bianca Maria Ilconte Galeazzo & madonna Ipolita & Filippo maria
& altri suoi figluoli compiu altri Signori intraquali uifu ilsignore Marche
se di Mantoua el Signore Guglielmo dimon ferrato fuui ancora due inbas̃a
dori del Re alfonso di Ragona Ilnome deluno fu ilconte di Santo angelo
laltro fu uno gentile huomo napoletano fuui ancora il Signore Taddeo da Im
la & piu & piu huomini degni iquali colpopolo di Milano uennono colla detta
processione alluogho diputato & disegnato doue dellaprima pietra sidoueua
collocare & giunti alluogo predetto io insieme con uno diquegli diputati fu por
ta lapietra laquale era stituita adouere mettere nelfondamento sopra laqua
le era scripto ilmillesimo & ancora ildi elmese ilquale millesimo correua 1457
adi 4 daprile & cosi certe altre cirimonie lequali erano queste cioe prima fu
tre uasi duetro Uno pieno dacqua laltro di uino laltro dolio & lo ghordinai
uno uaso diterra nelquale era una cassetta dipionbo doue era piu cose intra
laltre uera certe memorie direte scolpite di alcuni huomini degni difama &
aprestante queste cose doue lacima era fatta pdouerla mettere & un cantato
certo husi̧o elSignore insieme colpontefice & io insieme colloro collocamo que
sta pietra collaltre soprad̃e cose pdare inquesto luogho una dimostratione alle
psone glifu fatto come adire uno segno o uoi dire termine glifu fatto come
adire una coloma, o uoi dire uno pilastro nelquale fu scripto uno pigramo
fatto p messer Tommaxo darieti & diceua inquesta forma cioe ⸺
FRANCISCVS · SFORTIA · DVX · IIII · SED · Q VI AMISSVM · PER · P · PRAECESSO
RVM · OBITVM · VRBIS · IMPERIVM · RECVPERAVIT · HOC · MVNVS · CRISTI
PAVPERIBVS · DEDIT · FVNDAVIT Q VE · M · CCCC LVII · DIE · D XII · APRILIS

Sche tutte queste cose uolle che fussono dipinte nelportico & commemorate fatte p̃
mo di buoni maestri imodo era degnia cosa auedere Era ancora sopra alla po
ta delmezzo uno pigramo fatto plodegnio poheta philelfo come dinanzi escrip
to & diceua cosi uolle questo nostro Signore chesidipignessi inquesto della nostra
nuoua citta & cosi innanzi alla porta fu fatto uno diquesti termini maquesto
fu fatto d'bellissimo marmo & fu scolpito intorno didegne cose intralaltre glifu
scolpito la immagine delsignore Come egli misse & colloco laprima pietra &a
cora la nuna & alcune altre degne memorie Et disopra nella sommita uno be
llo fiorimento colla immagine della annuntiata Disopra uera scolpito ancora
iquattro tempi dellanno & tutto ledifitio come sifaceua & piu gentilezze lequa
li dilenedra credo glipiacera come piace adni uede quello dimilano Siche for
mito questo spedale ilquale allui somamente piacque Et intrallaltre cose de
gne quando alcuno forestiere lauessi uisitato facea uedere questo p uno de
degni hedifitij chenella terra sua fusse ⸺

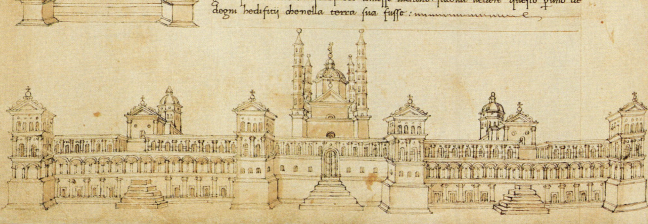

側防塔（物見やぐら）が配置され、頂点と頂点の間のへこんだ部分には街に入るための門がある。門をくぐった先の大通りは、車輪のスポークのようにまっすぐに街の中心部につながっている。街の中心には四角い大きな広場があって、共同の水汲み場を利用できる。また、広場には高い塔がそびえ立つ。これらの設備について、フィラレーテは非常に細かく挿絵に描き込んでいる。

　さらにフィラレーテは、大聖堂やミラノ公の居城となる宮殿、学校（男女別学）などの主要な建物の細かな描写や説明を残した。なかには、悪徳と美の館と名づけられた、下の階が売春宿で上の階は学術機関という一風変わった建物もある。実際のルネサンス都市は通商貿易によって繁栄していたため、スフォルツィンダの街もその目的に合うように整備された。門と中央広場を結ぶそれぞれの大通りには中間地点にも広場が設けられ、市場が開けるようになっていた。さらに川には何本もの運河がつながり、商品を街に運び入れたり、運び出したりしやすいよう工夫されていた。

　スフォルツィンダのルーツを黄金時代につなげるため、フィラレーテはスフォルツィンダに架空の過去を設定した。その歴史物語では、ある建物を建てるために地面を掘り返していた職工たちが石でできた箱を掘り出した経緯が語られている。石の箱の中には、大昔にプルシアポリスという名の都市を治めていたゾガリア王によって書かれた『黄金の書』という1冊の本が入っていた。ゾガリア王は、自分の国がいずれは野蛮人の手に落ちて消滅すると確信し

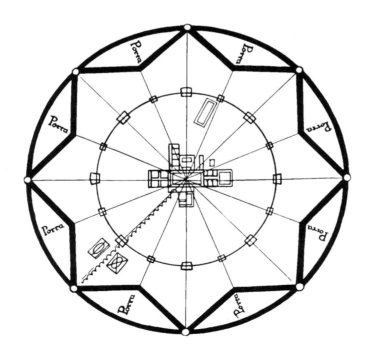

八頂点の星形の都市

スフォルツィンダのような星形の設計はルネサンス時代の都市計画としてはめずらしかったが、建築として考えても、要塞としての役割を考えても、優れた構造だった。

ていた。そこで王は、未来の人々が失われた都市のことを知り、都市やその建築物に込められた英知を生かしていくようにこの本を書いたという。その建築物の一つである聖堂がスフォルツィンダの大聖堂の基礎になったとあるのは、あたかもゾガリア王にフランチェスコ・スフォルツァを、王のお抱え建築師にフィラレーテ自身を投影しているかのようだ。

　フィラレーテは自分が生み出した斬新な理想都市が、過去の理想都市をなぞった街であるという架空の設定を設け、石の箱から見つかった本を『黄金の書』と名づけて、スフォルツィンダと伝説の黄金時代との関係性をはっきりと示した。そして、ミラノ公フランチェスコが理想都市を建設し、知恵をもって統治することで、黄金時代の再来を実現できる可能性を示唆した。これは、主人であるフランチェスコにおべっかを使ったという側面もある。パトロンを必要としたルネサンス時代の画家はたいていこうした賢明な作法を心得ていたし、フィラレーテもその一人だった。

8という数字

　また、都市設計のあちこちに象徴的な数字を用いたこともフランチェスコを喜ばせた。この都市の設計において8という数字（八頂点の星形、8本の大通り）が重要な意味を持つことは明らかだ。八頂点は2個の四角形を重ねることで生まれる。つまり、4つの要素で構成されるグループが2組あるという意味になる。これはおそらく、四大元素（土、風、火、水）やアリストテレスの質料形相論に登場する四性質（温、冷、乾、湿）を指しているのだろう。宇宙の万物は四大元素で構成され、四性質から理解でき、生命の基礎となるという考えは、古代からルネサンスまでさまざまな著作で繰り返し扱われてきた。当時の科学に関する書物はどれもがその視点から宇宙を説明しようと、占星術、天文学、錬金術にかなりのページを割いており、フランチェスコもこれらの書物を高く評価していた。

　特に占星術は、フィラレーテとミラノ公にとって重要だった。フィラレーテの本には宮廷占星術師が登場し、都市の土台となる石を置くための最高の時間を主人に告げる。1460年4月15日の午前10時20分というその時間を、学者のベルトルド・ハブは十二宮の最初の星座である牡羊座にちょうど太陽が入る瞬間だと指摘した。多くの言い伝えでも、この時間の天体配置は神が世界を創造したときと同じだといわれている。フィラレーテの理想都市は、都市が誕生する瞬間の物語を使って、自身とパトロンのフランチェスコ・スフォルツァを、誰よりも偉大な創造者である神に例えようとするためのものだったのかもしれない。

理想都市のパネル画

もしもルネサンス時代のさら地に完璧な都市を建てたら

Ideal City

イタリア、ウルビーノ　フランチェスコ・ディ・ジョルジョ・マルティーニ（推定）1480年頃

　画家や作家によって古代ローマの古典文化の価値が再発見されたルネサンス時代は、ヨーロッパ文化の転換期だった。ピエロ・デラ・フランチェスカやサンドロ・ボッティチェリの絵画、ドナテッロの彫刻、レオナルド・ダ・ヴィンチによる科学的発見や発明は、すべてこの時代に生まれている。革命の波は建築の分野にも押し寄せた。ゴシック建築の尖頭アーチは姿を消し、代わりに台頭してきたのはルネサンスの古典様式だった。このような変化の背景にあったのは、人があふれ返る混沌とした中世の街だった。街の通りは狭く、曲がりくねり、建物は何世紀にもわたって有機的に広がり続けていた。古代ローマの芸術や建築を再認識したことで、ルネサンス時代の人々は、自分たちの街にある学術機関から水路まで、あらゆる建物を古典様式の（しかし内部には最高の最新設備が整った）建物に建て替えて調和した街並みを作り出し、街全体をローマのように作り変えたいと思うようになった。

ごみごみした現実の街から離れて

　一から都市を建設できたとしたら、完璧な15世紀の都市はどのような姿になっただろうか。その答えをくれるのは、ルネサンス時代の1480年代に描かれた非常に印象的な3枚の美しい絵画だ。どの絵にも架空の都市の広場が、横長の風景画として木製のパネルに描かれている。これらは理想都市を表現しながらも、当時の絵画としては非常に謎めいている。3枚の絵の作者が誰か、元々どこにあったのか、描かれた目的は何かについて、はっきりしたことはわからない。壁に取りつける室内装飾の一つだったのかもしれないし、家具の一部に使われるはずだったのかもしれない。

　どうやらパネルはまとめて誰かに所有されていたようだが、現在では米国のボルティモア美術館、ドイツのベルリン、それからイタリアのウルビーノのドゥカーレ宮殿に保管されている。ウルビーノは3枚の作品が描かれた場所だと思われ、有名なウルビーノ公フェデリーコ・ダ・モンテフェルトロの統治下で全盛期にあった。フェデリーコは軍人でありながら芸術家たちのパトロンになり、さらに学者でもあった。1444年から1482年まで君主として同地を

完全なる空間

理想都市を描いた3枚のパネル画のうち、ウルビーノにある作品は特に目を引く1枚だ。石造りの建物の色調にはややばらつきがあるが、古典様式の建築と幾何学模様の舗装路が調和し、均衡と多様性が融合した印象を生み出している。

統治し、建築や都市計画を含め、芸術に対する関心も高かった。絵が描かれたパネルを眺めることにも熱心だったらしく、フェデリーコの小書斎(ストゥディオーロ)(彼のごく親しい相手だけが招かれた居室)の壁は象眼細工を施した木のパネルで埋め尽くされ、なかには建築をテーマにした図案も見受けられた。フェデリーコとの関連を示唆するもう一つの証拠は、ボルティモア美術館にあるパネル画の中央部を占める凱旋門だ。これは彼が戦争で収めた数々の勝利を暗に示唆しているのかもしれない。

これらの理想都市の絵の作者には、ピエロ・デラ・フランチェスカなどの何人かの画家の名前も挙がっているが、可能性が高いのは、フェデリーコのために要塞の設計を手がけていた画家で建築家のフランチェスコ・ディ・ジョルジョ・マルティーニだといわれている。マルティーニは有能な軍事建築家で、三角形の稜堡(りょうほ)(要塞の突き出した部分)を持つ星形要塞の設計の草分け的存在だった。この形の要塞は非常に効率性に優れ、16世紀から17世紀にかけて多数建築された。さらに、マルティーニは建築理論家でもあり、理想的な要塞や都市の設計を紹介した『建築・工学・軍事論』という本も書いている。本ではさまざまな多角形の都市設計が紹介されており、なかには丘の上に建設することを想定し、らせん状の坂になった通路を上っていく構造の八角形の要塞もある。

調和と秩序のある都市空間

常に対称性と調和を重んじるマルティーニの設計は、調和のとれたパネル画の雰囲気に重なる。絵の全体は左右対称ではないが、広場の両側を占める古典様式の建物は対称的な比率で並んでいる。空間には秩序があるが、厳しい統制は感じられない。ウルビーノで保管されているパネル画の広場の中央には円形の教会堂が建っている(描かれたのはルネサンス時代だが、様式は古典建築にならっている)。中世やルネサンス時代には円は完全さの象徴であると考えられていた。円は惑星がたどる軌道の形であり、最も純粋な幾何学図形であり、円の外周はどこの点をとっても中心から等距離にある。この建物の扉は開いており、内部の完全な空間に招かれていることを意味する。

パネル画に描かれている風景はどう見てもどこかの都市だ。あらゆる場所が整備され、木や緑は見当たらない。しかし、ウルビーノのパネル画では、はるか遠くにわずかに緑の景色がのぞいている。これは、都市の郊外に小高くなった田園地帯が広がっていることを示唆している。パネル画が本当にドゥカーレ宮殿のために描かれたものなら、絵の舞台はウルビーノだったのかもしれな

実現させたかった街

さまざまな建築様式の建物が描かれたボルティモアの絵画。作者はマルティーニ以外に、建築家で画家のフラ・カルネヴァーレの可能性もあると考えられている。

い。いい換えれば、フェデリーコが治めていた都市はこのような完全性を帯びていたのかもしれない。

　これらの絵の特徴の一つは、独特の空間感覚だ。絵の中にほとんど人の姿が見当たらないことも、そのような印象を与える理由の一つだろう。唯一ボルティモアのパネル画にはわずかな人影が見えるが、美術史家たちは絵の完成後に人の姿が描き足されたのではないかと考えている。このような空虚さが街に静寂をもたらし、同時にこれらの場所の完全性を示唆している。人間がいないところには、一切の過ちや苦しみもないからだ。

　建物の周囲の空間感覚は、狭い通りにぎっしりと建物が並ぶ多くの15世紀の都市とはまったく対照的だ。ルネサンス時代には、人々が集まって語り合ったり、商取引をしたりできるようなゆったりとした都市空間が求められていた。マルティーニのパネル画は、人の姿を完全に排除したことで、このような都市の社会的な役割をフェデリーコに訴えかける意味合いもあったのかもしれない。

　ルネサンス時代の統治者で、マルティーニのパネル画に表現されたような秩序ある都市を実現できたものは、誰もいなかった。優雅な広場や堂々たる宮殿が建設されたフィレンツェ、シエナ、フェラーラなどの都市は理想に近づいたといえるかもしれないが、現実の都市の再開発は、たいてい昔の設計の街路や取り壊すことのできない古い建物に邪魔されて、思うようには進まなかった。一から都市を作れる機会に恵まれた都市設計家はごくわずかだった。見る者に強い印象を残す謎めいたマルティーニの絵は、ルネサンス時代の建築家たちがチャンスさえあれば実現させたかった理想の都市の姿を描いていたのだろう。

ダ・ヴィンチの階層構造都市 *Split-Level City*
天才が考案した黒死病(ペスト)の流行防止策

<small>イタリア、ミラノ　レオナルド・ダ・ヴィンチ　1490年頃</small>

　ペストは何世紀にもわたってヨーロッパで繰り返し猛威をふるった恐ろしい病気だった。黒死病とも呼ばれ、何度も流行したが、特に1348年から1350年のヨーロッパ全土での大流行は、人口の約半数が亡くなるという悲惨な事態を招いた。1480年代にミラノで起こった流行もかなりひどく、街はさんたんたる有様だった。当時の君主ルドヴィーコ・スフォルツァ・イル・モーロをはじめとする裕福な人々はミラノから逃げ出した。ルドヴィーコは故郷から届いた手紙ですら、召使いが強力な香水を使った消毒を終えるまでは開けようとしなかったという。

■ 感染源と住環境を分ける

　香水でペストの病毒を除去できるという考えを広めた人間の一人にレオナルド・ダ・ヴィンチがいる。芸術家にして技師、さらに発明家でもあったダ・ヴィンチは、1482年頃から1499年までルドヴィーコに仕え、芸術から科学まで何でもできることで知られていた。彼はミラノで『岩窟の聖母』と『最後の晩餐』という2枚の名画を描き上げ、類まれなる数々の才能をいかんなく発揮した発明やアイデア、デザインなどを、手稿にぎっしりと書き込んだ。そしてペストの流行をきっかけに、ダ・ヴィンチは建築と都市計画にも力を入れるようになる。都市の設計を見直せば、疫病が広がりにくい環境を作れるのではないかと考えたからだ。

　ダ・ヴィンチは以前から建築に関心を持っていたが、同じくルドヴィーコに仕えていたルネサンス時代の建築の巨匠ドナート・ブラマンテに出会い、刺激を受けたことも大きかったに違いない。都市設計に際して起こる問題は単なる建築上の問題で終わらないことも多く、ダ・ヴィンチは科学者や技師としての手腕も生かすことができた。

　15世紀はまだ、感染症に関する科学的な理解はほとんど進んでいなかった。病気を引き起こす原因はわかっておらず、病気を感染させる細菌も発見されていなかった。人々は空気中の匂いを介して疫病が広がると考えた。例えば動物の糞(ふん)や腐った野菜、病気に感染した人の体からは悪臭がする。そこで、人々は匂いの元である瘴気(しょうき)(腐敗した汚物をわずかに含む有毒な蒸気)が空気中を伝わることで病気の感染が広がると考えていた。ダ・ヴィンチは、人が密集した中世後期の都市では瘴気が発生しやすく、そのため病

ダ・ヴィンチによる教会デザイン

レオナルド・ダ・ヴィンチによる教会の設計図。建築に対する彼の深い関心がうかがえる。これらの設計では、ドームや塔などに、当時完全性を象徴する図形として知られていた円が取り入れられている。

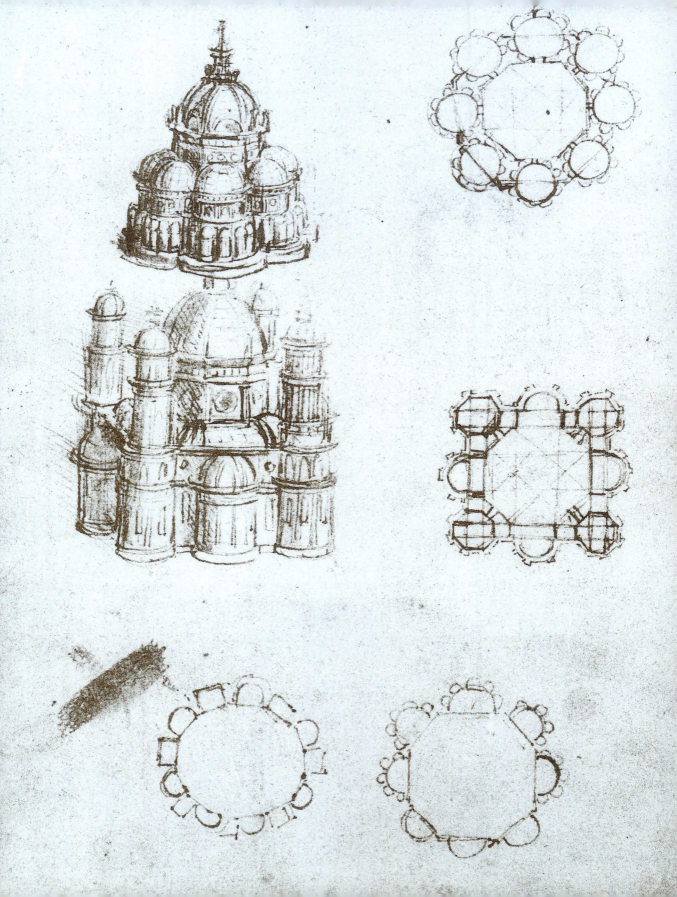

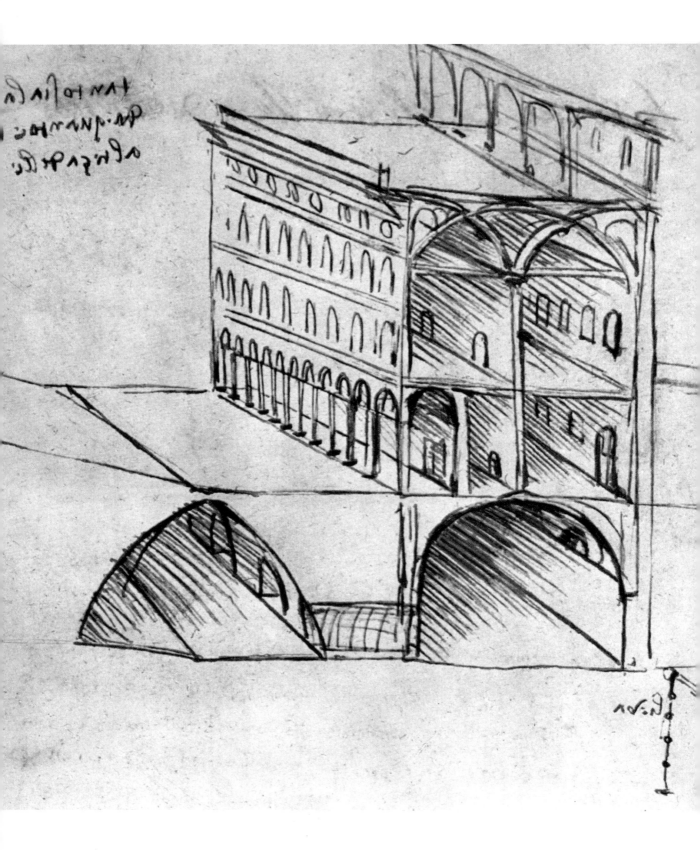

気の温床になっているのではないかと考えた。「人々が集まるところでは、ヤギの群れのように人が隙き間なくぎっしりと並び、どこの街角でも悪臭がして、ペストと死が蔓延していた」とダ・ヴィンチは書いている。

そこでダ・ヴィンチはまったく新しい都市の設計に取りかかった。瘴気が発生しにくいように排泄物を簡単に処分できる方法を工夫し、少なくとも一部の人々は汚物に接触せずにすむようにした。彼の都市計画図は、現在はフランス、パリのフランス学士院で保管されている「パリ手稿B」に書き留められている。この手稿には、飛行機や攻城兵器などの発明品のほかに、さまざまな建築物のスケッチが書き込まれており、興味は尽きない。

ダ・ヴィンチは建物の通気性を向上させ、排泄物の処分方法を改善することで、瘴気の発生を抑えて病気が蔓延しにくい環境を作れると信じた。彼が導き出した結論は、瘴気という根拠こそ間違っていたが、方向性としては正しかった。排泄物を処分すれば、大量の病原菌を一緒に追い出せるからだ。ダ・ヴィンチは人口が3万戸程度の、ミラノよりも健康によい都市を建築できると思っていた。そのような都市が実現すれば、彼の主人であるルドヴィーコは名声を得るだけでなく、すべての統治者が欲しがる莫大な税収も同時に手にすることができるはずだった。

都市を2階層に分ける

ダ・ヴィンチが手稿に書きつけた理想都市の真骨頂は、都市全体を2段の階層に分けたことだ。地上の1段目は運河と用水路で、物品の輸送路として利用できるだけでなく、汚物を効率的に除去する下水の役割も果たす。人間は広々とした2段目の街路を通って移動するため、大多数の人々は汚物に近づかずにすむ。水路と同じ階には別に道路を設け、荷馬車などで品物を運ぶときにはここを使う。ただし、「上流階級」は上の階の通りを使えるが、召使いや「下々の者」たちは下の階の道しか利用することができない。どのみち都市部では汚水を川に流すことが当たり前で、船頭や川を使って移動する人々が感染の危険にさらされる点はそれまでと変わらない。荷馬車の御者や小舟の船頭、下層階級の人々にとっては災難ともいえるような仕組みだが、方向性としては間違っていない。

上の階の通りは広々としていて、建物には洗練されたルネサンス様式が取り入れられている。ダ・ヴィンチのスケッチに描かれた2階建ての街路には、古典様式のアーチや柱がふんだんに使われている。「都市のおもてには見た目のよいものだけが出るように

ダ・ヴィンチが出した答え

左ページ：ダ・ヴィンチの手稿にある断面図。都市は2階建て構造で、下階にはアーチ天井と水路が整備され、上階は拱廊(アーケード)つきの建物になっている。

する」と彼は書いている。街路の幅は、ミラノのようなすでにある都市のごみごみした狭い路地の対極にある。道幅を広くすることで快適に利用できるだけでなく、空気の通り道を十分に確保し、瘴気が街の外に抜けて感染の危険性を下げる効果もある。

　さらに衛生状態を改善するためにダ・ヴィンチが提案したのは、定期的な道路掃除だ。年に一度は大掃除をして、瘴気が潜んでいそうなゴミを一掃する。彼は、掃除のときに道路まで水をくみ上げられる水車のような装置まで設計した。大発明家のダ・ヴィンチは問題が出てくるたびにどんどんアイデアを出していったようだ。水路は輸送にも使われるため、川からやや高い位置にある運河まで船を移動させる手段が必要になる。そこで、ダ・ヴィンチは現代の水門に驚くほどよく似た作りの門を設計し、船が街の運河に出入りできるようにした。

階層都市の姿

ダ・ヴィンチの設計図の再現模型。中庭つきの建物（拡大図）も、主要な水路から十分に離れた場所に建てられ、複数の階に分かれた構造になっていることがわかる。

ほかにもダ・ヴィンチはさまざまな工夫を取り入れて、都市の通気性を向上させ、瘴気を排除しようと考えた。煙突は高くして、汚れた煙が街路に流れ込まないように配慮し、汚染を減らそうとした。さらに馬小屋の設計を改善し、中央の溝に向かって床に傾斜をつけ、水門を開いて放水したときに溝から運河に糞が流れていくようにした。

　階層構造の都市は手稿のスケッチしか残っていないが、ダ・ヴィンチが好んで設計していたドーム型の建物など、印象的な建築設計図も現存する。都市のスケッチに描かれていない部分もあるため、彼が設計した都市が実際にどのように機能することを意図していたかを正確に知るすべはない。例えば、下の階にも建物はあるが、その利用方法などは指定されていない。上の階で暮らす上流階級の人々の部屋のための設備だったのかもしれないが、実際の意図は不明だ。

　おそらく、彼は自分が設計した都市が実際に建設されるとは思っていなかったのだろう。「パリ手稿B」にはヘリコプターや潜水艦などのさまざまな設計図があったが、ほかの設計図と同じく都市のスケッチも工作図であり、デザインや技術に関わる問題が起こるたびに、彼がさまざまなアイデアを出しながら粘り強く取り組んでいたことがうかがえる。だが、彼が残した数々の図面と同様に、階層構造の都市も時代の先を行き過ぎていた。レオナルド・ダ・ヴィンチの作品は私たちの足を止めさせ、物事を見つめる新たな視点を今なお与えてくれる。

クリスティアノポリス

17世紀初頭、プロテスタントのユートピア都市

Christianopolis

特定の信仰や生き方を改革する社会の動きが、建築の様式や構造、建材などに大きな影響をおよぼすことがある。さらに、生活様式や信仰も関わってくると、設計が専門家や建築家の手を離れて、社会改革者や哲学者の手にゆだねられることもある。クリスティアノポリスはそのような状況をはっきりと示した実例だ。この都市についてはほとんど知られていないが、17世紀の初めにこの都市の基本構想を発表したのは、ドイツの著作家で神学者のヨハン・ヴァレンティン・アンドレーエだった。街の都市計画は目を引くものだった。整然とした対称的な構造に緑の空間がたっぷりと設けられ、教育と市民の平等に多大なる配慮がなされていた。

▍簡素で教育に重点を置く

アンドレーエは主にプロテスタント神学者として名を知られている。シュトゥットガルトで宮廷牧師を務め、有名な人文主義者で神学者のロッテルダムのエラスムスとも親交があった。エラスムスはネーデルラント（現在のオランダ、ベルギー、ルクセンブルク）やドイツ周辺の北方ルネサンス運動を推進し、学問の復興に重要な役割を果たした人物だ。アンドレーエも教育の向上を目指す活動に携わり、人文科学と科学の重要性を強く主張した。彼は薔薇十字団など、ルネサンス時代のいくつかの秘密結社と関わりを持っていたが、本心ではプロテスタントのキリスト教を信仰し、興味深い理想社会のアイデアをいくつかあたためていたようだ。その一つが、教会の大幅な改革に取り組む学者やキリスト教徒にとってのユートピア、プロテスタント版の修道院にあたるような社会だった。

アンドレーエは、クリスティアノポリスと名づけた都市を舞台に自らの理想都市の姿を表現した。クリスティアノポリス（Christianopolis）という名前は、キリスト教徒を表すクリスチャン（Christian）にギリシャ語で都市を意味するポリス（polis）を組み合わせた造語で、ちょうどエラスムスなどのルネサンス時代の哲学者が試みてきたように、古典的な宗教観念と当時の信仰を結びつける重要な意味を持つ。アンドレーエは1619年に出版した著書『クリスティアノポリス共和国についての記述』でこの都市について説明している。この本の題名は、おそらく理想の国について語った本の中で最も古い、プラトンの『国家』にちなんでいると思われる。プラトンと同様に、アンドレーエの本は理想都市の建築設計だけでなく、共同

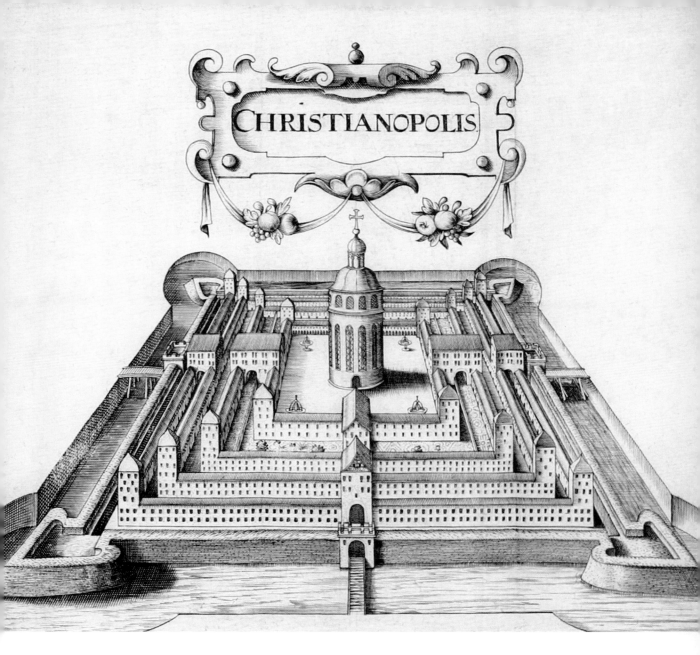

体の全容がテーマになっている。
　アンドレーエが本で発表した理想都市の外観は、ほかの多くの理想都市とはまったく異なる、非常に独特なものだった。街は正方形で、外堀と城壁に取り囲まれ、四隅には砦が設けられている。つまり、この都市は明らかにどこかから攻撃を受ける可能性を想定している。城壁の内側では（ちょうどカレッジの中庭のような）正方形をぐるりと囲む建物が庭園で仕切られて、等間隔の入れ子状に4層に並んでいる。街の中心にはひときわ背の高い円形の建物があり、望楼のように全体を見渡すことができる。外側の建物は

クリスティアノポリス全景

クリスティアノポリスを上から見た全景を描いた挿絵。アンドレーエが1619年に出版した著書で紹介。街全体の構造ははっきりとわかるが、建物の詳細はよくわからない。

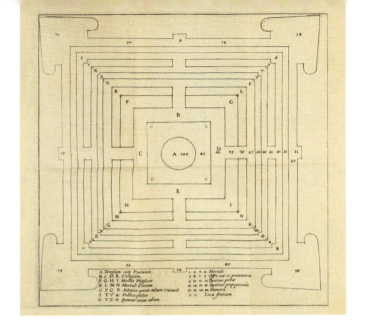

秩序を保つ社会の設計

都市の平面図。この図を複製する際に、アンドレーエは凡例をつけてそれぞれの建物の役割がはっきりとわかるようにした。彼にとってはコミュニティの秩序がしっかり保たれることが非常に重要だった。

すべて各種作業に割り当てられている。東側は納屋、家畜小屋、穀物倉など農作業のための小屋、南側は粉をひいたりパンを焼いたりするための工房、北側は屠殺場、洗濯場、酪農場、共同の台所、そして西側は鍛冶、ガラス細工、れんが、製陶などの高温や炎を扱う作業のための工房といった具合だ。

作業場のすぐ内側の建物は住宅だ。街のほとんどすべての住人はこの小さな長屋のような建物の部屋で暮らすことになる。各部屋には居間と寝室、それに水回りの設備が用意されている。住居に最低限必要なものは大体そろっているが、調理設備はない。食事は共同の台所でもらうことができる。部屋は決して広くはないが、アンドレーエの理想都市の住民は持ち物が少ないため、不足はない。「……これらの人々は、一人が雨露をしのぎ、持ち物を置くのに何の不足もない心地よい殻のような住居に暮らし、寄り合って親しい関係を結んでいる」。派手な飲み食いはここでは歓迎されない。ここは人々が「悪行を重ねる」ような場所ではないとアンドレーエは述べている。怠けた暮らしも推奨されない。この街のコミュニティには社会主義者のような生き方を目指す人々が集まっており、暇をもてあました金持ちが来る場所ではない。すべての人は労働に従事し、街の円滑な運営を助ける。

一番中心に近い建物は学校だ。北方ルネサンスの学問と教育の理想に合わせ、学校はあらゆる意味で街の中心に位置づけられる。上階は学ぶための校舎、下階は学生寮で、その下には図書館や実験室、印刷所などの公共の設備がある。すべての部屋は街の中央に建つ円形の塔に面している。アンドレーエは、この塔を砦と呼ぶこともあったが、軍事的な機能は備わっていない。ここ

は教会と市庁舎を兼ねている。

　建物の間の空間は、ほとんどが緑で覆われている。アンドレーエは、庭園を高く評価していた。作物を栽培できる、人の心を惹きつけるというだけでなく、教育的な重要性を考えたからだ。そのため、庭園には共有空間が設けられ、植物標本（これは科学的興味のためだけでなく、美観を保つ意味もあった）や薬草、鳥小屋、ハチの巣箱などが並べられた。さらに、庭園の一部は小さな区画に区切られ、住人がそれぞれ自分の土地として利用できるようになっていた。人々は徒歩で街の中を移動するため、ほとんどの建物にはルネサンス時代のイタリア都市部の建築物と同じように、歩行者を風雨から守る拱廊（アーケード）が設置された。

環境に配慮した空間

　アンドレーエはほかの点でも都市の環境に配慮した。彼は通気性を確保することの重要性を説き、水道管を直接住居に引き込むことを提案した（当時は都市部でもほとんどの人々が井戸やポンプのある場所まで水を汲みに行っていた）。火事への対策も欠かせない。住居の建物は防火を考えて石造りの壁で仕切られた。さらに共有の炉を使ったセントラルヒーティングシステムまで紹介されているが、アンドレーエはその仕組みについての詳しい説明を避けている。

　アンドレーエの本の挿絵を見る限り、建築物のほとんどは飾り気がなく簡素な造りのように思える。長く連なる建物の区切りごとに塔を配置することにより、周辺を見張りやすくなる。街は正面から見ても裏から見ても同じように見える。プロテスタントのアンドレーエの感性は、街の玄関口を飾り立てるというアイデアを認めなかった。大切なのは派手な飾りではなく、教育と心の幸福だと考えたからだ。拱廊と中央に建つ巨大な円形の塔が街の外観に彩りを添える。

　アンドレーエは、プラトンなどの哲学者から引き継がれ、マルティーニ（26ページ参照）のようなイタリアのルネサンス期の芸術家の作品から浸透した古代の理想都市の概念をクリスティアノポリスに取り入れ、そこに北方のプロテスタント精神をつけ加えた。簡素でありながらも高度な秩序が保たれた建築物によって、一切の虚栄を排除し秩序が保たれた社会を築くことを提案した。怠け者の金持ちがいなければ、人々の労働時間は短くてすむ。こういうと、同じように簡素で面白味のない建物が並んでいた20世紀のどこかの社会主義国家のようにも聞こえるが、アンドレーエの理想都市では革命的ともいえるほど教育に重きが置かれていた。これは、少なくとも後世に残すべき価値のある教訓だろう。

CHAPTER 2
啓蒙時代が生んだ奇妙な空間
ENLIGHTENED VISIONS, ECCENTRIC SPACES

The seventeenth and eighteenth seismic intellectual change.

17世紀と18世紀は知性の大きな転換期だった。

　ガリレオ・ガリレイやアイザック・ニュートンなどの科学者たちの登場により、宇宙の見方は大きく変わった。哲学者や著述家、特にフランスで起こった啓蒙主義に関わっていた人々は、それまで宗教では真理とされてきたことに疑問を投げかけるようになった。建築家たちはサンクトペテルブルクからワシントンDCまで、世界の名だたる大都市の拡大と再開発に取り組んだ。
　啓蒙時代の新しい都市開発では、小さな住宅から巨大な大聖堂まで、ほとんどの建物が古典様式で建てられ、比率と細部は古代の建物を再現しながらも、構造は当時の生活に合うように変えられた。教会ではコリント式の柱が採用され、住宅では部屋を完全な立方体または立方体を2個並べた形にするなどの手法が用いられた。しかし、新たな方向性を持つ様式を追い求める建築家もおり、大胆なデザインも登場した。イニゴー・ジョーンズが手がけたロンドンのホワイトホール宮殿の予算は、景気よく金をばらまいていたスチュアート朝さえも賄いきれないほどの巨額にふくらんだ。クリストファー・レン卿が手がけたロンドンのセント・ポール大聖堂の「グレート・モデル」デザインは、正統派しか認めない当時の保守的な聖職者たちに受け入れられなかった。

centuries were times of

　18世紀なると、ジョーンズやレンの設計でさえ伝統的に思えるようなデザインも登場する。フランスでは、エティエンヌ=ルイ・ブーレーがアイザック・ニュートンを記念して球形の奇妙な建物を設計し、建物内部の広大な壁に宇宙の映像を投影しようとした。シャルル・リバールはパリの中心部にゾウをかたどった型破りな建築物を考案した。しかし、ブーレーの設計もリバールの案も、あまりにも奇抜だという理由で紙上の建築に終わった。このゾウの作品を、ほとんどの人は単なる冗談だと思うだろうし、本書で紹介した建築物の中でも実現する可能性が最も低そうに見えるが、のちに北米の建築業者がこの設計をヒントにしたゾウの形の建築物を本当に建ててしまった。

　ブーレーやルドゥーなどの建築家の影響は現代にも残っているが、そのまま真似をした者はいない。アイザック・ニュートン記念堂のような建築物は、時代の先を行き過ぎた感がある。にもかかわらず、現在でもこれらが注目されるのは、非常に高度な製図技術や、形状の純粋さ、常識にとらわれずに新しい形を模索する姿勢などが心を打つからだろう。それゆえに、人々は啓蒙時代に描かれた美しい設計図に繰り返し引き戻されるのだ。

ホワイトホール宮殿

巨額の費用を必要としたイギリス絶対君主の大宮殿

Whitehall Palace

イギリス、ロンドン イニゴー・ジョーンズ 1622～1638年

スコットランド王ジェームズ6世でもあったスチュアート朝初のイングランド王ジェームズ1世（在位1603～1625年）は、イギリス王朝の中でも最大規模の建築改修計画を実現させようとしていた。実際に建てられたなら、かつてなく立派な王の住まいが完成していただろう。この建物はそもそも王宮ではなかった。その由来は13世紀に遡る。当時のヨーク大主教はウェストミンスター、つまり現在のホワイトホールの土地を手に入れて、自分のためにヨーク・プレイスと呼ばれる邸宅を建設した。ヨーク・プレイスはその後も高位の聖職者の住居として使われていたが、ヘンリー8世の時代になると、当時絶大な権力をふるっていたウルジー枢機卿の

大宮殿の全景

広大なホワイトホール宮殿の設計は、イニゴー・ジョーンズの最も有名な作品であり、彼の死後も何度も復刻されている。この版画はジョージ2世のために制作され、1770年にイギリスの建築家ウィリアム・ケントの本に収録された。

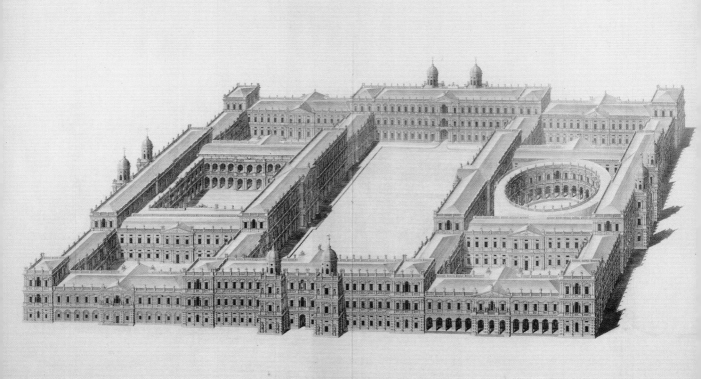

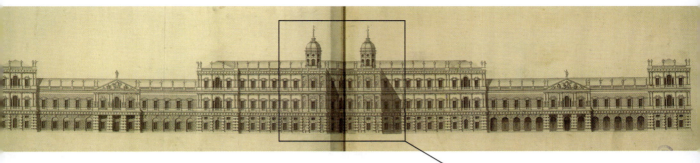

手にわたり、大規模な拡張工事が行われてロンドンでも有数の大邸宅へと変貌を遂げた。だが、1520年代後半に枢機卿はヘンリー8世の怒りをかい、権力の座を追われる。ヘンリー8世は枢機卿の全財産を没収し、広大なハンプトン・コートの館およびヨーク・プレイスは王の宮殿となった。ヨーク・プレイスがホワイトホールという名前で呼ばれるようになったのはこのときで、建物に使われていた淡い色合いの石にちなんでいる。

ロンドンに新しい建築様式を

　ホワイトホール宮殿は十分に広かったが、ヘンリー8世は敷地をさらに広げ、騎士の技を競う馬上槍試合の会場、愛好するリアルテニス（現在のテニスの先駆け）のコート、ローンボウルズ（偏心球を転がして目標に近づける競技）用の芝生など、自分の趣味のためのさまざまな施設をこしらえた。現存するわずかな資料に残されている当時のホワイトホール宮殿は、中庭、切妻屋根、塔、小塔、煙突、門番小屋がそろった典型的なチューダー様式の大邸宅だ。現在も残るハンプトン・コートの旧王宮に似ていたかもしれない。

　このような経緯を経た寄せ集めの建物は、スチュアート朝の初代イングランド王にふさわしいとはいえなかった。1614年、ジェームズ1世は国王の建築家としてイニゴー・ジョーンズを召し抱え、それから数年後に、17世紀の理想高き王にふさわしい住まいとなるようにホワイトホール宮殿の改築を命じた。最新のイタリアの流行を取り入れた建築設計を得意としていたジョーンズは、この任務にうってつけだった。若い頃に彼は2度イタリアの地に渡り、製図を学び、新築の古典様式の建築物について研究し、古代遺跡を見て回った。ベネチアでは、イタリア建築の巨匠アンドレーア・パッラーディオの弟子で共に作品を手がけることになるヴィンチェンツォ・スカモッツィに出会い、彼が所蔵するパッラーディオの数々の図面を買い取る機会に恵まれた。さらに、古代ローマの建築家ウィトルウィウスが著した建築理論書や、セバスティアーノ・セルリオなど同時代のイタリア建築家・建築理論家の著作も研究した。

印象的な丸屋根の塔

宮殿の正面では、二つの丸屋根の塔が宮殿の入口の両脇に配されている。

こうしてジョーンズは、イギリス人ながらも完全な対称性、平屋根、古典様式の柱を特徴とするパッラーディオの古典建築様式の知識を身につけた。

ホワイトホール宮殿で唯一新築されたバンケティング・ハウスには、ジョーンズがイタリアから持ち込んだ古典建築様式が完璧に表現されている。簡素な建物の正面には、平屋根のような屋根の下に規則的に窓が並び、わずかな装飾が施されている。豪華に飾り立てられた建物の内部とは対照的だ。贅をこらした部屋は晩餐会の会場や仮面劇（王室の権力を誇示するための仰々しい演劇）の舞台として使われ、舞台装置や衣装もジョーンズが手がけた。それでも、バンケティング・ハウスは、広大なホワイトホール宮殿のごく一部の建物にすぎない。新宮殿は現在のホワイトホール通りの一部を含めた、テムズ川から現在のセント・ジェームズ・パークまでの敷地をすっかり占拠するはずだった。

設計上の新宮殿は非常に巨大で、7カ所の大きな中庭（長方形の庭が6カ所と円形の庭が1カ所）を取り巻くように建物が配置され、すべて古典様式で統一された。川と公園に面した正面は非常に長く、残り2面はそれよりもわずかに短い。バンケティング・ハウスには窓が7個しか並べられないのに比べ、宮殿は正面だけでも各階に40〜50個の窓が並ぶ設計だった。

スコットランドの作家チャールズ・マッケイは、1840年に出版した著書『テムズ川とその支流』の中で、その巨大な建築物を簡潔に紹介している。「宮殿は四方に正面を備え、それぞれに二つの塔に挟まれた入口が設けられている。内側には中央の大きな中庭が一つと、それよりは小さな5つの中庭があり、小さな中庭のうち二つの間に女像柱（カリアティード）で支えられた拱廊（きょうろう）（アーケード）つきの見事な円形の中庭がある。宮殿の全長は1152フィート（351メートル）、奥行きは872フィート（266メートル）だ」。長く並んだ窓のところどころに塔を配置することで、壮麗でありながら対称性と秩序と反復を表

唯一完成した
バンケティング・ハウス

宮殿の一部として建築されたバンケティング・ハウス。ジェームズ1世を神格化した有名な天井画はルーベンスの作品だ。

現している。建物をでたらめに寄せ集めたような、かつてのホワイトホール宮殿の対極にあるといえるだろう。

■イギリスに巨大宮殿がないわけ

　17世紀半ばのロンドンに、このように秩序と完全な対称性を追求した建築物が登場していたら、どれほどの衝撃がもたらされたことだろう。当時のロンドンではせまい路地に木造建築が並び、れんがや石造りの建物はめずらしかった。街にはイギリスの伝統的な建築様式の建物がいくつも混在し、そこかしこに中世のゴシック建築の教会が建っていた。数世紀にわたりロンドンの街はそのように作られてきたわけだ。ホワイトホール宮殿は今までとはまったく異なる建築様式の到来を告げていた。

　やがてジェームズ１世の息子であるチャールズ１世が王位を継承すると、イングランド内戦が勃発した。王室関係の建設計画はすべて中止され、ホワイトホール宮殿も完成したのはバンケティング・ハウスだけだった。ごちゃごちゃした寄せ集めのまま残された旧宮殿は、ジェームズ２世（アイルランド王としてはジェームズ７世）の治世の1680年代にクリストファー・レンが手を入れた。しかし、次に王位を継承したウィリアム３世と妻のメアリー２世は小振りなケンジントン宮殿を好んだため、ホワイトホール宮殿は王宮としての地位を失った。さらに1691年、1698年と火事に見舞われ、宮殿の建物のほとんどは焼失した。無事だったのはバンケティング・ハウスと、ほかの１～２棟だけだった。

　17世紀後半以降のイングランド王は、ウィリアムとメアリーにならって広大な宮殿を避け、小規模な住まいでの暮らしを好んだ。例外はウィンザー城で、ここはかつてのホワイトホール宮殿のようにさまざまな建築物を寄せ集めている。最長の在位期間を誇る２人の女王、ヴィクトリア女王とエリザベス２世は、いずれもバルモラル城やサンドリンガム・ハウス、それにヴィクトリア女王と夫のアルバート公がワイト島に所有していたイタリア風「別荘」のオズボーン・ハウスなどの比較的小さな住居を愛した。結果として、フランスのベルサイユ宮殿やスペインのエル・エスコリアル修道院に匹敵する規模の王宮はイギリスになくなった。一部の歴史家は、その原因を、威厳と形式を重んじながらもつつましい王室の傾向に見るが、フランスのルイ14世のように金に糸目をつけずぜいたくな建築物を建てようとする王がいなかったためにイギリスでは王政が続き、革命が起こらなかったのだろうと考えている。ジェームズ１世が熱望していた堂々たる王宮はついに完成しなかったが、彼の子孫のためにはよかったのかもしれない。

セント・ポール大聖堂

美しい木造模型だけが伝える大聖堂

イギリス、ロンドン クリストファー・レン 1670〜1674年

あらゆる危機にはチャンスがつきものだ。1666年、ロンドンはかつてない危機に直面した。その年に発生した大火によって、東はロンドン塔から、西は寺院エリアまで都市の大部分が焼失したのだ。ほとんどがわらぶき屋根の木造だった家屋、店、宿屋などは多くが燃え落ちた。石造りの教会でさえ、数十カ所で修復不能なまでの被害を受けた。中世の大聖堂、セント・ポール大聖堂も壊滅的な被害を受けた教会の一つだった。

設計変更を重ねる

ロンドンの街をおそった大惨事は、建築家クリストファー・レンにとってはまたとない好機に思えた。鎮火するやいなや、レンはロンドン再建に向けた計画案の作成に着手した。通りと広場の配置を一新した古典様式の美しい街こそ、彼が思い描く姿だった。しかし、彼の再建計画は受け入れられなかった。土地や建物の所有者たちが、街を再建するために必要な移転や改築を嫌がったからだ。彼らは顧客がいる住み慣れた土地で一刻も早く商売を再開したがっていた。それでも、レンは50カ所の新しい教会を設計する権利を勝ち取ることに成功した。教会が新築されるまでの間、礼拝を再開できるように大聖堂が応急的に修復された。

以前のセント・ポール大聖堂は、11世紀から13世紀にかけて建設され、中世後期に拡張された。イギリスのほとんどの大聖堂と同様に、建物は長い十字形で、背の高い中央尖塔がロンドンの街の中でもひときわ高くそびえ立っていた。1600年代に入る頃には建物の荒廃がかなり進んでいたため、建築家のイニゴー・ジョーンズが修復を行い、西側に古典様式の柱を使った入口柱廊を増築した。そのため旧大聖堂には複数の建築様式が混在していたが、内部にはアーチが並び、窓には巨大なステンドグラスがはめ込まれ、縦方向を意識した伝統的な造りは保っていた。

1660年代の終わり頃には、火災後の応急修理しかしていない旧大聖堂を改築する必要性が、教会の聖職者たちの目にもはっきりとわかるようになってきた。彼らはレンに設計を依頼する手紙を書き送り、レンはローマ様式の柱と半円アーチを取り入れた古典様式の大聖堂の設計図を描き上げた。尖塔を取り外し、代わりにドーム屋根の設置を提案した。最初に設計された大聖堂はかなり小さく、地味過ぎるという理由で却下された。一部の人々は彼

レンの「グレート・モデル」

柱や彫刻が施された柱頭、各ドームの頂上部の装飾ランタンなど、細部まで緻密に表現されている。左が中央ドーム。

の設計を「荘厳さが足りない」と評し、「国家とロンドンの名誉にかけて、ヨーロッパのどの教会にも負けない立派な大聖堂にしなければならない」と主張した。さらに、1670年に制定された新たな再建法により、建設に多額の予算が割り当てられたことを受けて、教会関係者の野心はさらにふくらんだ。

　そこで、レンは設計のやり直しに取りかかり、今度はギリシャ十字の形を模した、外陣（信徒が使用するスペース）が短く、大きな中央ドームを備えた設計を提案した。中央ドームの真下にある建物の中心部には広々とした空間ができる。西の端には、屋根が小型ドームの玄関ホールがある。すべてを中央に集めたようなレンの設計は、イギリスの伝統的な細長い教会の形とはまったく違っていたが、細部までよく考え抜かれており、問題はなさそうに思えた。イギリス国王と、大主教シェルドン、首席司祭サンクロフトはレンの設計を認めた。爆破や破壊槌（はじょうつい）を使って、旧セント・ポール大聖堂の取り壊し作業も進んでいた。

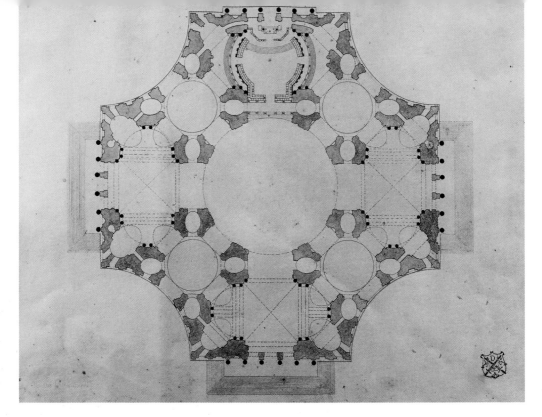

　そして1673年、レンは正式にセント・ポール大聖堂の設計者に任命され、建設の指揮を任せられた。さらに、多数の司祭や大主教のほかに、大法官、大蔵卿、ロンドンを代表する名士がそろう王立委員会で答弁する責任も負うことになった。承認の証として、その年の終わりにレンはナイトの称号を授けられた。

　レンと王立委員会の間の取り決めでは、完成形をイメージできるような新大聖堂の模型をレンが製作することになっていた。木を使って作られた模型はかなり大きなもので、幅が20フィート半（6.3メートル）、高さは12フィート（3.6メートル）もあった。これは「グレート・モデル」と呼ばれ、現在まで名を残す逸品だ。指物師のウィリアム・クリアが何人もの職人を指揮して完成させたこの美しい木造模型は、それだけで一つの偉業といえよう。外側はしみひとつなく仕上げられ、細部に古典様式を取り入れたゆるやかな曲線を描く高い壁と、上にそびえる巨大なドームを引き立てている。正面玄関として西側に玄関ホールが設けられ、その前の柱廊には巨大なコリント式の柱が並ぶ。一流建築にふさわしい立派な玄関口だ。北側と南側にも入口が設けられていて、建物の両側に視線を集める効果と建物の通気性をよくする効果がある。

　模型の内側も外側に負けず劣らずすばらしい。建物の内側の空間は実に広々としている。内陣（大祭壇のある聖職者のためのスペース）は建物の東側に配置され、ドームの真下に広がる南北に伸び

対称性へのこだわり

レンの設計図を見ると、彼が対称的な配置を思い描いていたことがわかる。礼拝に集う信徒たちのために、大聖堂のメインドームの真下にあたる中央部には広い空間が確保された。

た広大な空間に会衆が集う。模型の内側まで手間を惜しまず丁寧に作りこまれていることには驚かされる。職人が350個前後の柱頭を作り、左官屋の手が入り、金箔師が建物を一層豪華に仕上げている。

　レンは模型の仕上がりを見て非常に喜んだに違いない。だが、王立委員会の反応は違っていた。いざ模型を目の前にすると、王立委員会のメンバーたちは不安になった。特に聖職者たちはレンの設計にローマカトリックのような異国の雰囲気を感じとり、伝統をしっかり守っていないという感想を抱いた。さらに、王立委員会は建築に時間がかかり過ぎるのではないかと心配していた。彼らはできる限り早く礼拝を再開させたかった。従来の構造であれば、とりあえず屋根と内陣を作ってから一時的な仕切りを用意し、その向こう側で身廊（信徒が礼拝に使う中央の主要な空間）の工事を進めることもできる。しかし、建物全体が巨大ドームの真下にくる構造では、ドームが完成するまで建物を使用することができない。王立委員会はレンに設計の再考を迫った。

　レンが自らの最高傑作と自負し、首都ロンドンに輝かしい栄光をもたらすはずだった「グレート・モデル」だが、本物の大聖堂としてはついに実現しなかった。今、その姿をとどめるのはレンが描いた設計図と、クリアが作り上げた見事な木の模型だけだ。レンは大きなショックを受けながらも「グレート・モデル」を取り下げ、再び別の案を出した。これが現在では「認可デザイン」と呼ばれる設計で、王立委員会もこれを承認した。理想を追求した「グレート・モデル」と比較すると、「認可デザイン」はまったく異質に思える要素を奇抜なアイデアで組み合わせた、細長い建物だった。ドームの先端は途中から尖塔に変わる。風変わりな点はあったものの、王立委員会はこの設計を受け入れ、レンはようやく先に進むことができた。

　だが、完成したセント・ポール大聖堂は認可デザインとはまた違った姿に変わっていた。設計が承認されると、レンは工事を進めながら設計を変更できるように申し出た。首尾よく合意をとりつけた彼は、これ幸いとドームのデザインを全面的に変更し、西の端に入口を設けて現在のセント・ポール大聖堂が誕生した。最終的に完成したセント・ポール大聖堂は、大ドームを中心としながらも、聖職者たちが希望した通りに細長い建物になった。このような歩み寄りが功を奏して、セント・ポール大聖堂はイギリスで最も有名な教会となり、ロンドンのシンボルとなった。ついに実現されることのなかったグレート・モデルは現在も大聖堂に残され、理想を徹底的に追求したレンの設計を現代に伝えている。

勝利の凱旋ゾウ

シャンゼリゼを飾れなかった奇抜すぎる記念碑

The Triumphal Elephant

1758年 シャルル=フランソワ・リバール フランス、パリ

　動物をかたどった建築物は昔からある。例えば1931年には、ニューヨークのロングアイランドに巨大なアヒルが建設された。そのような建築物のほとんどは、通行人の注目を集める目的でデザインされた手の込んだ冗談だ。1758年に1人のフランス人建築家がゾウの形をした建築物をパリのど真ん中、現在は凱旋門があるシャンゼリゼに建設するという案を持ち出してきたときも、誰もが悪い冗談だと思った。だが、設計を手がけたシャルル=フランソワ・リバールは大まじめだった。彼はフランス国王を心から称える証としてこの建築物を設計したのだ。

■2階建てのゾウ

　たいていの人はゾウに魅力を感じるだろう。力持ちの巨体でありながら、その鼻は柔軟かつ繊細に動き、重労働や戦争でも活躍する。ゾウはヨーロッパでは珍しかったが、国王や皇帝のコレクション、あるいは動物園でならなんとか見ることができた。芸術家たちはゾウにほれ込み、異国情緒あふれる力強さの象徴としてゾウを使うこともあった。例えば彫刻家のジャン・ロレンツォ・ベルニーニは、1667年にエジプト式方尖塔（オベリスク）を載せたゾウの彫刻を製作した。この作品は記念碑として現在もローマのミネルヴァ広場に建っている。この堂々たる高貴な動物が、王の威厳と権力の象徴となったのは当然だった。

　だからこそ、リバールもゾウの形をした記念碑を作ることを思いついたのだろう。凱旋門や馬に乗った銅像のような伝統的なアイデアをはねつけ、彼はゾウの形をした建物を提案した。中央には各部屋につながる階段を設け、鼻の先から水が出る噴水は人々の目を引くだろう。リバールはこの建物を「王の栄光に捧げる大望楼」と呼んだ。

　こんなアイデアを思いついたリバールとは、一体どんな人物だったのだろう。実はリバールは謎に包まれた建築家だ。リバールという名字以外は名前すらも確かではなく、実際に手がけた建築物よりはむしろ建築に関する著書で知られる。彼は古代建築に魅了され、建築の基本となる柱は木から作るべきだと考えていた。柱がずらりと並ぶ大聖堂と森を重ね合わせる見方は当時からすでにあったが、リバールはその考え方をさらに飛躍させた。著書『自然に見るフランス様式』（1776年）の中で、リバールは柱の3つの

アイデア満載の記念碑

リバールが発表した凱旋ゾウの挿絵。右の断面図を見ると、中央階段の両側に部屋が配置されている内部構造がわかる。下は玉座の拡大図。

主な構成要素である柱基、柱身、柱頭が、木の3つの部分、つまり地面の上に少しだけのぞく根、幹、樹冠を覆う枝葉に由来しているのではないかという意見を述べた。彼はこの理論を基に、木が数本ずつまとまって生えている様子を意識して、柱を3本単位

勝利の凱旋ゾウ 51

自然を模した柱

リバールは自身が考案した「フランス様式」について、著書『自然に見るフランス様式』で、自分がどのようにして柱と柱頭のルーツをたどり、木の根と幹と枝葉に行き着いたかを説明している。

で配置した「フランス様式」の柱のデザインまで披露している。

自然と建築をこのように対比させる考えを持つ建築家なら、建物全体が動物の形をした建築物を考えついてもおかしくはないだろう。力強く巨大なゾウは王に捧げる記念碑としてぴったりだと思ったに違いない。

リバールのゾウは戦争からの凱旋の象徴でもあった。ゾウの背中には、戦いで勝利をおさめて帰還したかのように、戦利品に囲まれた王が乗っている。高さは5階建てのビルほどもあり、実現していればシャンゼリゼの衝撃的な名所になったことだろう。18世紀半ばのシャンゼリゼは今ほど開発が進んでいなかった。シャンゼリゼは、ルイ14世に仕えた庭園建築家アンドレ・ル・ノートルが1667年に設計したもので、家庭菜園や果樹園もあった。エトワール交差点が初めて舗装されたのは1777年で、19世紀初めのナポレオンの時代まで建物はそれほど多くなかった。つまり、リバールのゾウの背景は緑豊かな整った木立になるはずだった。国王を乗せた気高い動物にとって、またとないすばらしい環境だ。遠くからでもよく見えたに違いない。

奇抜な外見に負けず劣らず、ゾウの内部にも驚かされる。中身は2階建てで、2階にある主室がゾウの体と頭の部分を占める。食堂は森林を模した装飾品で飾られ、壁のまわりには柱の代わり

に（不規則に植えられた）木が立ち並び、ところどころが石で区切られている。カウンターも大きな岩だ。室内を流れる小川は、リバールによれば建物の中の空気を浄化する効果があるという。間接照明（外から差し込む太陽光はすべてどこかに反射してから入ってくる）が森のムードをさらに盛り上げる。椅子や机などの家具は折り畳んで、壁や床に収納できる。

　2階にあるもう一つの主室は、舞踏会などが開かれる大広間、あるいは玉座の間だ。ここには不気味な彫像と、過去と未来を表す2枚の壁画が飾られている。リバールは、部屋の照明には星や惑星の動きを模した光を取り入れるべきだと主張した。隣には小部屋が用意され、舞踏会が行われている間に食事をつまむこともできる。

　大広間は、かなりの人数の客と楽団が入れるくらいに大きい。リバールは逆転の発想で拡声器に似た装置をゾウの耳の部分に埋め込み、楽団が演奏する音楽が建物の外に流れるようにすることを提案した。目にも耳にも訴えかけるこの不思議な建物は、当時のどんな建築物とも違っていた。

　最終的に、凱旋ゾウは単なる案で終わった。パリは、この地に建てる建造物として、伝統を守りながら堂々とした凱旋門を選んだのだ。しかし、ゾウの形の建物というアイデアが完全に消えたわけではなかった。ナポレオンは、リバールの案を復活させ、もう少し控えめながらもやはり風変わりなゾウの建造物をバスチーユ広場に建てる計画を持っていた。こちらは1881年に米国ニュージャージー州のマーゲート・シティに不動産の広告塔「ゾウのルーシー」として実際に建築された。ゾウのルーシーには木と薄い金属板が使われ、体の内側には部屋がある。背中のゾウかごは、建設業者のジェームズ・V・ラファティが客に近隣の土地の区画を見せるために設置した展望台になっている。今では当初の目的のためには使われていないが、ゾウのルーシーは、1人の米国人の思いつきと、それよりも100年以上前に考え出された夢のような計画の名残りを現代にとどめている。

ナポレオンによる計画

ナポレオンは、形も大きさも、リバールのデザインによく似た記念碑をバスチーユ広場に建設しようとしていた。鼻の先から噴水が出るというアイデアも採用されていたが、内側の部屋は作られないことになっていた。

王立製塩所
シンボル性と機能性を融合した18世紀の建物

Royal Saltworks

フランス、アルケ=スナン　クロード・ニコラ・ルドゥー　1770年代

　クロード・ニコラ・ルドゥーは、18世紀のフランスで新古典主義の建築家として注目された人物だ。大邸宅や都市部の集合住宅、それにパリ市内に運ばれる品物の入市税を徴収しやすくするためにパリの外れに多数設けられた税納入所の設計などを手がけた。フランス国王に仕えていたルドゥーは体制側の人間とみなされていたが、建築の主流派とは一線を画す考え方の持ち主だった。「語る建築」（外見を見るとその役割がわかる建築物）という概念を思いついたのも彼だ。ルドゥーが設計を手がけて幻に終わった「語る建築」の作品の一つに、アル＝ケ＝スナンの王立製塩所とその周辺施設がある。先にも後にも、どこの街にも見当たらない、非

凡な傑作だった。

　1771年、ルドゥーはロレーヌとフランシュ＝コンテの王立製塩所の監視官に任命された。サラン＝レ＝バンの製塩所を訪れたルドゥーは、息苦しいほどの黒煙が周囲を覆う地獄のような光景にショックを受けた。監視官になって2年、ルドゥーは状況を打開するチャンスをつかんだ。フランスの一流建築家だけが参加を許される王立建築アカデミーの会員として認められたのだ。こうして、ルドゥーは王立の建築物の設計を任される地位を手に入れ、新しい製塩所の設計を開始した。彼が目指したのは、明るく、風通しがよく、効率に優れた製塩所だった。最初に決まったのは、製塩所で使われる燃料を調達できるショーの森にほど近い、アル＝ケ＝スナンの北西部への製塩所の移転だった。ルドゥーは、重い木材を12マイル（20キロメートル）以上も運ぶよりは水を引くための導管を整備する方が負担が少ないと主張し、森の近くの平坦な土地によさそうな場所を見つけた。

建物そのものの概念を具現化

　ルドゥーの王立製塩所には、大胆に古典様式を操る彼のスタイルが見てとれる。最も重要な位置を占める建物、すなわち監督官（製塩所所長）の邸宅の柱は、遠くから見ると水平の縞模様に見えるが、近づくと丸いブロックと四角のブロックが交互に積み上げられていることがわかる。輪郭を不連続にすることで、より一層の壮大さを演出することが目的だ。これらは、重要な王立機関の責任者にふさわしい威厳と栄光を表現している。

　だが、ルドゥーが考える「語る建築」はよくある象徴主義にとどまらなかった。「語る建築」はさまざまな形で表現される。米国の建築家ベンジャミン・ラトローブらが考案した「アメリカ様式」（古典様式の柱頭でよく使われるアカンサス文様を、トウモロコシなど明らかに現地のものとわかるものに変えるやり方）に代表されるように、単なる装飾で表現される場合もあるが、そんな領域をはるかに超えて、建物そのものが概念を具現化した「語る建築」もある。ルドゥーが目指したのは、まさにそのような建築だった。粗石を積んだ洞窟のような雰囲気の石造りの入口の門を抜け、堂々たる監督官の邸宅に近づいていく。このような演出により、訪れた者は原始的な世界を後にして、ルドゥーによって整えられた精緻な古典主義の世界に入っていくことができる。

　当時フランスを治めていた王たちは絶大な権力をふるい、宇宙を象徴のモチーフにしていた。つまり、宇宙を取り入れた設計は王立製塩所にふさわしいものだった。ルドゥーは、施設全体の形

「語る建築」の真骨頂

左ページ：製塩所と関連施設は、巨大な円を描くような形状に配置される予定だった。円の中心にあるのは完成した建物の一つ、監督官の邸宅（拡大図）で、玄関には圧巻の柱が並ぶ。

状が「太陽が移動するときのように無駄のない形」になるように、日時計に似た設計を考え出した。建物は太陽の通り道に沿って配置された。正午に太陽が一番高い位置まで昇ると、監視官の邸宅のちょうど真上にくる。1日の終わりには、施設の西側にある事務所に光が差し込む。事務員はその日の生産記録をつけるために最後まで残って仕事をしているからだ。

ルドゥーのこだわりは象徴だけではない。設計のあらゆるところで機能性も考慮されている。宿舎と事務所は塩の生産により発生する不快な煙が届かないよう生産所から離れた場所に建てるなど、建物を目的に合わせて配置する配慮が見られる。だが、合理的ながらも欠点がないわけではない。労働者用の宿舎は狭く、寝泊りする作業者は窮屈な思いを強いられる。

規則正しい太陽の動きを取り入れたルドゥーの設計が生まれたのは1770年代だった。ところが、1789年にフランス革命が勃発。王政が廃止されて共和政が樹立された。それでもルドゥーは

男性器の形

「オイケマ（享楽の館）」は、一見すると四角い中庭つきの建物（左下と一番下の図）に見えるが、よく見ると、中央部分（右下）が男性器の形をしている。

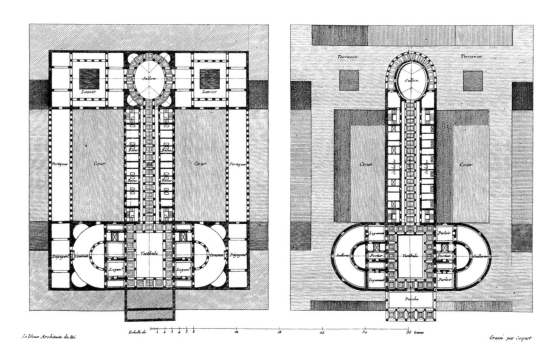

王立製塩所の計画をあきらめず、逆にさらに建物を増やして製塩所の規模を拡大し、理想都市に近づけていった。それこそが彼の思い描く「語る建築」の類を見ない驚くべき全貌だったのだ。

しかし、ルドゥーの願いもむなしく、彼が思い描いたすばらしい理想都市は夢のままに終わった。実現しなかった建築物の一つに、河川管理者の住宅があった。これは川の上をまたぐように建てられることになっていた。川は建物の真ん中を横切って滝のように勢いよく流れ出てくる。そうすれば建物への注目を集める効果があるだけでなく、家の住人である管理者が川の様子を絶好のポイントで監視できるという本来の目的も果たせる。この建物は象徴的でありながら、同時に機能的にも優れているわけだ。建物全体は巨大なアーチ形をしており、幾何学的な形を愛するルドゥーのこだわりが現れている。

ユニークなアイデア

世の中には建物の目的を反映した設計が存在するが、ルドゥーが「オイケマ」(「享楽の館」あるいは「性的教育のための施設」)と呼んだ建物の設計も実にユニークだ。設計図をよく見ると、勃起した男性器の形になっている。学者の間ではこれを神殿の一種だと解釈する意見もあるが、現実的に考えれば、多くの小部屋が用意されたこの建物の目的は、売春宿として使われることを想定していたと解釈するのが最も妥当だろう。

アル=ケ=スナンの王立製塩所の建築設計図には、二つの球形の建物もあった。一つは農場管理人が住むための小屋で、より立派なもう一つの建物は驚くべきことに墓地だった。死者を葬る墓地を球形にすることには、象徴的な意味があった。球は完璧な幾何学図形だと考えられ、中世には宇宙の象徴でもあったからだ。太陽の動きをなぞったアル=ケ=スナンの街にこの建物はしっくりなじんだことだろう。ただし、エティエンヌ=ルイ・ブーレーが設計したアイザック・ニュートン記念堂という衝撃的な球形の建築物の前では、その存在はかすんだかもしれない(次ページ参照)。

実際に完成した建物はもちろん、結局は幻に終わったこれらの設計の力もあって、アル=ケ=スナンの王立製塩所を訪れる人は現在も後を絶たない。工場に合理性を取り入れようとした最初期の試みであり、これ以上ないほどに象徴的な意味を詰め込んだ建築プロジェクトであったこの製塩所は、変わらず日の当たる場所を満喫している。

アイザック・ニュートン記念堂 Cenotaph For Isaac Newton

エティエンヌ=ルイ・ブーレー 1784年

ギザの大ピラミッドより大きい星の輝く球体

　1784年、ほぼ無名のフランス人建築家による、形も規模も衝撃的な建築物が描かれた図面が登場した。建築家の名前はエティエンヌ=ルイ・ブーレー。巨大な球形の建物をいくつも設計したことで、現在もその名を知られる。1774年に世間をあっといわせた設計図は、アイザック・ニュートンを記念した建物で、空っぽの墓のようなものだった。実現は不可能に思えるこの建物が実際に建設されることはなかったが、時代を経てもこの建物に魅了される建築家は後を絶たない。その理由を探るには、ブーレーの球体が誕生した当時の社会的背景を知る必要がある。

内部に宇宙を再現

　18世紀のヨーロッパは、哲学や科学を推進する啓蒙主義が席巻していた。啓蒙主義の哲学者たちは、従来の権威（特に教会）の正当性を問い直し、理性こそが人間の思想と行動を定める基盤となるべきだと主張した。啓蒙主義の中心地は、ヴォルテールやディドロなど数々の哲学者や作家を生んだフランスだった。そこには単なる理性主義を超えた空気が満ちていた。同時に新たな社会秩序も求められるようになっていた。人権が守られ、貴族や教会に権力が独占されることのない、そんな社会だ。
　このような変化の波に建築家はどう応えるべきだろうか。その答えを出した人間の一人がブーレーだった。ブーレーは、王や貴族階級が享楽にふける豪邸を思わせる華美な装飾を特徴とした軽薄なロココ様式を否定し、古代ギリシャやローマの古典様式への回帰を支持していた。
　また、彼は自然や「純粋」幾何学から建築のアイデアをひねり出すことにも熱心だった。ブーレーは学究肌の人物だったが、完成に至った大作は多くはない。だが、彼が発表した作品はどれも驚くべきものばかりだった。なかでも特筆すべき傑作は、イギリスの数学者にして天文学者にして物理学者、1727年に死去したアイザック・ニュートン卿の記念堂だ。
　ニュートンは、あらゆる科学者の中でも絶大な影響力を誇り、世界でも指折りの優れた頭脳の持ち主だった。彼の功績は数学、光学、微積分学の多岐にわたり、発見した運動の法則と万有引力の法則は現在の物理学の基礎を築いた。このような功績と、発見した自然法則を数学的に証明するという手法により、ニュート

記念碑の偉容

62〜63ページ：ブーレーの最も有名な作品である記念堂の完成予想図。建物をライトアップすると、球体の曲面が迫力を持って浮かび上がる。ところどころに描かれた人影が建物の巨大さを際立たせる。

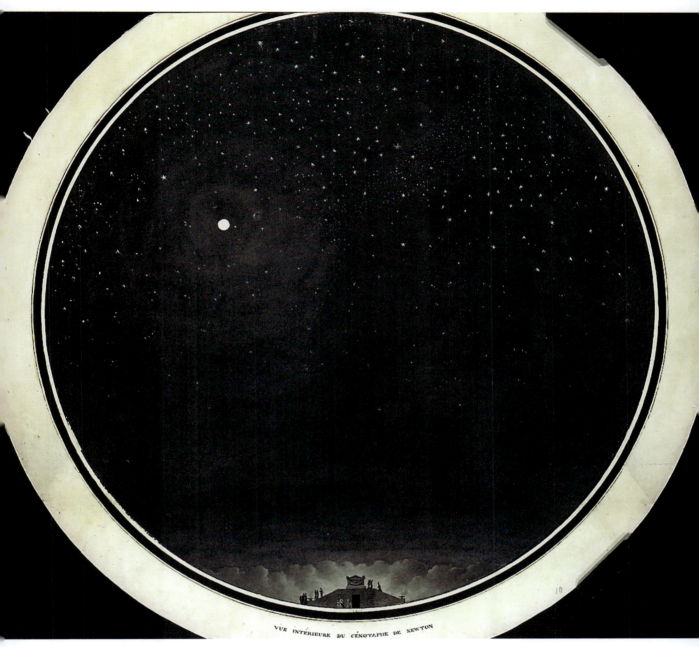

VUE INTÉRIEURE DU CÉNOTAPHE DE NEWTON

星々がきらめく

昼間は球体の表面に開けられたいくつもの小さな穴から太陽の光が差し込み、ニュートンの無人の墓が入った土台の頭上高くに、夜空のような光景が広がる。

ンは啓蒙主義時代の立役者の一人となっていた。

　この傑出した偉人をしのんで、ブーレーは本物の宇宙のような建築物を考案した。遺体が安置されていない巨大な霊廟のような、記念碑に代わる建物だ。この建築物は石造りの巨大な球体で、内部は空洞になっており、周囲は円形の土台と糸杉の木に取り囲まれている。球形にした理由は、象徴的な意味と異常ともいえる大きさを視覚的に表現するためだ。ブーレーはこのように書い

Cenotaph For Isaac Newton

アイザック・ニュートン記念堂

ている。「球という形は見た目にすばらしく、建物に威厳を与える。欠陥も終わりもない表面は、単純さの極みだ」。威厳がありながら終わりのない形からは見事なデザインが生まれた。

ブーレーの完成予定図は、一見すると何がどうなっているのかさっぱりわからないが、よく見ると全体の高さの3分の1ほどのところに描かれたまばらな点のようなものが、入口に近づいて行く人影であることがわかる。これらの人影から、この球がどれほど巨大なのかがわかるというわけだ。

球の直径は約150メートル

設計では球の直径は500フィート（150メートル）前後になる予定だった。1780年代の時点で世界最大の建築物は、高さが466フィート（142メートル）のストラスブール大聖堂と、455フィート（139メートル）のギザの大ピラミッドだった。つまり、ブーレーが考えたニュートンを記念する建造物は、当時の世界最大級の建築物であるだけでなく、あらゆる王や皇帝の墓よりもはるかに巨大で、すべての大聖堂や神殿をも凌駕していたわけだ。

外側から見ると、建物は明らかに球形だが、下半分は周囲を取り囲む土台と台座に隠れ、そこから球体が現れるように見える。それでも建物の下の部分には対になった曲線の斜面があり、建物が球形であることを示唆している。この建物が本質的には一つの純粋な形を表現しているとすぐにわかるように考えられているわけだ。一切の装飾を取り払い、ロココ様式の彫刻を排し、控えめな古典様式の装飾すら入れなかったため、シンプルさと純粋さだけが際立っている。

土台と台座には伝統的な弔いの象徴である糸杉が植えられ、2段目の土台（3分の1ほどの高さの場所）に入口が見える。また、ブーレーは建物の足元に記念堂の内部につながる主要な通路を作るつもりでいたようだ。通路の先には半円形の門があり、内部へと続く長い廊下につながっている。

ニュートンを称える建物の中に入り、がらんとした球形の空間の中に立つと、この世のものとは思われぬ不思議な感覚に襲われる。入口の廊下は球の一番底にある土台に続き、そこには石棺（サルコファガス）が安置されている。部屋の壁はカーブを描きながら上に向かって続いている。壁にはたくさんの小さな穴が開けられ、そこから太陽の光が差し込むと、頭上に一面の星空が広がっているように見える。月や惑星や星座までがそのままに再現され、暗闇の中で光り輝く。中に立つと、ニュートンがその理論を用いて解明した宇宙の中心にいる気分が味わえる。夜になると、また違った雰

囲気を体験できる。球の中心に吊り下げられたアーミラリ天球儀から漏れ出る光が、壁を幻想的にライトアップする。

ブーレーが後世にもたらした影響

　ブーレーが1784年に作成したニュートン記念堂の図面(外観図、設計図および断面図)は、広く世間に出回った。(フランスの国立土木学校の)教師を務め、建築家としてプロイセンのフリードリヒ2世と交流があり、フランスでも名を馳せたブーレーは、豊富な人脈を持っていた。同時代の人々は彼の作品に感心した。巨大な球体をはじめとする単純な幾何学図形の建物をさっそく設計してみようという建築家は現れなかったが、ブーレーが啓蒙主義の一端を担っていたことは確かだ。彼の影響を受けて、その後の建築はロココ様式の過剰な装飾を省き、よりシンプルになり、古典様式に近づいた。

　ブーレーの影響は近代にもおよんでいる。20世紀に入っても彼の作品はさまざまな出版物で扱われ、イタリアのポストモダン主義の建築家アルド・ロッシなど何人もの建築家がブーレーの作品から着想を得て、形の純粋さを追求して装飾を排するという、彼のスタイルを踏襲した建築物(それ以外にも食器類やコーヒーポットなどの日用品)を多数デザインしている。ただならぬ形と内部の不気味な雰囲気を特徴とするアイザック・ニュートン記念堂は、人の心をかき乱し、刺激を与え続ける幻の建築物の中でも、ひときわ輝く作品だといえるだろう。

国立図書館
啓蒙時代にふさわしい学びの図書館

フランス、パリ　エティエンヌ＝ルイ・ブーレー　1785年

National Library

　国立図書館は、大量の蔵書を保管するだけの場所ではない。学びの場であり、学者が集う場であり、国の重要なシンボルでもある。そのような図書館を最初に設けた国の一つがフランスだ。アイザック・ニュートン記念堂の作者でもある建築家エティエンヌ＝ルイ・ブーレーは、最大の作品の一つとしてフランス国立図書館の設計を手がけた。幅はおよそ330フィート（100メートル）、巨大なヴォールト天井（アーチ状の天井）があり、書架が階段状に配置された、世界最大級の立派な図書室が設けられている。

中庭に屋根をかける

　フランスの図書館は、王室の蔵書や中世の写本を保存する場所として誕生した。蔵書のコレクションは着実に増え続け、17世紀に入ってルイ13世とルイ14世の治世になると、コレクションの数は加速度的にふくれ上がった。特に、ルイ14世の時代に財務総監を長く務めたジャン＝バティスタ・コルベールは本の収集に熱心だった。コレクションが増えるたびに蔵書がパリのあちこちに移され、17世紀後半にはヴィヴィアン通りに収蔵された。さらに1692年、図書館は一般の人々にも門戸を開くという画期的な一歩を踏み出した。

　すでに当時から蔵書をさらに大きな専用の施設に移そうとする計画はあったが、目的に合う建物が見つからなかった。18世紀に入っても本が増え続けたおかげで図書館は満杯になり、大きな建物への移転は喫緊の課題となった。いくつもの候補地と建築案が出されたが、なかでも新しい設計を考え出すために奮闘していたのは、建築家のエティエンヌ＝ルイ・ブーレーだった。

　新しい図書館の設計には、課題が山積みだった。ふさわしい候補地を探さなければならないし、膨大な数の蔵書を収容できなければならない。利用者のためのスペースも必要になるし、限られた予算で世界最大の文献コレクションを収めるにふさわしい立派な建物にしなくてはならない。ブーレーの設計は、巧みにこれらの課題を解決した。

　まず敷地の問題は、新しい土地の購入や既存の建物の撤去を行わず、幅330フィート（100メートル）、奥行き100フィート（30メートル）の細長い中庭に屋根を設置して、建物に転用することが提案された。これで大きな一つの部屋を確保できる。ブーレーは中庭

の上にかける屋根として、アーチ型のヴォールト天井を設計した。これなら、壮大な雰囲気を演出し、大きな天窓を設けられる。部屋の長い壁には本棚が階段状に配置され、中央部にはゆったりと歩き回れるスペースがある。

　ブーレーの設計は、あらゆる問題を同時に解決していた。彼が設計した図書館には膨大な数の本（最大で30万冊程度）を収蔵することができた。また、周囲を既存の建物の壁に囲まれていることや壁に並んだ本棚のせいで窓を作れないという問題は、頭上から自然光がたっぷりと降り注ぐように工夫することで解決した。見た目にも見事なだけでなく、すでにある中庭を再利用するため、新たに独立した建物を建てるよりも費用を大幅に抑えられる。当時、ブーレーの案の実現に必要な費用が試算されたが、図書館を新築した場合に比べて10分の1ですむという結果が出た。

　図書館は開架式で、利用者は自由に本を手にとれる。本箱に本が1冊ずつ鎖でつながれていた中世の本の保管方法とは一線

ゆったりとした開架式の空間

ブーレーが描いた図書館内部の完成予想図。広々とした空間で学者たちが会話を楽しんでいる。何人かのポーズは、画家ラファエロの作品『アテナイの学堂』の古代ギリシャの哲学者たちを真似ている。

を画するやり方だ。鎖で本をつなぐ方法は古代から広く行われてきたが、ブーレーが考えた図書館の本の保管方法は、多くの図書館に比べて蔵書を手にとりやすくしたといえるだろう。この点を強調するため、ブーレーの完成予想図では、利用者が自由に部屋の中を見て回る様子が描かれている。しかし、部屋の中に利用者が書き物に使えるような机は見当たらない。机や椅子をおく場所はたっぷりあったはずなのに、どうにもおかしな話だ。

　内部の建築様式は、古典様式になっている。非常に簡素なトスカナ式あるいはドリス式(ドーリア式)の柱と男像柱(アトラス)を使った地味な雰囲気だ。広い空間を生み出す、円筒を二つ割りにしたような形の巨大なヴォールト天井には、アイザック・ニュートン記念堂と同じように、ブーレーの純粋幾何学に対するこだわりが垣間見える(60ページ参照)。光を入れる天窓は実用的であると同時に、ブーレーが強い関心を寄せていた三次元空間での光の挙動の効果を取り入れた「影の建築」を実証するものでもあった。

図書館の屋根の構造

すでに建っている建物の中庭の壁を利用する予定だったため、中庭の上に屋根を設置し、屋内に作り変えることが主な構造設計作業だった。そのため、ブーレーはがっしりした木のトラス(拡大図)を使った屋根を設計した。

フランス革命の余波

　ブーレーは強い熱意をもって国立図書館プロジェクトのためにすべての図面を描き上げ、芸術家の目で光と影を研究した。かつてブーレーは画家になることを夢見ていたが、父親の意思に従ってやむなく建築家になったという経緯を考えれば不思議はない。図書館の模型は一般公開され、反応はおおむね好意的だった。

　計画はそのまま順調に進みそうに思えた。実際、同時期に進行していた新しい歌劇場(オペラハウス)の建設計画をはじめとするほかの大規模な文化施設の計画に比べれば、実現の可能性は高かったに違いない。このような流れによる後押しと、国立図書館プロジェクトが非常に注目されているという事実が、ブーレーの熱意を燃え立たせであろうことは想像に難くない。それ以上に彼は、自分が設計した建築物にフランスとヨーロッパの文化を築いた偉大なる文献の数々を収めるというやり方を気に入っていたようだ。

　古典主義者であったブーレーは古代ギリシャやローマの文化について調べていた。あるとき、バチカンでラファエロによるフレスコ画の傑作『アテナイの学堂』を目にして、古代と自分の時代のヨーロッパの間に共通点があることに気がついた。絵の中では、大勢のギリシャ人哲学者たちが広い古典様式の内装の部屋で語り合い、議論を繰り広げている。そして、部屋の奥には巨大な半円筒形のヴォールト天井が見える。ブーレーは、自分の図書館を描いた素描にラファエロの作品に似せた人影を配置することで、ラファエロが描いたすばらしい学問の場の様式をそれとなく残すことを思いついた。そのようにして、ブーレーは図書館の利用者の学びと過去世界の人々の学びを結びつけ、フランスとその国立図書館を輝かしい伝統の最終地点に位置づけようとしていた。

　しかし、そのすばらしさにもかかわらず、ブーレーが考えた図書館は実現しなかった。1789年にフランス革命が勃発すると、パリ中心部の主要建設物のすべての計画は白紙に戻された。図書館の建設がようやく始まったのは、1854年になってからだった。その頃には蔵書の数はさらに膨れ上がっていたため、そのすべてを収められる十分な広さのある建物が新築された。その図書館には、現在もブーレーの素描の数々が保管されている。

パノプティコン
1人の看守が大勢の囚人を見張る経済的な監獄

Panopticon

「道徳観は正される、健康は保たれる、産業は活性化されて教育が普及する、公的負担は軽くなる、経済は岩のごとくがっちり安定する、貧困問題を一刀両断に解決できなくても解消に向かわせることはできる。このすべてが建築の単純なアイデアによって実現するのだ!」。これが哲学者ジェレミー・ベンサムの予想だった。ここでベンサムが言及しているのは、建築デザインの一種である「パノプティコン」についてだ。この仕組みを導入すれば、1人の人間が大勢の人間を監視することができるうえに、監視されている相手はいつ見張られているのかわからない。そう、18世紀の終わり頃には監視という概念がすでに誕生していた。

18世紀後半の監獄問題を解決する

　ベンサムが唱えたアイデアは彼自身が思いついたものではない。彼が繰り返し言及したように、実際にこのアイデアを考え出したのは、海軍技術者・建築家としてロシアのポチョムキン公爵に仕えていた弟のサミュエルだった。多数の単純労働者を監督するために、サミュエルは現場監督が円形の建物の中央にある部屋に陣取り、その部屋の周囲を取り巻くように労働者を配置することを考えた。サミュエルはこのアイデアを兄のベンサムにも教え、ベンサムはこの方法を監獄に応用できるのではないかと気づいたのだ。

　18世紀後半のイギリスの監獄は深刻な状態に陥っていた。監獄はぎゅうぎゅう詰めで、不快なだけでなく、衛生状態にも問題があった。監獄で過ごす人間は社会復帰して新しい人生のスタートを切るよりも、病気にかかるか、再び罪を犯すほうがずっと多かった。イギリスの改革運動家ジョン・ハワードなどの運動家たちがこのような状況を変えようと立ち上がったが、資金問題にぶつかって改善はなかなか進まなかった。ただでさえ監獄は、建設するにも運営するにも金がかかる。監獄の状況を改善するには看守を増員する必要があるが、それではさらに費用がかさむ。ベンサムのアイデアは、監獄を円形の建物にして、1人の看守がフロア全体の囚人を見張るというものだった。

　ベンサムはこのようなデザインを「パノプティコン」と名づけた。ギリシャ語で「すべてを見る」という意味で、ギリシャ神話に登場する百の目を持つ巨人パノプテスにちなんでいる。アイデア自体は単純だ。監獄の監督官または看守は、ベンサムが「詰所」と呼ん

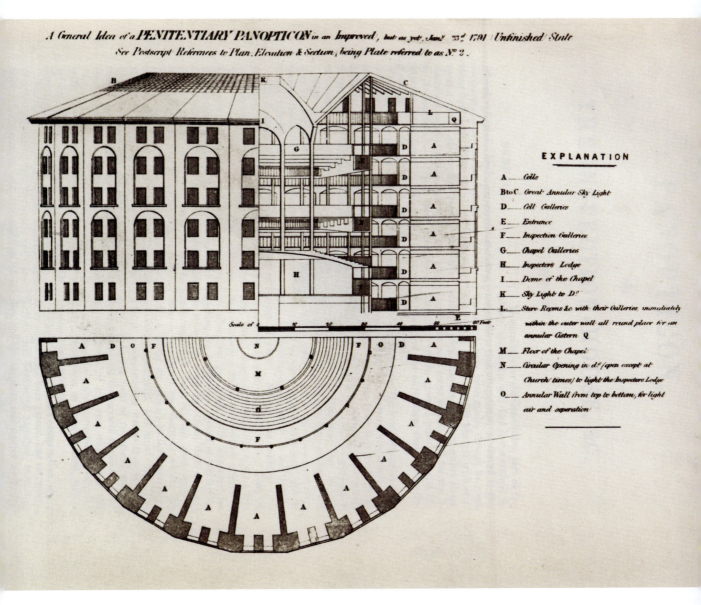

だ円形の建物の中央にある部屋で待機する。その周囲を囲むように、囚人たちを収容する独房がずらりと並ぶ。この設計のポイントは、看守からは囚人が見えるが、囚人からは看守の姿が見えないことにある。中央部に用意された照明が（鉄格子がはまった）独房を照らし、看守ははっきりと独房の様子を見ることができるが、囚人が詰所の方向を見ても光に目がくらんで様子がわからない。さらにベンサムは「目くらましの仕掛け」と呼んだ別の工夫も取り入れて、囚人が看守の姿を見ることはできないようにした。つまり、実際には看守が1人で同時にすべての独房を監視できるわけでは

監視の仕組み

ウィリー・レベリーが作成した図面。立体図にはシンプルな外壁が描かれ、断面図を見ると各階と独房の内部構造がわかる。独房はすべて中央にある「詰所」から監視することができる。

ないのに、囚人側はどこが見張られているのかわからないのだ。これにより、ベンサムの言葉によれば「一種の遍在感」が生まれ、囚人たちは気を抜くことができず、監督官が全員を監視しているのと同じ効果が得られる。しかも、かかる費用は看守を増員する場合の数分の1ですむ。

　ベンサムの設計のもう一つの利点は、囚人に、役に立つ仕事や収益が出る仕事を任せられることだ。当時は囚人に仕事が与えられることはめったになかった。囚人に仕事を与えれば厳重な監視が必要になり、結局はかえって費用がかかることになるからだ。しかし、パノプティコンの仕組みなら、監視の費用が安く抑えられ、囚人を労働に従事させることができるだろうとベンサムは言った。ベンサムの構想は、監獄を民間企業にして、運営費用の一部は政府が支援するが、一部は囚人の労働から得られた収入によって賄うというものだった。このような仕組みの経済的なメリットは大きい。ベンサムが提案する、踏み車の上を歩かせて力織機（機械動力式の織機）を動かすなどの囚人の仕事は、囚人たちの士気を高めたり、塀の外の世界で生活する準備をさせたりすることが目的ではなかったわけだ。

　ベンサムは、パノプティコンを監獄だけの仕組みとは考えていなかった。パノプティコンは工場や学校、病院などにも応用できるのではないだろうか。だが、とりあえずパノプティコンが最も必要とされていたのは監獄であり、ベンサムはその可能性を熱心に追求した。彼は建築家のウィリー・レベリーに図面の作成を依頼し、アイデアを本にまとめた。レベリーは若手の芸術家でもあった。古典主義者で建築家ウィリアム・チェンバーズのジョージアン様式を信奉し、遺跡をスケッチするためにギリシャに滞在したこともある。ロンドン東部でドッグ島をぐるりと回るように流れるテムズ川の湾曲部をまっすぐにするという構想も持っていたように、彼はかつて実現したことがないものを空想することが好きな、ちょっとした夢想家だったのかもしれない。

　とはいえ、パノプティコンを描いたレベリーの図面は完璧なプロの作品だった。一切の装飾を排したシンプルな6階建てだが、半円形の隠しアーチを並べ、ある程度の威厳を演出している。内側の各階には、中央に位置する詰所の周囲を取り巻くように2ダース前後の独房が並んでいる。

現代に通じるユビキタス監視

　ベンサムは自らのアイデアを形にできるような敷地を探していた。ロンドンの数々の場所が候補に挙がったが、いくつかの場所では

問題が発生した。そのほとんどは、近隣に土地を所有する人々が近くに監獄ができることに難色を示したためだった。1799年になってようやく、ミルバンクのテムズ川の北側に空き地が見つかり、ベンサムは国王の代理として1万2000ポンドでその土地を買い取った。

だが、そこから計画の雲行きが怪しくなる。建設に必要な資金が十分に集まらないまま、1803年に政権が交代した。新政権は監獄の改革にそれほど熱心ではなかった。最終的にベンサムには負担した実費とそれまでの仕事の見返りとして2万3000ポンドが支払われたが、計画は中止になった。ミルバンクの予定地には監獄が建設されたものの、ベンサムの理念や設計とはかけ離れていた。ミルバンク刑務所が1890年に閉鎖されると、跡地にテート・ギャラリー（現在のテート・ブリテン）が建てられた。

その後、ベンサムの理念を取り入れた監獄が誕生した。同様に、19世紀のヴィクトリア時代のいくつかの救貧院の設計にも彼の理念が生かされた。ベンサム自身がパノプティコンを実現させることはできなかったが、その影響は絶えることなく生き続けた。現代の都会で広く行われているユビキタス監視のはしりがパノプティコンだという説もある。私たちは、監視者がカメラの向こう側にいることを知っているが、いつ監視者の目が自分に向けられるかを知ることができない点では、ベンサムの監獄に入った囚人たちと変わらないのだ。

CHAPTER 3
急成長する都市
THE EXPLODING CITY

With the coming of industry, and America grew at a staggering pace.

近代産業の時代が始まると、ヨーロッパや米国の都市は、驚異的なペースで成長した。

　19世紀以前の世界では、人々のほとんどは田園地帯で土地を耕して暮らしていた。しかし、近代産業の幕開けとともに様相は一変する。人々は都会に押し寄せ、都市はおそろしい勢いで成長していった。ロンドンの1800年の人口は100万人だったが、1900年には670万人になり、1830年に300人しかいなかったシカゴは、19世紀の終わりには170万人の大都市に変貌を遂げた。著しい成長は、建築と地方自治に携わるあらゆる人間に未曾有の課題をもたらした。住宅の建設が急ピッチで進められたが、結果として完成した住宅は質が悪く、労働者たちは劣悪な環境で生活しなければならなかった。特にロンドンのように無計画に建てられてきた建物が密集する都市は、一層悲惨だった。社会インフラ、特に交通機関と下水道の整備を求める声も強かった。不衛生な環境により、数百万世帯がコレラなどのおそろしい病気の危険にさらされていた。
　そんな19世紀の建築家は、非常に意欲的な設計を考え出して、こ

the cities of Europe

れらの問題を解決しようとした。最初に産業化が進んだイギリスでは、多くの傑出した建築設計が誕生した。堤防に併設した新たな下水道、道路と鉄道と商店街を一つにまとめた大規模な環状道路、ピラミッド型の高層建築の墓地。これらはロンドンの状況を改善するために考えられた提案のごく一部だ。ほかの都市もそれぞれが抱える問題に対処しようとしていた。ワシントンDCでは文化を発展させる計画が進んでいたし、新しく独立国家となったギリシャのアテネには王宮の建設計画が提案された。

　このように多様な構想の出現は、この時期には当たり前だった。ジョセフ・パクストンの斬新的なグレート・ヴィクトリアン・ウェイは、大胆かつ近代的で、鉄骨をむき出しにするという、19世紀半ば以降に現れた新しい手法を取り入れていた。フランクリン・ウォルド・スミスによる壮大なワシントンDCの国立歴史・美術博物館の案は、古代バビロン様式からローマ様式まで、歴史上のあらゆる様式を再現するものだった。ロバート・オーウェンがインディアナ州のニューハーモニー村で試みた計画は、先人の理想形を手本として街全体が設計された。これらはどれも具体的な必要性に迫られた計画であり、様式においても設計や計画立案においても、典型的な19世紀の創意工夫が盛り込まれている。しかし、公衆衛生の改善、保護、文化の発展は未来にも目を向けたものだった。まさにヴィクトリア時代のデザインと呼べるこれらの設計は、朽ち果てることのない生命と可能性を感じさせる。

ニューハーモニー

New Harmony

社会改革家が別大陸で実現しようとした理想の村

米国、インディアナ州　トーマス・ステッドマン・ホウィットウェル　1825年頃

　理想を体現した共同社会を一つ作り上げるのは、堅固な意志がなければできない立派な偉業だ。それがイギリスの工場主にして社会改革家のロバート・オーウェンがたどった運命だった。当時の自由放任主義(レッセフェール)の経済政策に対する反動として、オーウェンは理想的な社会主義の形を考え出した。いわゆる協同組合運動のはしりだ。オーウェンのアイデアは、都市部の貧困層に仕事を用意して、共同生活型の村に移住させようというものだった。村の仕事には適正な額の賃金が支払われ、困ったときには支援を受けられる。オーウェンの工場は成功して財も成していたが、彼の共同経営者は、福利厚生に金をかけて利益が減ることに不満だった。そこで、オーウェンは新天地で新たなスタートを切ることを決意し、1824年に「新道徳世界」の実現を目指して北米に渡った。彼が理想としたのは、教育が整備され、企業が得た利益が労働者に分配され、誰もが幸福に暮らせる社会だった。

共同体にふさわしい建物を

　オーウェンは理想を実現する地としてインディアナ州のニューハーモニー村を選んだ。ここは、1814年にドイツから入植してきた、ハーモニストと呼ばれるルター派の集団が作り上げた村だった。だが、ハーモニストたちはたったの10年間暮らしただけで、もともと住んでいたペンシルベニア州の共同体に戻ることを決め、1824年に住民たちはこの村の土地をオーウェンに売却した。オーウェンはすでに理想郷で働きながら生活する候補者の募集を始めており、彼のもとには続々と人が集まってきた。彼の理想郷で働きたがっている人々もいたが、他人の稼ぎを当てにする人々も少なからずまじっていた。ほどなくして村には780人が集まり、オーウェンは共同体の原則が平等な権利と義務であることをみなに納得させて、ニューハーモニー村は動き始めた。

　だが、オーウェンは、共同体をより良くするために、村の目的に合った建物を作ったほうがよいのではないかと感じていた。彼は建築家のトーマス・ステッドマン・ホウィットウェルの協力を得て、村を理想の町に再建する作業に取り組んだ。オーウェンがホウィットウェルを選んだ理由ははっきりとはわかっていない。ホウィットウェルは地方出身の無名の建築家で、ロンドン・ドックスの建築事務所で働いていた。有名な建築物を手がけた経験はなかっ

たようだ。おそらく、オーウェンとホウィットウェルは、理想の共同体への関心という共通点で結びついたのだろう。イギリスでホウィットウェルは、故郷のコベントリーに近いレミントン・スパの近くを建設予定地とする、サウスビルという名前の理想の町を設計したことがある。この作品は1819年にロンドンの王立アカデミーに展示されていたため、オーウェンがそれを見た可能性がある。

　理想都市の設計にあたり、ホウィットウェルはプラトンの『国家』、フランシス・ベーコンの『ニュー・アトランティス』、トーマス・モアの『ユートピア』など理想都市について書かれた昔の作家の著書にヒントを求めた。ホウィットウェルが設計した都市は、正方形で四隅に塔があり、一見するとルネサンス時代風の要塞化された理想都市のデザインのように見える。しかし実際は異なり、街は堀ではなく外壁で囲まれ、そこに幅100フィート（30メートル）の散策ができるような遊歩道が設けられ、芝生と庭園がある。昔の都市は街の外側に防護壁があったが、ここでは住宅が取り囲む。4つの角に建つ塔は学校（ホウィットウェルの説明によれば「幼児、児童、青少年」のための学校）になっている。学校の1階には大人のための「談

購入時の村の建物

ニューハーモニー村に再現された小屋。1814年から1815年にかけて最初に入植してきたハーモニストの集団は、このような建物に住んでいた。それから10年後、ロバート・オーウェンが村を購入したときにも、この建物があった。

共同体のための新しい設計

次ページ：ホウィットウェルが設計した、ニューハーモニー村の全景。上から見ると四角形をなす。敷地内や建物周辺は芝生に覆われ、背後にはウォバッシュ川が見える。

話室」も用意されていた。つまり、成人に向けて一種の改善活動を行うつもりだったのだろう。ほかの建物には台所、醸造室、パン焼き場などの設備があり、博物館や図書館などの文化施設も充実している。村の中心には円筒形の立派な建物がある。普通の村の場合、こういった建物は教会であることが多い。しかし、オーウェンはニューハーモニー村を宗教とは無関係の共同体にしたかった。この建物の正体はめずらしい外来植物を集めた温室だ。オーウェンは緑の空間を大切にしていた。あらゆる建物の間には広々とした庭園と芝生が広がる。

そこは非常にすばらしい場所だった。ベーコンとプラトンから得た着想を生かし、さらに社会改革家として理想に生きるオーウェ

社会革命家の顔

ロバート・オーウェンの肖像。

ンの意見もしっかり取り入れられていた。ホウィットウェルは実際にニューハーモニー村を訪れ、土地を見て、村人たちに会った。この訪問により、彼は計画への関心を一層強めた。彼は1830年に発行された村の定期刊行物にも寄稿し、計画について紹介している。ニューハーモニー村の共同体のメンバーを納得させることと、大きな実績のない自分が建築家として認められることが、ホウィットウェルの目的だったことは疑いがないだろう。

　だが、その頃にはプロジェクトが実現する見込みはほとんどなくなっていた。ニューハーモニー村の住民たちの間には結束が欠けていた。一部の住民はオーウェンが決めた原則を守ろうとしていたが、村の運営に異論をはさむものや、村を離れる住民もいた。

ニューハーモニー村が残した文化的遺産

　しかしながら、ニューハーモニー村は完全に失敗したわけではなく、のちにいくつかのすばらしい成果を生んだ。教師で社会改革家でもあったオーウェンの長男ロバート・デール・オーウェンは、制度廃止論者で女性の権利と公教育無償化のための運動に取り組んだ。さらに、オーウェンの仲間でフィラデルフィア自然科学アカデミーの学院長を務めていたウィリアム・マクルアの尽力により、村には優秀な科学者や教育者の派遣団が滞在した。こうしてニューハーモニー村にはマクルアを慕う科学者や学者が集まり、ロバート・オーウェンの三男デイビッドは著名な地質学者になった。19世紀にはニューハーモニー村の印刷所から、地質学や昆虫学などさまざまな科学分野の重要な本が多数発行された。村の建築遺産はオーウェンとホウィットウェルが思い描いた理想通りにはいかなかったが、文化的遺産は貴重なものとなった。

　ホウィットウェル自身についていうと、特にサウスビルとニューハーモニーのプロジェクトの失敗という挫折によって記憶される運命にあったようだ。建築家としての彼の人生は悲劇のうちに幕を閉じた。ホウィットウェルが完成させた最大の作品の一つ、ロンドンのブランズウィック劇場は、開業から3日後に屋根が崩落し、多数の死者を出した。ホウィットウェルは崩落の原因を、鉄の屋根組みの設計は重さを考慮していなかったのに、そこから舞台装置を吊り下げたせいだと主張したが、事故の責任は彼に問われることになった。原因が何であれ、この悲劇の後で彼が設計を手がけることはほとんどなかったようだ。事故以後に彼が残した唯一の作品は故郷コベントリーの監獄だった。

ピラミッド型墓地

Pyramidal Cemetery

ロンドンの墓地問題を解決する94階建てのピラミッド

1820年代のイギリスでは、主要都市で急速な人口増加が始まり、19世紀が終わるまでその傾向は加速の一途をたどった。イギリスの製造業の成功に加え、大英帝国の拡大によって集まってきた富がこの成長を支えていた。ロンドンは雑然とした窮屈な都市になり、最低限必要な施設でさえ十分な広さの用地を確保しにくくなった。そして墓地までもが過密状態に陥っていた。実際に死者は何人もの体を積み重ねるようにまとめて埋葬され、教会に隣接する墓地では、地面が驚くほど盛り上がっていた。

500万人を納める空中墓地

先見の明があった建築家や都市計画家たちは、数世紀も前から人口過密による墓地問題が発生する可能性を予見していた。なかでも1666年のロンドン大火の後、クリストファー・レンはロンドンの外れに墓地用地の確保を提案していたが、当時の人々はそのような備えは必要ないと考えた。その後もロンドンは土地をなんとかやりくりしていたが、1820年代に事態はついに危機的な状況を迎えた。墓地にはもはや死者を埋葬できる場所はなく、衛生面でのリスクも深刻だった。

さまざまな提言のほとんどは、都市の外れの空き地に大規模な墓地を作ろうというものだった。しかし、1人の男が出したアイデアは型破りだった。その男、トーマス・ウィルソンが1830年代の初めに出した案とは、普通の墓地の建設候補地だったロンドン北部のプリムローズ・ヒルの空き地に、巨大なピラミッドを建てようというものだった。ピラミッドの建築面積は18エーカー(7.3平方メートル)、高さは94階建てにもなる。「階を重ねて建設していけば、最終的には頭上の何もない空間から1000エーカー(405万平方メートル)近い広さを生み出すことができる」というのがウィルソンの主張だった。この建物には500万人程度の遺体を納めることができるとウィルソンは試算した。これならロンドンの墓地の問題を一気に解決できる。彼はこのアイデアを実現させるべく、会社を設立した。

ウィルソンの墓地が実現していれば、ロンドンの風景は大きく変わっていただろう。プリムローズ・ヒルはロンドン中心部を一望できる高台の緑地だ。そこに(ロンドンで一番高い)セント・ポール大聖堂のドームよりも高いピラミッドを建てれば、都市の外観は一

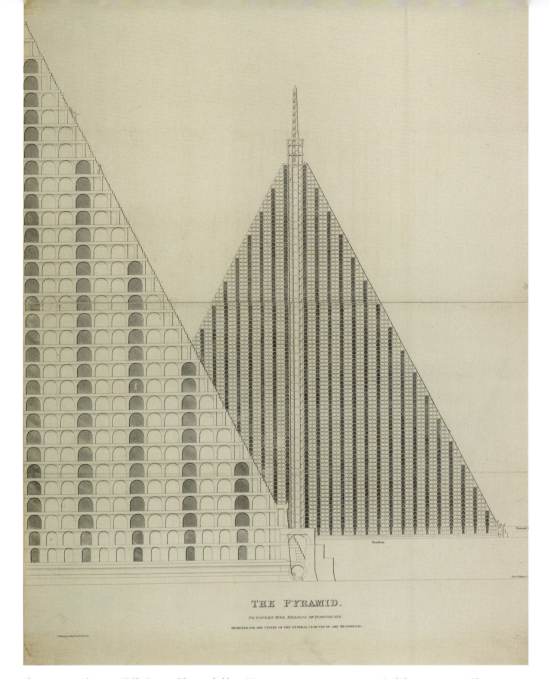

THE PYRAMID.

部屋がきっしり並ぶ高層墓地

トーマス・ウィルソンのピラミッドの断面図。手前には構造の細部の拡大図が描かれ、無数のアーチ型の部屋がぎっしりと並んでいることがわかる。

変していただろう。現代人から見ても奇抜に思えるこのアイデアは、1831年においても人々の目に奇異に映ったに違いない。

　しかし、「巨大ピラミッド型の墓地」という考えは、ある意味では流行に乗っていた。ウィルソンがこのアイデアを思いついた頃は、古代エジプトとその遺物が脚光を浴びていたのだ。古代エジプトの人気が高まるきっかけには、イタリアの考古学者にして探検家のジョバンニ・ベルツォーニの功績が大きいだろう。ベルツォーニは技師、自称修道士、床屋、サーカスの力自慢の大道芸人とい

ピラミッド型墓地　83

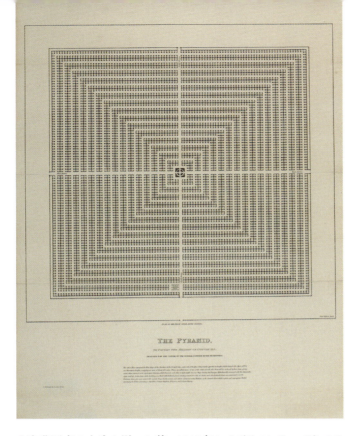

1階の構造

1階には15本の同心四角の廊下があり、数千人分の墓につながっている。上階に行くにつれて廊下の本数は段階的に減るが、基本的な形はどの階も同じだ。

う波乱万丈の人生を送った後、1803年にイギリスにやってきてサーカスとともに広く旅をして回った。旅回りの間に築いた人脈を頼りにベルツォーニはエジプトに渡った。本当は、自分が発明したナイル川の水をくみ上げる装置を実演して歩くつもりだったが、イギリスのエジプト総領事ヘンリー・ソールトに雇われることになり、テーベから重さ7トンのラムセス2世の胸像をロンドンまで運ぶ仕事を任せられた。ベルツォーニはこの大仕事を成功させた。この胸像は現在も大英博物館に展示されている。ほかにもベルツォーニは、エジプトで流砂に埋もれたアブ・シンベル神殿の出入り口を発掘し、ギザで2番目に大きいカフラー王のピラミッドを探検し、セティ1世の墓を開けた。

　イギリスに戻ったベルツォーニは、エジプトでの発見の成果を出版し、1820〜1821年には、セティ1世の墓の再現模型などを並べた展示会をロンドンのピカデリーにあったエジプト風の博物館エジプシャン・ホールで開催した。ベルツォーニの出版物と展示は古代エジプトの芸術や建築の人気を高め、多くの人々がエジプト文化での死の重要性を初めて知った。つまり、エジプトを再現した建築物が登場する舞台はすでに整っていたわけだ。

　ウィルソンはピラミッド型墓地を細部まで設計したが、最も有名な断面図からは、細かい様子はほとんどわからない。おそらく、断

面図は投資家に説明する際に状況と目的に合わせて作られたものだからだろう。建物はレンガ造りだが、表面は丈夫で耐久性に優れた花崗岩で仕上げられ、ピラミッドの頂上には背の高い記念碑(オベリスク)が飾られる。入口は4カ所にあり、中央には換気用の通気孔が設けられている。遺体を運び入れやすいように傾斜路が作られ、その先に続くカタコンベと呼ばれるアーチ型の小部屋には、それぞれ24人分の遺体を納めることができる。当然ながら礼拝所も用意され、さらに番人、墓守、管理人などが寝泊まりする部屋もすべて整っている。

画期的な設計が葬られた理由

　ウィルソンは資金の調達にも奔走した。教区の住民(あるいは家族)は50ポンドで1人分の墓地を入手できる。毎年4万人前後が埋葬されれば莫大な収入が見込め、安定した収入源になるというわけだ。彼はピラミッド型墓地の所有者が得られる金額を1000万ポンドと計算した。現代の価値に換算するとおよそ80億ポンドもの莫大な金額だ。ウィルソンのピラミッド墓地会社は投資家に対し、年5パーセントの利息が期待できるともうたっていた。

　これらの数字と画期的な設計にも関わらず、ピラミッド型墓地は、伝統的な埋葬を好む関係各所からの認可を得られなかった。彼らはウィルソンの設計よりも従来の地上墓地に賛意を示し、1832年には議会で「ロンドン近郊で死者を埋葬する墓地」を整備する法案が可決された。これにより、事実上ウィルソンの計画は葬り去られる。1833年には、パリのペール・ラシェーズ墓地を手本にした大きな墓地がケンサル・グリーンで開設された。この墓地は、北はハイゲートから南はナンヘッドまで、19世紀にいくつも開設されたロンドン周辺の大規模墓地の中でも、最初に完成したものだ。

　20年後にウィルソンは「ヴィクトリア・ピラミッド巨大墓所(ネクロポリス)」と銘打って再びこのアイデアを復活させたが、支持を得ることはできなかった。ケンサル・グリーンに続いていくつもの墓地が整備されたため、ウィルソンの案の命運は尽きていた。しかし、ピラミッドと墓の関係が完全に消滅したわけではない。19世紀にも小さいピラミッド型の墓はたくさん建てられたし、ウィルソンの設計に触発されたようなエジプト式の墓もいくつかある。1882年には、米国大統領ジェームズ・A・ガーフィールドのための霊廟の候補に、ウィルソンが提案したものと形がよく似た、ピラミッド型の墓が挙がったこともある。その霊廟の設計者の名前はトーマス・ウィルソン。あるいは、この人物はウィルソンの息子だったのかもしれない。

アクロポリスの丘の宮殿 　Palace on the Acropolis
パルテノン神殿の隣に建てられそうになった巨大王宮

ギリシャ、アテネ　カール・フリードリッヒ・シンケル　1834年

　1833年は、ギリシャで長く続いた騒乱がようやく終息した年だ。ギリシャは15世紀からオスマン帝国に支配されていたが、1821年に革命が起こると、独立をめぐって長い戦争が始まった。独立を勝ち取って共和政を確立したのもつかの間、ギリシャ大統領の座についたイオアニス・カポディストリアスは1831年に暗殺された。ギリシャは、友好的なヨーロッパの列強諸国の支援を受けて共和政体に背を向け、今度は君主制を目指すようになる。1833年、ついにギリシャはバイエルン王国の若き王子オットー・フォン・ヴィッテルスバッハを国王オソン1世として迎えた。バイエルン王国ルートヴィヒ1世の息子として生まれたオソンは、古代ギリシャを統治していた二つの王朝の末裔であるという理由から王に選ばれた。まだ17歳だった新国王は、ギリシャの首都ナフプリオンに意気揚々と足を踏み入れた。

▍古代遺跡を再開発

　ほどなくして首都をアテネに移す計画が持ち上がった。アテネは古代ギリシャの中心都市であり、新政権がかつての黄金時代のギリシャに自らを重ねあわせ、新たなスタートを切る場所としてはふさわしかった。19世紀初頭のアテネは人口1万人ほどの小さな街であり、首都に必要な施設の整備が必要だった。王宮も絶対に必要なものの一つだった。設計案を作るために何人もの建築家が招聘された。その中でも中心となったのは、プロイセンの建築の大家カール・フリードリッヒ・シンケルだった（オソン1世はヴィッテルスバッハ家とプロイセン王家との関係を利用してシンケルを招いた）。シンケルが出した案は、アテネを見下ろすアクロポリスの丘に建つ古代ギリシャ最大の遺跡、パルテノン神殿の隣に王宮を建てるという大胆な計画だった。

　古代遺跡が今ほど重要視されていなかった1830年代でさえも、シンケルの計画はかなり大胆不敵な提案だった。19世紀の歴史家や建築家にとって、神殿はすべての出発点であった。それでも彼は、世界で最も有名な古代遺跡の一つを完全に再開発し、さらにおそれ多いことに、神殿に匹敵する新古典様式の建築物を自らが設計して建てることを提案していた。

　そんなことが許される人間は、シンケル以外にはいなかっただろう。シンケルは、（古代ローマよりも）古代ギリシャの影響を受けた

特徴的な大広間

シンケルによる王宮の大広間のデザイン。大理石と鮮やかな彩り、それに金で覆われた彫像がシンケルのデザインの特徴だ。

新古典主義の建築家として名を馳せ、プロイセン王国の主席建築官を務め、ベルリンで多数の建築物（新衛兵所、旧博物館、劇場など）を手がけて、ベルリンをプロイセンにふさわしい立派な首都に変貌させた実績があった。注目を浴びていたアテネのプロジェクトの担当建築家にシンケルが抜擢された理由は、バイエルン王家からの強い推薦だけではなかったわけだ。

　建築様式から見ても、シンケルはこの仕事にふさわしかった。彼は自分が古代アテネの直系の系譜を継いでいると自負していた。シンケルの作品は、よくあるギリシャ様式の単なる物まねではなく、ギリシャ様式を建築物にうまく取り入れていた。ギリシャ建築の美を、効果的に時代に融合させた設計が彼の持ち味だったのだ。「ギリシャ建築の基本は、建築物を美しく表現することにある」と彼は書いている。「ギリシャ建築の延長においても、その基本原則は変わらず維持されるべきだ」。ある意味では、シンケルが建築家としての絶頂期にアクロポリスにたどり着いたのは必然の流れだったのかもしれない。

　シンケルは王宮の平面図と立面図と透視図を作成した。これらの図面はとびきり美しく、シンケルはここで画家としての一歩も踏み出した。描かれた建物は大きく、アクロポリスの丘で見事な存在感を放っていたが、巨大すぎるというほどではなかった。王宮の主要部分は丘の東端に位置し、中庭には日陰と風通しと植物を取り入れ、その中庭を囲むように綿密に計算された広間が並ぶ。日陰と風通しを確保できる柱列が設けられ、南側にある岩から見渡した正面は、柱が並んだ印象的なデザインになっている。

　パルテノン神殿はどこから見ても目立ち、多くの新しい建物よりも高い建築物だった。その神殿がかすんでしまわないように、王宮は高さを抑えた1階建てに設計された。王宮に入るには、プロピュライアと呼ばれる門を通る設計になっている。この門は、古くからアクロポリスへの入口として利用され、現在もアクロポリスの西側に残る。入口から続く道はアクロポリスの丘を横切り、古代の馬術演技場を模した式典用の中庭のそばを通り過ぎて、優雅な女像柱(カリアティード)の柱廊式玄関で有名なエレクテイオン神殿の先まで伸びている。さらに廃墟と化したパルテノン神殿の前を通り過ぎると王宮にたどり着く。

　シンケルの設計は、ギリシャ国王が望む要素を数多く取り入れていた。新しい王宮は利便性が高く、敵から攻められにくい位置にあり、伝統との強いつながりを感じさせた。しかし、建築にかかる費用は高額で、水をどこから引くかという問題もあった。シンケルは解決策としてポンプと水道管を使った仕組みを考えたが、その方法も難しそうだった。古典学者のメアリー・ビアードが指摘するように、シンケルの案に対する風当たりは日増しに強くなった

隣合わせの宮殿と神殿

王宮は周辺の建築物との調和を考えて設計された。例えば、柱廊式玄関は隣に建つパルテノン神殿にそっくりだが、それよりはかなり小さく、神殿の迫力を損なわないように配慮されている。しかし、そもそも慎重な配慮が必要とされるような場所に宮殿を建てるという案は、保全を重視する現代から見れば的外れなアイデアのように思える。

ようだ。世間では、アクロポリスを再開発して多くの遺跡を葬り去るよりも、考古学的価値のある場所としてそのまま残すべきだとする声が高まっていった。パルテノン神殿の隣に建てられる王宮は、デイヴィッド・ワトキンら建築史家の言葉を借りれば、「見かけ倒しの庭の置物」程度に格下げされた。シンケルの案は却下され、アテネ中心部のシンタグマ広場が建設予定地として選ばれた。ここには1836年から1843年にかけて、フリードリッヒ・フォン・ゲルトナーが設計したレンガ造りの王宮が建設された。

　シンケルは数々の古典様式の傑作を生み出してきた。彼は影響力のある建築家の一人であり、後世の建築家たちも彼の建築をまねている。さらにシンケルは、自らが描いた図面と実現しなかった建築プロジェクトをまとめた本を出版し、このアテネの宮殿と、彼がロシア王室のために設計した宮殿の設計図も本に収めた。シンケルは1841年に死去したが、もう少し長く生きていれば、19世紀後半のドイツの産業化に伴って起きた建築ラッシュの恩恵を受けることができたかもしれない。その時代には彼の作品はかなり高い評価を受けていたからだ。

　現代という時代から見ると、パルテノン宮殿計画に対する当時の人々、特に強硬に遺跡を守ろうとしていた人々の姿勢は、やや否定的に過ぎたように思える。シンケルとともにオソン1世に仕えたレオ・フォン・クレンツェは、やや見下したような評価（「偉大な建築家が生み出した魅力的な真夏の夜の夢」）を与え、それに同調する歴史家もいるのは確かだが、多くの建築家はシンケルの度胸のよさに感心し、少しばかりうらやましく思っている。

テムズ川の3階建て堤防
悪臭と汚物まみれのテムズ川を改善

Three-Level Thames Embankment

イギリス、ロンドン ジョン・マーティン 1842年

　ジョン・マーティンは、19世紀前半に活躍した非常に有名なイギリスの画家の一人だ。キャンバスに生き生きと描かれた幻想的な彼の風景画や、『ベルシャザルの饗宴』『ソドムとゴモラの滅亡』といったユダヤ教やキリスト教の啓示書や聖書に登場する場面を描いた作品は、色彩豊かで人目を引く超大作だ。マーティンの作品は一般大衆に人気があり、アルバート公やロシア皇帝も彼の絵を愛した。彼の絵画は感傷的で脚色しすぎると厳しく批判する人々もいたが、マーティンの名は広く知られ、印刷された版画作品が売れて彼は大金を手にした。

先見の明がある画家の仕事

　だが、ジョン・マーティンは成功した芸術家の枠を越えた人物だった。彼は科学と技術に深い関心を抱き、電磁気学の理論を確立したマイケル・ファラデーなど数々の友人と交友関係を築いた。版画の出版で収入が増えてからは、特に工学的なプロジェクトに時間を割くようになり、彼の人生の3分の2はそれらのプロジェクトに捧げられたといわれている。なかでも最大だったのは、マーティンが「グランド・プラン」と呼んだ、1820年代後半のプロジェクトだ。ロンドンのテムズ川沿いに堤防を築く計画だった。

　19世紀に入ってから最初の10年間で、人々はテムズ川の状況に不安を抱くようになっていた。川底には土砂が堆積し、ロンドンの下水道代わりに使われていた川は悪臭を放った。人口が増えるにつれて、臭いはますますひどくなった。川の水位が上がれば、土手から水があふれて飲料水を汚染するおそれもあった。

　当時はまだ、伝染病がどのように広がるのかが、わかっていなかった。人々が気にしていたのは臭いだった。当時は川の悪臭が病気を媒介する瘴気を運ぶと考えられていたからだ（30ページ参照）。そこで、洪水を防ぐための堤防をテムズ川に作り、汚水を居住地域から遠ざけるという、実際には的外れな議論が活発に交わされていた。さらに、川の水をきれいにしたうえで、堤防の内側に水を閉じ込めて水深を上げれば、船の航行も可能になり、当時のロンドンが抱えていたもう一つの問題も同時に解決できる。

　マーティンは堤防建設に二つの方向から取り組んだ。一つ目は、上水道の問題だ。1828年に彼は『シティ・オブ・ロンドンとウェストミンスターへの上水の供給およびロンドン西部の大幅な改善と

大堤防のイメージ

ジョン・マーティンの1841年の作品『万魔殿』。この絵画に描かれた堂々たる建築物は、彼が熱望したテムズ川の堤防を思わせる。

美化のための計画』を出版した。当時使用されていた井戸や水路の水はほとんど汚染されていた。これらの汚い水を使わなくてもすむように、著書の中でマーティンは、ロンドン北西部の川の上流まで給水管を通して水を運ぶことを提案した。

また、計画にある「美化」という側面は、画家である彼にとって非常に重要だった。彼の提案には、浴場などの施設のほか、滝や噴水、池などがある公園や庭園の整備も盛り込まれていた。これらについてマーティンは、「（ロンドンの）西側の美観が大幅に向上し、数千人がずっと快適に生活できるようになり、空気も健康にとって良いものになる」と説明している。当時の人々はマーティンの案に感心した。例えば、リテラリー・ガゼット紙は、計画の実現には多額の費用がかかるため、すぐには当局に認められないだろうとしながらも、マーティンの計画に賛成している。

次にマーティンは、テムズ川自体に対するアイデアを披露した。1828年には、これらのアイデアを紹介した本を初めて出版。1832

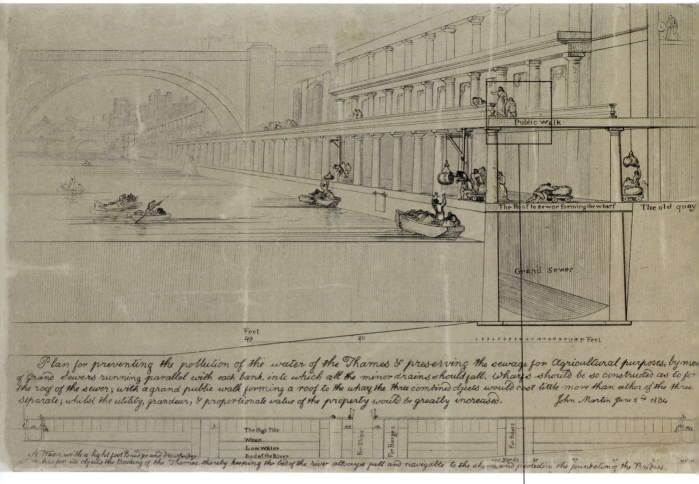

年の改訂版では大幅に内容を拡大し、1842年に出した最終版で計画の全貌を明かした。1842年版でマーティンは、列柱のある3階建ての堤防を、川の左側の土手に4マイルと200ヤード（約6.6キロメートル）、右側にはそれよりもやや短く建設することを提案した。これが実現すれば、非常に簡素なドリス式の柱が川の両側に並ぶ、すばらしい眺めが生まれる。荷物の積み下ろしができる小型のクレーンを堤防に据えつければ、小舟が停泊できるようになるかもしれない。柱の下の拱廊(きょうろう)（アーケード）では人間や品物が雨風をよけることができる。彼の構想はおどろくような規模だった。絵に描かれた舞台装置のような派手な建築物が本当に実現していたら、川岸ではまるで、マーティンの絵画に登場するような光景が繰り広げられたかもしれない。

下水道と遊歩道

マーティンが考えた岸壁と遊歩道（拡大図）は、図の左側に描かれた大下水道の上にある。衛生面でも通商面でもメリットがあり、社会的な交流の場としても利用できる。

しかし、この計画の本当のすごさは、見えない場所にある。川と平行に走る堤防の真下の密閉空間には、下水道が隠されているのだ。下水道は幅と高さがそれぞれ20フィート（6メートル）前後あり、レンガで舗装されている。下水道の天井は鉄のアーチで支えられた鉄板でできており、頭上にある堤防を支える強度がある。

真骨頂は、隠された下水道

　マーティンは、下水をろ過して川に安全な水を放出できる画期的な仕組みも考案した。「大容器（グランド・レセプタクル）」と名づけられた大きな沈殿槽を2個用意して、汚物が底に沈むのを待つ仕組みだ。マーティンが「現在は川に流されて無駄になっている貴重な肥料」と称した汚物は沈殿槽から取り出し、近くに泊めた土運船に積み込んで運べばよい。水は「大容器」の上方にある排水溝から流れ出し、テムズ川に戻っていく。現代の水洗トイレでも使われている曲がった形の排水管と似たような働きを持ち、「大容器」から悪臭が漏れないための巧みな工夫も取り入れられている。

　ジョン・マーティンは長い時間と多額の金を、計画の作成と出版に費やした。議会の特別委員会に出席して下水道について説明したときも、彼の構想は真摯に受け止められた。もし1830年代初頭にこの計画が実行に移されていたら、多くのコレラの大流行を防ぎ、多数の人命が救われていただろう。しかし、コレラの本当の原因を知らず、経費の節減に気をとられていた関係当局は、先人から受け継いだやり方でしのいでいくことを決定し、これまで以上に大量の汚物をそのままテムズ川に流し続けた。

　ロンドンがテムズ川の抜本的な改善に乗り出すまでに、さらに30年以上の月日を要した。1858年の夏の猛暑により、ロンドンでは「大悪臭（グレート・スティンク）」が発生し、議会の業務にも支障をきたすほどのひどい状態に陥った。このときに、ロンドンの街を一変させるような、技師のジョセフ・バザルゲットによる全面的な下水道整備計画が可決された。その頃には、ジョン・マーティンは脳卒中によりすでにこの世を去っていた。彼は見る者に畏敬の念を起こさせるような空想的な絵を描いた。絵ほどは人々の記憶にとどめられていないが、イギリスの首都をきれいな街にするという彼の計画には、ドラマチックさと先見の明のすばらしさがあり、決して絵画作品より劣らなかった。

イギリス、ロンドン ジョセフ・パクストン 1855年

グレート・ヴィクトリアン・ウェイ　Great Victorian Way

ガラス天井で覆われた、長さ18キロの街路と鉄道

　19世紀前半のロンドンは、世界最大級の都市に成長しつつあった。広大な帝国の首都であり、世界的に重要な港を持ち、数えきれないほどの貿易と製造業の拠点となっていた。ロンドンの人口は1851年には250万人に達し、さらに年々増え続けた。通勤者の数も増加の一途をたどった。ある試算によれば、20万人がロンドンまで徒歩で通勤していたという。鉄道や乗合馬車で通勤する人数はさらに多かったとみられる。そのせいでロンドンの交通網には大きな問題が生じていた。あちこちで渋滞が発生し、車でパディントンからウォータールーまで移動する間に、鉄道でウォータールーからブライトンまで行けるといわれたほどだった。1851年のロンドン万国博覧会のような大規模なイベントに数百万人の観光客が詰めかけると、渋滞は一層悪化した。

街路、鉄道、商店街が一体化

グレート・ヴィクトリアン・ウェイは温室のような構造ながらも、内部の装飾には高級感があり、買い物がしやすい環境が整っている。

94 | Great Victorian Way

ロンドンの最悪な渋滞を解決

　万国博覧会が成功を収めたのは、技師のジョセフ・パクストンが設計した水晶宮を会場にしたことも一因だろう。水晶宮は鉄骨とガラスで作られた画期的なプレハブ建築だった。

　パクストンは異色の人物だった。もともとは庭師だったが、温室の設計に情熱を燃やしてどんどん大きな温室を作り、ガラスと鉄骨の構造物の設計についてはちょっとした権威になった。水晶宮は彼が設計した中でも最大の建築物だった。水晶宮で成功を収めたパクストンの次なる挑戦は、ロンドンの交通網の問題を解決する、やはりガラスと鉄骨でできた非常に大規模かつ斬新な建築物だった。

　パクストンの案は、屋根つきの循環道路を建設するというものだった。街路とショッピングアーケードと鉄道を併設し、ムーアゲートからヴィクトリアまでの11マイル（17.7キロメートル）にわたって、ロンドン中心部をぐるりと一周する。建設には、水晶宮と同じように鉄骨とガラスのプレハブ部品を使用する。これなら別の場所で製造し、必要なときに現場に運んで組み立てることができる。建築物の中心部は、高さ108フィート（33メートル）のガラス天井で覆われた幅の広い街路になっている。両側にはアーケードのついた店が並び、上の階は倉庫や住居として使われる。

　店の上には鉄道が走る。パクストンはこの部分を2段階構造にして、各駅に停まる普通列車専用と特急専用の線路を別にすることを提案した。そうすることで移動時間が短縮され、簡単かつスピーディにロンドン中を移動できるようになる。ロンドン西部のよう

ガラスの水晶宮

ロンドン万博の会場として建てられた水晶宮は、鉄骨とガラスの建築物の可能性を示して大好評だった。同じ構造をグレート・ヴィクトリアン・ウェイに使うことをパクストンは提案した。

な住宅街を横切る場所では、道沿いに店ではなく住居を並べる。それらの住居に関する計画も用意されていた。

パクストンは当時イギリスを治めていた女王にちなんで、この建築物を「グレート・ヴィクトリアン・ウェイ」と名づけ、予定ルートを示した地図を作成した。グレート・ヴィクトリアン・ウェイはロンドンをぐるりと一周し、現在のサークル線に近いルートをたどって主要な鉄道駅（ウォータールー駅、ヴィクトリア駅、パディントン駅、メリルボーン駅、ユーストン駅、キングス・クロス駅）を結ぶ。ただし、テムズ川の南側まで伸びていることと、ピカデリー・サーカスとウォータールーを結ぶ支線があることが、現在のサークル線とは違っている。

ヴィクトリア時代中期に広まっていた楽観主義と、ロンドンの交通網の状況があまりにもひどかったせいで、パクストンの壮大なアイデアはまじめに受け止められた。1855年、パクストンはロンドンの交通網の調査を担当していた下院特別委員会で構想を披露した。特別委員会の反応はかなり好意的なものだった。女王とその夫であるアルバート公も実現に乗り気だった。

単なる交通手段としても、グレート・ヴィクトリアン・ウェイは十分に魅力的だったが、メリットはそれだけではない。ロンドンの通りは大量の馬車が通行するおかげで、馬の排泄物でひどく汚れていた。道は歩きづらく、特に長いドレスを着た女性は苦労していた。雨をよけ、馬をかわし、悪臭を放つ障害物を踏まないように注意しながらの買い物は、ときにはかなりの大仕事になった。しかも、スリに狙われないように財布やポケットをいつも気にしていなければならない。パクストンの構想ですべての問題を解決できないとしても、鉄道路線が増えれば馬車の往来が減り、屋根で覆われた広い道は悪天候を避けられるため、歩行者が快適に利用できるだろう。パクストンは冬場も暖かく過ごせるように、道路に暖房を入れることまで検討していた。

さらに、彼の建築物は維持管理がしやすいという利点もあった。ガラス天井は雨で汚れが洗い流される。パクストンはヴィクトリア時代に都市部で普及しつつあった「自浄作用」を持つ素材のセラミックタイルで外壁を覆うことも提案していた。貨物輸送も当時は深刻な問題だったが、鉄道が日中は乗客を運び、夜間は貨物を運ぶという二つの役割を果たすことができる。

誰もが信じた成功

最大のネックは費用の問題だった。パクストンは、グレート・ヴィクトリアン・ウェイの建設に必要な金額を約3400万ポンドと見積もっていた。現在の価値に換算すると、約30億ポンドに相当す

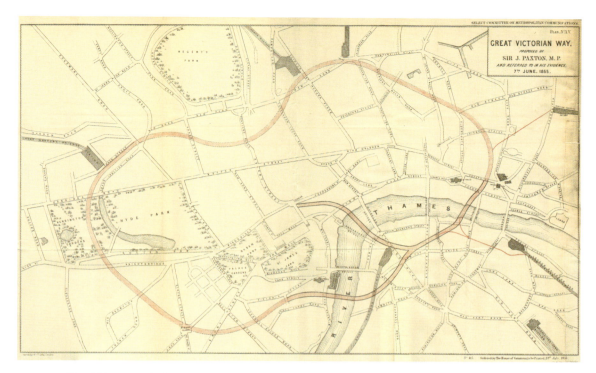

る。彼は税収と民間投資によって資金を賄えると考え、鉄道やその他の施設の利用客から料金を徴収することに反対していた。パクストンの言葉には説得力があった。技師としての彼の腕前は疑いようがなかった。誰もが水晶宮の見事な成功を記憶していた。彼の次なる挑戦は、ロンドンを世界で最も交通網が発達し、最も近代的な世界最大の都市にするための計画だった。このような大義のためなら、莫大な費用も十分に見合うように思われた。

だが、パクストンが計画を披露した特別委員会には、建設プロジェクトを実行に移せる権限がなかった。そこで、1856年に新たに首都建設委員会が立ち上げられ、ロンドンの技術・建設プロジェクトを実質的に担当することになった。しかし、首都建設委員会は権限と予算が決定するまで何年も待たねばならなかった。

首都建設委員会がやっと動き始めたときには、ロンドンは別のもっと差し迫った問題を抱えていた。その時点でロンドンには、テムズ川に汚物が溜まらないようにする、しっかりした下水道の整備がどうしても必要だった。人口の増加により状況は年々悪化し、市民の健康は大きな危険にさらされていた。最優先の課題はこの汚水の問題であり、首都建設委員会の技師ジョセフ・バザルジェットに下水道網を整備する仕事が任せられた。大がかりなプロジェクトの登場により存在感を失ったパクストンのグレート・ヴィクトリアン・ウェイ計画は、そのまま永久に延期されることになった。

ガラス天井つき街路の予定ルート

パクストンの地図には、ハイドパークから市内中心部までロンドンを循環する、グレート・ヴィクトリアン・ウェイの予定ルートが描かれている。その規模は、現在のロンドン地下鉄のサークル線に匹敵する。

リール大聖堂

Lille Cathedral

不遇の建築家が貫いた究極のゴシック建築

フランス、リール　カスバート・ブロッドリック　1855年

　1854年、建築コンペの開催がフランス北部の街リールで告げられた。街は新しい大聖堂の設計を建築家たちに呼びかけ、設計の条件を提示した。「大聖堂の様式は、13世紀前半のシンプルでありながら力強い、美しく堂々たる建物を思い起こさせるようなものでなければならない。礼拝堂の全長は100メートルから110メートル(中略)1カ所あるいは2カ所に尖塔がついた塔を設置し、3カ所に深く引っ込んだ入口を作り、身廊(信徒が礼拝に使う中央の主要な空間)と2本の側廊(身廊の両側にあるスペース)、1カ所の翼廊(礼拝堂内の左右に張り出した部分)、内陣(大祭壇のある聖職者のためのスペース)、聖所、さらに後陣礼拝堂(内陣の東側の半円形部分にある小祭壇)を設けることが条件で(後略)」

審査員への挑戦か

　1年半後、審査員がリールに集まり、41件の応募作品の審査が行われた。作品はヨーロッパ全土から送られてきたが、最も応募が多かった国はフランスとイギリス(それぞれ15件)だった。その中には、ヨークシャーのハルから応募してきた、ほとんど無名のイギリス人建築家カスバート・ブロッドリックの設計もあった。ブロッドリックは1852年にヨークシャーのリーズ市庁舎の建築コンペで優勝し、名を知られつつあった。彼が設計した市庁舎が完成間近という時期に、リールで審査が始まろうとしていたのだ。リーズ市庁舎は圧倒的な存在感を示す堂々たる古典様式の建築物で、背の高い柱が並ぶ拱廊(アーケード)に囲まれ、多数の柱に支えられたドームの塔がついてた。耐久性に優れた北イングランド産のミルストーン・グリットという、ひき臼にも使われる硬い砂岩を使った石造建築の建物だ。

　リール大聖堂のデザインはリーズ市庁舎とはかなり違っていたが、やはり堂々とした独特の雰囲気を持っていた。ブロッドリックは塔を一つにすることに決め、頂点には先が細くなった尖塔をつけて、高さを300フィート(91メートル)にした。塔には上部がとがった細長い窓と、リーズ市庁舎の塔の柱のように細い柱身で仕切られた壁龕(ニッチ)、すなわち飾りを置くために壁をへこませた部分が並ぶ(ただしリーズは古典様式、リールはゴシック様式と、様式はまったく異なる)。しかし、彼の設計は確かにゴシック建築だったが、コンペで指定された条件を完全には満たしていない。ブロッドリック

大聖堂の西側

カスバート・ブロッドリックが描いた、西側から見た大聖堂。フランスの中世の大聖堂によく見られるように、3つの入口が設けられている。上に目をやると、バラ窓や壁龕、王冠のような装飾の尖塔などの典型的なゴシック建築の特徴がいくつも取り入れられていることがわかる。

はこの建築物の様式として、凝った装飾を施す後期のゴシック様式を選んだ。彼は、自分が選んだゴシック建築は、コンペで指定された条件よりも上だといわんばかりの、大胆あるいは思い上がりともいえるような設計を、審査員たちに突きつけたわけだ。

　塔と尖塔が一つしかない大聖堂というアイデアは、フランスでは一般的ではない。フランスのほとんどの有名な大聖堂（パリ、アミアン、シャルトル、ルーアン、ランスのノートルダム大聖堂）は、西側に対になった塔が設けられている。しかし、塔が一つという設計はベルギーやオランダでは多く使われ、フランス最北端に近い場所に位置するリールにとってはなじみがある。また、条件で指定された材料は表面を加工したレンガで、ヨーロッパ北部の平地に適した建材だが、地下納骨堂には、彼がリーズ市庁舎の設計から熟知していた砂岩を使用することにした。

　ブロッドリックの建築コンペへの応募作を現在に伝えるのは、主に2枚の線画だ。1枚は西側を向いた正面と尖塔を描いた図。もう1枚は建物を東側から見た図で、コンペの条件に従って東側の端（後陣）が丸みを帯びた形状になっていることがわかる。すばらしいデザインであることは間違いない。先が尖った3つの入口から、多数の開口部、壁龕まで、あらゆる要素が上方にある塔と尖塔に目を向けさせる効果がある。見るものの視線をやはり天に導くような塔の比率は全体をよりほっそりと見せ、非常に凝った装飾が施された尖塔は、ぐるりと囲むように配置された壁龕のおかげで王冠のように見える。

大衆受けという酷評

　しかし、審査員たちは同じイギリスから応募してきた建築家ウィリアム・バージェスを優勝者に選び、ブロッドリックは2位に甘んじた。応募作品には名前をつけられ、結果発表後にリールに作品が展示されたときもその名前が使われていた。スペース（Spes：ラテン語で希望、期待、チャンスの意）という名前がつけられたブロッドリックのデザインは、展示場で多くの来場者の目を引いた。イギリスの専門誌『教会建築学者』の記者も会場を訪れ、次のような感想を記している。

　　今回の建築設計コンペの結果を人気投票で決めていたら、明らかにイギリス人の手によるこの設計が、リールの人々に優勝作品として選ばれ、設計者は群集に称賛されただろう。だが、人気投票が公平でないのは世の常だ。この見せかけの作品を手がけた設計者は軽蔑すべき芸術家とまではいわ

大聖堂の東側

ブロッドリックによる大聖堂の東側のデザイン。ぎっしり並ぶ飛び梁（ばり）と空に向かって伸びる小尖塔は、ほっそりとした塔と尖頭に目を引きつけさせる効果がある。

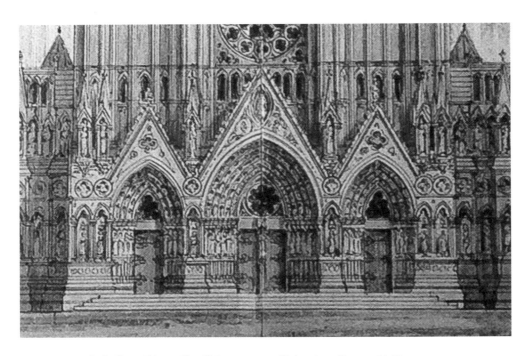

装飾のあるアーチ

3つの入口の上部には、連続的に引っ込んでいくアーチがあり、そこには彫刻が配されていた。

ないが、大衆受けを狙った絵を描き、コンペで規定された条件を誠実に守っているとはいえない（中略）この設計のとがった様式は規定に合っていない。

　大衆受けという言葉を使うことで、『教会建築学者』誌は大衆への迎合というニュアンスをほのめかし、多くの人々を誤った印象に誘導した。同誌は、ブロッドリックが大衆の求めに応じる建築界の扇動家（デマゴーグ）だと糾弾した。この意見は間違いなく誤解だった。むしろブロッドリックなら、自分の作品の「とがった」様式がコンペの規定にある条件よりも優れていると主張して、審査のやり直しを迫っただろう。もちろん、そんな傲慢なやり方がうまくいくわけはない。

リール大聖堂の顛末

　優勝したバージェスの作品も、実際に建設されることはなかった。イギリス人のプロテスタント信者によるデザインは、リールの当局者たちの手にあまったようだ。最終的に彼らはフランス人として最高の成績を収め、13世紀のフランスのゴシック建築にも造詣が深いことで有名だったジャン＝バティスト・ラシュスの作品を選んだ。ラシュスはフランスの大聖堂に精通し、多数の大聖堂を修復した実績もあった。しかし、ラシュスの作品は13世紀の大聖堂の二番煎じに過ぎないと強く批判された。『教会建築学者』誌は

「完全にすたれた1200年から1250年にかけてのフランス様式の再現」と評した。だが、昔ながらの様式に非常に近いこの設計は、審査員たちの目には魅力的に映ったようだった。

　しかし、運命のいたずらはここで終わらない。ラシュスが1857年に死去したのだ。ラシュスの設計はリール出身の建築家シャルル・ルロワの手にゆだねられた。ルロワはあちこちの大聖堂の細部を拝借してラシュスの設計に手を加え、支離滅裂な設計図を完成させた。このような設計事情に加え、建設作業も遅々として進まず、大聖堂は数十年たっても完成しなかった。西側の正面部分は長らく未完成のままだったが、1990年代に最後の仕上げが行われ、ついに大聖堂と呼べる状態になった。完成を迎えた頃、建築史家以外にブロッドリックの作品を知る人はまったくいなくなっていた。

　リールのコンペの後、ブロッドリックは注目度の高い建築設計コンペに立て続けに応募した。リーズ市庁舎で成功を収めた彼は、同じくリーズで楕円形のユニークな穀物取引所と機械工協会を手がけた。これらの建物は、街の中心地の様子を一変させた。さらにブロッドリックは、プレストン、ボルトン、マンチェスターの市庁舎、リヴァプールとマンチェスターの取引所、ロンドンのナショナル・ギャラリーとホワイトホール庁舎など、ほかにも数えきれないほどの建築設計コンペに応募し続けたが、どれ一つとして優勝することはできなかった。リーズの例を除けば、彼には小さな仕事の依頼しか来ず、それで我慢するほかなかった。そんな状況に耐えかねたブロッドリックは最終的にはフランスで隠遁生活を送り、絵を描いて過ごしたといわれるが、彼が絵画作品を残した様子は見当たらない。

　結局、ブロッドリックは大建築家になり損ねた。彼の主な作品は古典様式の建築で、デザインには彼の自己主張が強く現れていた。リール大聖堂の設計を見る限りでは、ブロッドリックは自己流のやり方を貫きながらゴシック様式の建築物を設計できる力を持っていたようだ。その事実を証明し、リールの人々を喜ばせるチャンスがブロッドリックに与えられなかったのは、建築界にとっても、フランスにとっても損失だった。

ワトキンの塔
エッフェル塔よりも高いロンドンの未完の塔

Watkin's Tower

イギリス、ロンドン　エドワード・ワトキン　1890年頃

　1880年代のロンドン郊外にあるウェンブリーは、世界的には無名の街だった。イギリスの詩人ジョン・ベッジュマンは、ロンドン北西部を舞台にした有名なBBCのドキュメンタリー『メトロランド』で、この街を次のように表現している。「ネーズデンを越えたところにちっぽけな村があった。メトロポリタン（鉄道）も長年停まらない、ぬかるんだ土地と牧草地ばかりのウェンブリー村だ。やがて、霧の中からエドワード・ワトキンの夢が浮かび上がってきた。ロンドン版エッフェル塔という夢だ」

ロンドンに新しい観光名所を

　ウェンブリーの地図に新しい「エッフェル塔」を加えたいと夢見ていたエドワード・ワトキンは、ヴィクトリア時代にあらゆる成功を収めた典型的な事業家の一人だった。1819年にマンチェスターの綿商人の息子として生まれ、父親が経営する企業の系列会社で働き始めたが、そこを辞めて鉄道会社に入った。ワトキンは手腕を発揮し、1881年には鉄道9社の経営を仕切るまでになった。ロンドンを走るメトロポリタン地下鉄の前身で、ロンドン市街から北西部に向かって伸びていたメトロポリタン鉄道もそのうちの一つだった。自由党の議員でもあった彼は、社会貢献活動に携わり、早い時期から公園の整備に取り組み、父親と同じく小麦に税金を課してパンの値上げを招く法案の撤回を求める反穀物同盟の活動を支援した。非常に精力的に活動していたワトキンはまた、英仏海峡の下にトンネルを掘ってイギリスとフランスを結ぶこと、パリのエッフェル塔より高い塔をロンドンに建設することという二つの熱い野望を燃やしていた。1889年に完成したエッフェル塔は、当時世界最高の高さを誇る建築物だった。

　1880年代後半、ワトキンはエッフェル塔を建設した会社の社長で技師のギュスターヴ・エッフェルに近づき、パリのエッフェル塔よりも高い塔を建設する計画を持ちかけた。ワトキンが提示した高さは1200フィート（366メートル）で、エッフェル塔より200フィート（60メートル）近く高かった。エッフェルはワトキンの依頼を断った。愛国者として、自分が手がけた塔の地位をおとしめるような行為はできないと考えたからだ。依頼を断られたワトキンは手を変え、建築設計コンペを開催することにした。

　コンペには様式もアプローチもさまざまな68件の応募があっ

塔の完成予想図

1894年7月に公園で開催されたショーのプログラム。建設中だった塔の完成予想図が紹介されている。塔は未完成でも、宣伝効果は非常に高かった。

MONDAY, TUESDAY, WEDNESDAY, and FRIDAY,
July 16th, 17th, 18th, and 20th.

THE TOWER IN ITS PRESENT CONDITION

建設途中の1階部分

1894年4月に週刊新聞『ザ・グラフィック』に掲載された塔の土台の工事中の様子。結局、塔がこれ以上の高さになることはなかった。

た。なかには有名な歴史的建造物を模した作品もいくつか混じっていた。ピサの斜塔そっくりの作品、住居と「空中庭園」を足して作物栽培ができるギザの大ピラミッドのような作品。エッフェル塔によく似た、鉄骨を格子状に組み上げた構造の作品もあった。このエッフェル塔に近い設計こそがワトキンが求めていたものであり、ほぼその方向性に沿ったスチュワート、マクラーレンおよびダンの作品が優勝した。完成予想図からはエッフェル塔を巨大化したような印象を受けるが、エッフェル塔は土台の脚が4本なのに対し、この塔は8本の脚で支えられている。ほかにも、上の階にはレストランや劇場、ダンスホール、客室90室のホテルなどの施設があり、頂上付近には新鮮できれいな空気を生かして療養所(サナトリウム)が作られている。トルコ式風呂や天文台まである。塔の形は海辺の桟橋を縦にして、そこに施設を足したような印象を受ける。

　桟橋と構造が似ているのは単なる偶然ではない。ワトキンがロンドンにシンボル的な新名所を作りたいだけではなく、商売につなげたいとも目論んでいたからだ。彼は塔をただの金づるにするつもりはなかったが、塔を目当てにこの場所を訪れる観光客が増えれば、ロンドンから北西部に向けて延長したばかりのメトロポリタン鉄道の利用者増加につながるという希望もあった。ワトキンは、フォース橋を設計した当代きっての腕利きの技師ベンジャミン・ベーカーを雇い、建設の監督を任せることにした。

　一番の障害は、資金繰りの問題だった。ワトキンは公募で資金を調達するつもりだったが、目標金額にまったく届かず、メトロポリタン鉄道の財源に頼らざるを得なくなった。8本の予定だった

塔の脚を4本に減らして設計が縮小され、1892年に工事が始まった。同時に、ワトキンは、多くの人を呼び込むために、塔のすぐ近くで公園整備に着手した。公園は2年後に開業し、塔はまだ1階部分すら未完成だったが、都会の喧騒と汚染から離れられる場所としてロンドン市民の人気スポットになった。

高層ビル競争のさきがけ

　塔の工事はなかなか進まなかった。建設途中で構造上の問題が発生したことが理由だった。8本の脚を4本に変更したため、地面にかかる塔の荷重のバランスが変わり、建設の初期段階ですでに変形やひび割れが見られた。1895年に、鉄骨組みで上面が平らな高さ154フィート(47メートル)の1階部分が完成したが、さらに地盤沈下が発生し、工事の中断を求める声が上がった。工事はどんどん遅れ、慎重に対応を検討したものの4年が過ぎた。工事を請け負った建設会社は、以後の工事をほとんど進められないまま倒産した。ワトキンはその2年後、ヴィクトリア朝がまさに終焉を迎えようとしていた1901年にこの世を去った。

　公園はにぎわい続けたが、根元だけの哀れな姿の塔は「ワトキンの愚行」と呼ばれた。1907年、塔は強力な爆薬を使って撤去された。公園は存続し、1924年に大英帝国博覧会の会場として使われた。同時にスタジアムも建設され、イギリスのサッカーの本拠地になった。ワトキンが思い描いた形とは違ったが、ウェンブリーに大規模なレジャー施設を作るという彼の夢は叶い、ウェンブリーは有名な街になった。鉄の野望の時代ともいえる1890年代のイギリスでは、もう少し低い建築物がいくつか建設されたが、残った塔はブラックプールの518フィート(158メートル)だけだった。さらに、同種の塔の中では、ギュスターヴ・エッフェルが建てたエッフェル塔が世界最高の塔であり続けた。

　ワトキンにはもう一つの知られざる功績があった。世界最高の高層ビルの建設競争に火をつける役割を果たしていたのだ。1880年代は高層ビルが登場し始めた時代で、鉄骨構造を用いた高層オフィスビルがシカゴでいくつも建設された。だが、初期のシカゴの高層ビルは現代の基準から見れば決して高くはない。世界で最初の高層ビルは、1885年に完成したシカゴのホーム・インシュランス・ビルだといわれるが、たったの10階建てで、高さは138フィート(42メートル)だった。エッフェル塔とワトキンの幻の塔ははるかに高く、20世紀初頭に加速した高層ビルの建設競争の下地を作ったといえる。今でも世界最高峰の高層ビルを眺めれば、ワトキンが現代に残した影響を目にすることができる。

国立歴史・美術博物館

歴史上の建物を集めた壮大な博物館

National Gallery of Art and History

米国、ワシントンDC　フランクリン・ウォルド・スミス　1891年

「現れるのが100年早すぎた」。1891年の米国で、あるアイデアが登場したとき、当時の人々はそんな感想を抱いた。なんと、ワシントンDCのど真ん中に、歴史上のあらゆる様式の建物を並べた途方もない規模の国立博物館(ナショナル・ギャラリー)を作ろうというのだ。発案者は、米国の生活と教育と文化の向上を使命に掲げるボストンの機械設備製造業者、フランクリン・ウォルド・スミス。彼の構想は、バビロンからローマまでの8種類の古典様式の建築物を、ローマのサン・ピエトロ大聖堂のように曲線状に並んだ列柱が囲む広々とした中庭に面して集めようというものだった。

■ 米国にふさわしい規模の博物館

こんなアイデアは、ずば抜けて優秀な頭脳を持つ人間でなければ考えつかない。スミスは、アメリカ海軍などの大口顧客を相手に事業を展開して財を成した経営者だったが、海軍との間で起き

あらゆる様式の建物

古くから伝わる古典様式は、フランクリン・W・スミスが国立博物館で展示しようとしていた多数の様式の一つにすぎなかった。

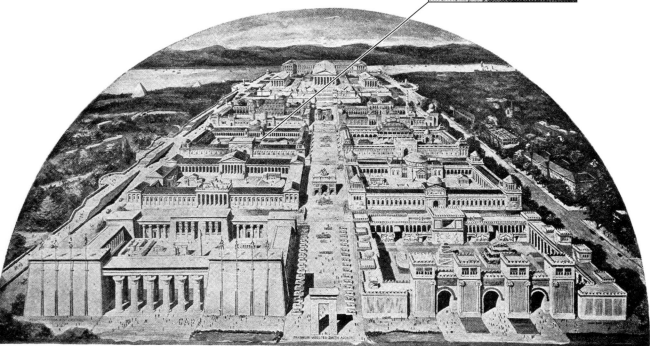

PAUL J. PELZ,　　　　　　　　　　　　　　　　　　　　
HENRY IVES COBB,｝Advisory Architects.　　　FRANKLIN WEBSTER SMITH, Architect.　　　HARRY DODGE JENKINS, Pinxit.

DESIGN FOR NATIONAL GALLERIES OF HISTORY AND ART.

た重大なトラブルに巻き込まれ、最終的には実刑判決を受けた（エイブラハム・リンカーンの介入により収監はまぬかれた）。また、彼は生活の向上と理想社会の実現を目指して精力的に活動していた。例えば、失業した工場の作業員のためにテネシー州に新たな農地を開拓する計画を進めたこともある。国立博物館もそんな彼の夢の一つだった。

アイデアの発端は休暇だった。彼はヨーロッパから北アフリカ、中東地域を広く巡り、あちこちの古代文明に魅了された。特にスミスの心をとらえたのは建築物だった。1851年にロンドンで万国博覧会が開催されたときも会場を訪ね、世界中から集められたありとあらゆる美術品と工芸品に目を奪われた。

古代文明の遺物を後世まで残し、その姿を伝える手段としてスミスの頭に浮かんだのは、精巧な木製の模型を作ることだった。多忙な事業家の道楽としては少し風変わりだったが、彼は、古代建築を再現した模型は教育にも役立つに違いないと考えていた。このような模型を博物館に収めれば、米国の街や都市の質の向上につながり、ヨーロッパに行けない人々も過去の文化について知ることができる。しかし、スミスは小さな木の模型に飽き足らず、古代建築を実物大で再現することに関心を抱き始めた。最初に建てられたのはフロリダのヴィラ・ゾレイダで、アルハンブラ宮殿を部分的に再現したムーア様式の建物だった。さらに、より大がかりな古代ローマの長屋を再現し、それを「ポンペイア」と呼んだ。そこには精巧に作られた模造品とスミスがヨーロッパで収集した品など、ローマ様式の調度品もそろえられた。この建物は人気の観光名所となり、最初の4年間でおよそ6万人が訪れた。

スミスはポンペイアを足がかりに、さらに大規模な計画を実現させたいと考えた。それは、実に米国らしい規模の国立博物館の建設だ。ヨーロッパ滞在中に彼はバチカンからロンドン、ミュンヘン、パリとすばらしい博物館や美術館を見て回った。数々の収蔵品を目にしながら、彼はこれらに匹敵する博物館が米国にはないことを感じていた。なによりも彼が感銘を受けたのは、ロンドンに最近できたばかりのサウス・ケンジントン博物館だった。のちにヴィクトリア・アルバート博物館となったこの場所には、さまざまな時代の装飾品やデザインが展示されていた。

サウス・ケンジントン博物館は、1851年の万国博覧会の収益をもとに開設され、専門知識の豊富な館員たちが買いつけた作品や、個人収集家からの気前のよい寄贈により、すでに世界有数のコレクションを誇っていた。それらを収めるために敷地が拡張され、政府の助成金による支援もあった。

同様の施設が米国にもあってしかるべきだとスミスは思った。しかも、さらに大規模で、より優れた博物館であればもっと望ましい。やはりヨーロッパを旅した米国人作家のM・D・コンウェイが書いた『サウス・ケンジントンの旅』を読み、コンウェイと博物館員との会話を見つけたスミスは、自分以外にも同じような意見の持ち主がいたことを知って喜んだ。同様の博物館が米国でも成功するだろうかと尋ねられた博物館員は、こんな答えを返した。「種をまけば、勝手に成長していきます。その成長ぶりは種をまいた者の力もおよばないほどになるでしょう。私たちもそうでしたから」

この意見に力づけられたスミスは、巨大博物館の計画に取り組み始め、アイデアの実現に向けて演説をして回った。1890年、スミスの演説を聞いた建築家のジェームズ・レンウィック・ジュニアが協力を申し出てきた。レンウィックは、フロリダ州のセント・オーガスティン大聖堂の鐘楼を手がけたこともある人気建築家の一人だった。それから数カ月間というもの、スミスとレンウィックは博物館の計画に夢中になった。彼らは敷地内で建物をどう配置するかについて熱心に話し合った。彼らは博物館の計画を練り、建設費を抑えるためにコンクリート造りの1階建ての建物にすることを提案した（スミスは建築予定のさまざまな様式の装飾の造形にはコンクリートが最適だと主張した）。地下には古代建築の模型や、彫像の鋳物などのさまざまな作品を製作できる作業場を設ける。スフィンクスを並べたエジプトの通りから、ルターやモーツァルトの家まで、あらゆる建築物を再現するための案がいくつも出された。実際にヴィクトリア・アルバート博物館やルーブル美術館などでは、寄贈や収蔵品の増加により展示スペースの確保に苦労していた。そのことを知っていたスミスの意向で、博物館全体は十分な広さのある設計にされた。

実業家と博物館の末路

翌年、スミスは計画の概要をまとめた本を出版した。本の中で彼は、博物館の建設による教育効果と国の威信を高める効果に言及し、予定地としてワシントンDC中心部のポトマック川のほとりを指定した。必要な予算も示し、レンウィックの設計と図面も掲載した。さらに本では、講演や出版物の発行による教育活動、歴史に関する知識の提供、歴史的場面を描いた絵画などの作品の作成、応用美術や装飾美術に関わる人々の教育を支援する役割など、博物館の「隠れた」メリットについても述べられている。スミスとレンウィックは5000部を印刷し、全米を回りながら協力者を募った。

スミスが建てた「ポンペイア」

スミスが教育に使えるようにと建設した「ポンペイア」。1世紀のローマの生活を紹介している。イギリスの作家エドワード・ブルワー=リットンは、ローマ貴族の住宅をある程度のレベルまで再現したこの場所に触発されて『ポンペイ最後の日』を書いた。

　支持の声は十分だった。全米の新聞はこぞって好意的な記事を書き、上院議員たちはスミスらのプロジェクトをほめちぎった。教師や学者からも熱い支持が集まった。しかし、タイミングがまずかった。1893年に米国経済は深刻な打撃を受け、それからの米国は不景気が続いた。再び金利が乱高下した1900年頃に、スミスはワシントンDCで古代の殿堂と銘打った小規模な博物館を開館した。入口はエジプトのカルナック神殿の多柱様式を模した設計で、古代の建築物の模型が多数展示されていた。しかし、妻と離婚することになったスミスは苦境に陥り、最後は貧しい生活の中で死んだ。彼は最後まで夢を実現させることができなかった。現在の米国には充実した博物館をいくつも擁するスミソニアン博物館がある。スミスが目指した夢の一部は叶ったといえるが、スミスの国立博物館は幻に終わり、彼が夢見た古代の殿堂は現在では駐車場になっている。

CHAPTER 4
建築の革命
BUILD IT NEW

'Make it new' was the Modernist to his fellow writers in the early twentieth century.

「新たにしよう」とは、近代主義者(モダニスト)の詩人エズラ・パウンドが、20世紀の初めに同時代の作家たちに向けて呼びかけた言葉だ。

　新しさを求める呼び声は、詩の世界だけでは終わらなかった。新世紀の到来とともに、芸術のあらゆる分野で時代に合った新鮮なアプローチが求められるようになっていた。視覚芸術(ビジュアル・アーツ)の分野では次々と新しい動きが起こり、19世紀の終わりから20世紀の初めにかけて、アール・ヌーヴォー、キュビスム、未来派、構成主義などが華々しく表舞台に現れた。

　芸術の新たな波は建築界にも押し寄せた。建築家たちは、ヴィクトリア時代に主流だった過去の様式のまねを抜け出し、まったく違った新しいものを生み出そうと情熱を燃やしていた。

　近代を表現する一つの方法は、近代技術を取り入れることだった。未来派のイタリア人建築家アントニオ・ド・サンテリアが設計した都市は、近代的な交通網を中心に街が整備され、人間より鉄道や車が広い空間を占めているように思える。機械と速度を礼賛する未来派の典型的な特徴だ。ウラジーミル・タトリンの第三インターナショナル記念

poet Ezra Pound's appeal

　塔は、また違った意味で近代的なデザインを見せている。金属があらわになった建物はモーターの力で巨大モビールのように動き、革命の鮮やかなシンボルになるはずだった。反対に、奇抜な角度と結晶のような形を駆使するキュビスムは、建物の構造を見せずに、見る者をあっといわせる斬新さを出すことが求められた。

　近代建築の中には、使い勝手のよい建物を作るより、彫刻のようなおもしろい形を追求した例もある。パリで生まれたキュビスムがよい例だ。もしキュビスム建築がパリで流行していたら（プラハでは短期間ながら流行したことがある）、その特徴的な形をきっかけとして、アール・デコが10年ほど早く流行したかもしれない。エーリヒ・メンデルゾーンが設計した庭園のあずまやは極端な例といえるだろう。その表現主義の作品は、人が住めるほど巨大なコンクリートの彫刻風デザインで、複雑な形の貝殻や帆船などのように見えた。メンデルゾーンのスケッチは人々の記憶に残ったが、実際にコンクリートで彫刻に近い建物を作れるようになるまで、その後40年ほどの歳月が必要だった。

　多くの意味で衝撃的なほど斬新だった建築物は高層ビルだ。後世の建築家たちは、近代の高層ビルから多くを学んだ。カタルーニャ出身の建築家アントニ・ガウディによる曲線を駆使した高層ホテル、ルートヴィヒ・ミース・ファン・デル・ローエの上から下まで全面ガラス張りの高層ビル、セットバック式の元祖となったエリエル・サーリネンが設計した米国の高層ビルなどは、どれものちの時代に流行するデザインを先取りし、世界の都市を変貌させた。

イギリス、グラスゴー　チャールズ・レニー・マッキントッシュ　1898年

万国博覧会のための音楽堂
無難な設計に負けた巨大な薄型ドーム

Concert Hall for the International Exhibition

1890年代後半、万国博覧会の開催地に選ばれたグラスゴーの市民は喜びに沸いていた。万国博覧会のような大きなイベントを成功させれば、市には大きな見返りがあることだろう。多額の収入が見込めるし、雇用も生まれ、知名度も上がる。グラスゴーは1888年にも国際博覧会の会場となり、その結果、ケルヴィングローブ・パークに市立美術館を建設するための資金を手にすることができた。大がかりなイベントの開催は建築家にとっても喜ばしい知らせだった。博覧会の多くの建物は仮設で、後世には残らないが、注目を浴びる大規模プロジェクトになることは間違いなかった。だから、1898年に来たるべき博覧会のための建物デザインを決めるコンペの開催が発表されると、特にグラスゴーの建築家たちの間では大きな関心が集まった。

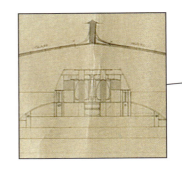

20世紀目前の新進気鋭の建築家

大手建築事務所ハニーマン＆ケッピーの建築家たちも応募に意欲を燃やしていた。彼らは1888年の博覧会のコンペにも応募したが、受賞はしなかった。しかし、前回のコンペのときとは事情が違う。1889年に入った若い製図工が事務所随一の優秀な設計者に成長していたのだ。チャールズ・レニー・マッキントッシュというのが彼の名前だった。

ハニーマン＆ケッピー建築事務所は、若手の建築家が参加するには好都合の事務所だった。設計の才能があったジョン・ハニーマンは高齢のために仕事量が減っていたし、プロジェクトや金銭の管理を担当していたジョン・ケッピーは信頼できる人物ではあったけれど、設計の才能に恵まれているとは言いがたかった。新たな戦力が必要とされていた事務所に無名の製図工として入ったマッキントッシュは、めきめきと頭角を現し、1890年代後半には事務所一の実力を持つ設計者として認められるまでになった。彼の初めての仕事は、グラスゴーで多数のティールームを経営するケイト・クランストンからの依頼で、このときの内装をきっかけにマッキントッシュは名を知られるようになった。その後、彼はグラスゴー・ヘラルド新聞社屋などの大規模プロジェクトをいくつも手がけるようになった。彼の最高傑作、グラスゴー芸術学校の校舎もその一つだ。建築家としてのキャリアを考えれば、万博会場という重要な仕事に挑戦するには絶好のタイミングだった。

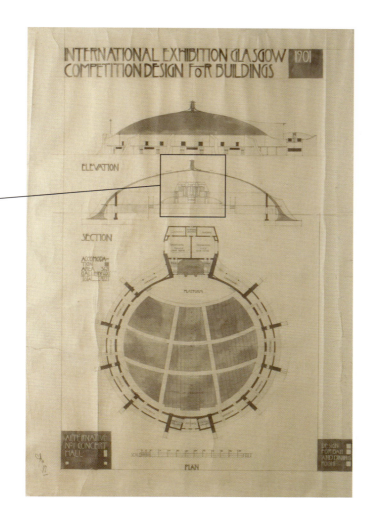

ドームの丸みが浅い音楽堂

音楽堂の設計図。壁から直角に突き出た大型の控え壁が12枚配置され、楽屋の部分は張り出している。断面図を見ると、舞台裏に精巧なオルガンケース（拡大図）があることがわかる。

　応募要項ではいくつかの建物のデザインが募集されていた。博覧会のメイン会場となる産業ホール、技術関係の展示をする機械ホール、カフェと軽食堂、それに最大4000人を収容できる大音楽堂(グランド・ホール)だ。特にマッキントッシュがデザインした音楽堂には、彼の独創性と天賦の才能が現れていた。

　だが、コンペには最初からけちがついた。建築家たちはすぐに設計料が相場よりも安いことに気づいた。王立英国建築家協会が推奨する標準料金は建築費用の5パーセントだったが、グラスゴー当局が提示した金額はたったの3パーセントだった。異議の声が上がったものの、主催者側はゆずらなかった。それでも、14の建築事務所から作品の応募があった。

　一番目立つ建物は産業ホールだったが、勝敗を分けたのは音楽堂だった。音楽堂がカギとなったのには二つの理由があった。主催者側が応募にあたって2通りの異なる設計を出すように求め

万国博覧会のための音楽堂　115

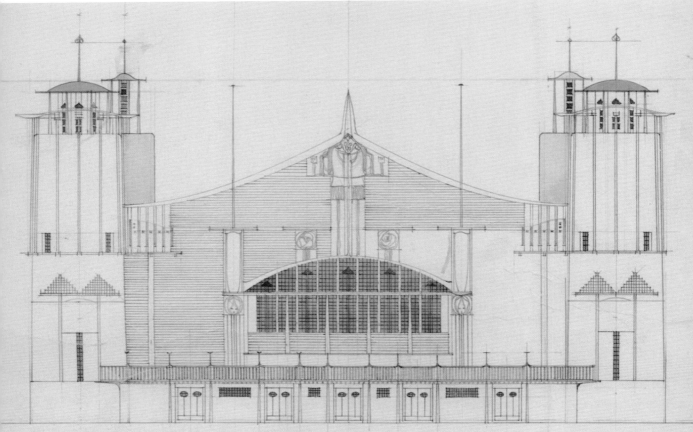

SOUTH ELEVATION

たことと、万博用の多くの建物は万博終了後に撤去されるが、音楽堂だけはそのまま残る可能性が高かったことだ。マッキントッシュの産業ホールの設計は、ガラス屋根の建物に中央ドームと八角形の塔がついた、いかにもそれらしいデザインだった。彼の音楽堂の第一の設計も、長方形の建物の隅に塔を据えつけた平凡なデザインだった。

　審査員の目を引いたのは、彼の音楽堂の第二の設計だった。それは、円筒形の建物に薄い金属製の屋根をかぶせるという思い切ったデザインだった。マッキントッシュは、外壁に沿った12枚の巨大な控え壁（主壁に対して直角に突き出した補助的な壁）が金属製の屋根組みを支える、非常に浅いドームを設計した。控え壁の間にはそれぞれ入口があるが、どこが正面かわかるように、正面入口だけに立派な扉が設けられている。入口と控え壁はほぼ完璧な円筒形の建物の外壁に沿って並ぶが、1カ所だけ、楽屋のスペ

マッキントッシュの装飾スタイル

マッキントッシュが万博のために設計した別の建物のデザイン。長方形で四隅に背の高い塔を配置し、正面にもしっかり装飾を施して、万博主催者の期待に沿うような型通りのデザインになっている。この図面を見ると、細身の小尖塔と様式化されたバラのモチーフを使用する、彼の非常に独特な装飾スタイルがわかる。

ースを確保するために突き出している。

　マッキントッシュの設計の詳細については不明な点も多い。現存する図面を見る限りでは建材は指定されていないが、屋根組みに鋲が使われている様子があり、材料には鉄や鋼を想定していたのだろう。当時の屋根組みは金属製が一般的で、マッキントッシュも鉄骨を使った建物をいくつも設計している。ドーム屋根が非常に薄い点からも、建材は金属だと推定されるが、マッキントッシュはドームの中央部をガラス張りにするよう指示している。このように広い観客席を、丸みが浅いドームで覆えば、観客の視界をさえぎる柱を内部に設けずにすむ。客席は全部で4221席あり、そのうち600席は天井桟敷席で、残りが1階席になる。

誰も見たことがない形

　図面からは、マッキントッシュのデザインが、当時のほかの建物とはまったく異なっていることがわかる。ほかのコンペ応募作品にも円形または楕円形の音楽堂のデザインが2点あったので、彼の作品の特徴は建物が円筒形という点ではない。彼が特別な点は、これまで誰も建設したことがない、巨大で丸みが浅いドームにある。その形はビザンティン様式の教会のドームを思わせる。6世紀のイスタンブールに建てられた、東ローマ帝国最大の教会ハギア・ソフィアのドームは直径が102フィート（31メートル）で、ロンドンのセント・ポール大聖堂のドームの内径に迫る大きさだった。マッキントッシュのドームは直径が180フィート（55メートル）で、形はもっと浅い。現代ではロンドンのミレニアム・ドーム（現在のThe O2）のように形が似た建築物もあるが（構造的にはまったく異なる）、当時としては大胆な試みだったといえるだろう。

　コンペの締め切り日である1898年8月15日までに集まった図面は計14組だった。審査結果は翌月に発表された。優勝したのはジェームズ・ミラーで、マッキントッシュの作品は3位までにも入らなかった。彼は、いくつかの企業とグラスゴー芸術学校のための仮設パビリオンを設計するだけで、満足しなければならなかった。マッキントッシュの設計が上位に食い込めなかった理由は、おそらく大胆なドームと、ほかの建物の正面部分の装飾が控えめだったせいだろう。主催者側が求めていたのは無難な作品だった。マッキントッシュは、型にはまらないスタイルを好む依頼人からは、常に好評を得ていた。例えばグラスゴー芸術学校や芸術家気質のケイト・クランストン、彼が設計した一部の住宅の持ち主などだ。結局のところ、グラスゴー万博の主催者とは好みが合わなかったのだろう。

ホテル・アトラクション

ガウディによるマンハッタンの曲線美ホテル

米国・ニューヨーク　アントニ・ガウディ　1908年

Hotel Attraction

　西洋の建築物はほとんどが四角い。そうでなくても、設計は直角が基本になっている。ニューヨークの街も、道路が碁盤の目のように張り巡らされ、道路で区切られた区画(ブロック)は四角だ。街全体が直角に支配されているといえるかもしれない。だが、ときどき直角から脱却しようとする建築家が現れ、四角でない建物を提案することがある。有名なところでは、フランク・ロイド・ライトが設計した、らせん状の貝殻のようなグッゲンハイム美術館。またマンハッタンの碁盤の目をブロードウェイ通りが斜めに横切ってできた三角地に建つ、ダニエル・バーナムのフラットアイアン・ビルもその一つだ。しかし、誰よりも常識にとらわれない自由な建築家といえば、カタルーニャ出身のアントニ・ガウディだろう。彼は、1908年に曲面の壁と塔からなる高層ホテルを設計した。このホテルの建設予定地は、のちにニューヨークのワールドトレードセンターのツインタワーが建設された場所の近くだった。

■ サグラダ・ファミリア教会に似たホテル

　ガウディは主にスペイン、特に自分のスタイルを確立したバルセロナを拠点に活動していた。その独特なスタイルは、曲面の壁と放物線形の塔、それに歴史上ほとんど前例のない一風変わった装飾と、懸垂アーチ（放物線に似ているが、ロープや鎖を両端で支えて垂らしたときに描く曲線のアーチ）を特徴とする。19世紀末から20世紀初頭にかけて流行したアール・ヌーヴォーの影響も多少見受けられるが、このスタイルは完全にガウディのものだ。

　1908年、2人の米国人ビジネスマンが、ガウディにホテルの設計を依頼した。その結果として誕生した作品が、曲線美が魅力のホテル・アトラクションだ。ホテル・アトラクションは非常に謎の多いプロジェクトだった。依頼主2人の正体も定かではないが、噂ではそのうちの1人は、当時ニューヨーク・ニュージャージー鉄道会社の社長だったウィリアム・ギブス・マカドゥー（のちの米国財務長官）ではないかとささやかれた。設計図はしばらく行方不明になっていたが、サグラダ・ファミリア教会の建設に携わった彫刻家のジョアン・マタマラが、保管されていた多数の図面を発見した。ジョアンは、ガウディと深い親交があり仕事上の協力者でもあったロレンソ・マタマラの息子だった。図面の大半はロレンソによって描かれたもので、1956年にジョアンがこれらの図面を本に収

ガウディのホテルがニューヨークに

このように曲面を駆使した建築物は、当時ニューヨークのどこにも存在しなかった。だが、ガウディの代表作の一つ、スペインのバルセロナに建つサグラダ・ファミリア教会を見た人なら、すぐに独自のスタイルを持つガウディの作品だとわかるに違いない。サグラダ・ファミリアにもこれと似たような形の、先端が細くなった円筒形の塔がついている。

ホテルの内部

現存する内部の図面の1枚。ホテルの大レセプションルームが描かれている。室内では懸垂アーチが多用され、曲線美を演出するヴォールト天井を支えている。

めて出版したときは、ガウディがホテルを設計したという話自体がうそだと考える人々もいた。

　しかし、何枚かの図面にはガウディの署名が入っており、放物線の塔や懸垂アーチなど、彼の作品に典型的な特徴が見られた。どうやら図面は本物で、ガウディがホテルの設計をしたことは間違いなさそうだった。ホテルの中心に立つ放物線形の塔の高さは984フィート（300メートル）で、1908年当時に実現していれば、米国で最も高いビルになっていたはずだ。中央の塔の周囲には、全体的にやや低く、頂上がドーム状のさまざまな高さの塔が並ぶ。その姿は、ガウディの最高傑作で不思議な形の尖塔が並ぶバルセロナのサグラダ・ファミリア教会を連想させる。サグラダ・ファミリアの尖塔の頂上には十字架があるが、ホテル・アトラクションの頂上には巨大な星が掲げられている。

　ガウディはさらに装飾を施すことを計画していたはずだ。色とりどりのモザイクやガラスやタイルを織り交ぜ、ニューヨークという土地から得たいくらかのインスピレーションも生かしつつ、建設が進むにつれて即興で工夫していくつもりだったのではないだろうか。それがガウディのいつものやり方だった。見事な装飾仕上げと、どこも四角ばかりのニューヨークの街並みを崩そうとする雰囲気を兼ね備えた塔は、間違いなくガウディの華麗な様式と、ほかの誰にもまねできない独特な思考を反映している。道行く人は足を止め、ニューヨークの空の風景を一変させる建物になった

Hotel Attraction

に違いない。

　内部にはいっそうの驚きが隠されている。豪華な客室に加え、立派な各種施設がある。食堂は広く、大陸の数と同じ5部屋が用意され、すべての食堂を合わせると2400人が一度に食事できる広さがあり、神話をテーマにした壁画が飾られている。さらに広々とした劇場が併設され、装飾のほかに鉄と鉄筋コンクリートでできたホテルの構造が展示されている。塔の上階にはいくつもの展示室があり、歴代米国大統領の銅像と自由の女神のレプリカが飾られた洞窟のような大ホールもある。

　ホテル・アトラクションが実際に建設されなかった理由は不明だ。金持ちしかこのホテルを利用できないことをガウディが嫌ったためともいわれるし、病気や資金の問題が理由だとする説もある。

ワールドトレードセンターの跡地候補にも

　運命のいたずらで、ホテル・アトラクションが実現されそうになったこともあった。9・11事件から数カ月が経過した2001年末から2003年の初めまで、ニューヨークではワールドトレードセンター跡地に建設する建物のアイデアが募集されていた。崩壊したツインタワーの後継となる建物の候補に、多数のガウディファンがこのホテルを推したのだ。しかし、結局は事件で亡くなった人たちを追悼する記念碑のような、新しく時代に合ったデザインがふさわしいと判断された。ガウディのホテルの設計図は日の目を見ることなく、そのまま書庫で眠り続けることになった。このホテルがどのような経緯を経て設計され、実現しなかったのかはわからないままだが、残された図面だけでも十分に注目する価値がある。この作品は、フラットアイアン・ビルやグッゲンハイム美術館と同じく、ニューヨークの建築に新たな風を吹き込み、建築界の偉大なる巨人の独特なスタイルを証明したことは間違いないだろう。

ガウディの思考

走り書きされたホテル全体の断面図。ガウディは、高さの違う塔をいくつも並べ、低層階の部分には巨大アーチを設ける案を考えていた。

キュビスムの家
台頭する現代美術を取り入れた建築

Maison Cubiste

1912年 フランス、パリ 複数の芸術家による共同制作

　第一次世界大戦が勃発する数年前のこと、キュビスムはヨーロッパの芸術界を席巻していた。パブロ・ピカソやジョルジュ・ブラックをはじめとする画家たちは、奥行きを表現する従来の遠近法を拒否し、いくつもの視点から見た対象物の形を平面に分解し、それを1枚の絵に投影して表現した。このような芸術革命の舞台となったのは、ピカソがキュビスムの原点といわれる絵画『アビニョンの娘たち』(1907年)を描き上げたパリだった。パリには国内だけでなくヨーロッパ各地から芸術家が集まり、芸術活動の輪を広げていた。中央ヨーロッパからも多数の画家が集まり、キュビスムの作品を描くようになった。パリはまさに芸術のるつぼだった。

▍絵画の革命を建築にも

　同じ頃、パリや各地の建築家たちも、キュビスムのように近代的な建築を生み出す方法を模索していた。古典様式やゴシック建築のような古い様式は19世紀のうちに際限なく模倣され、近代には合わないとみなされていた。自然にある形を生かし、波打つような曲線を多用するアール・ヌーヴォーの装飾が一時は時代の最先端だったが、1910年頃には流行遅れになりつつあった。そんな時代に建築家たちは、どこにヒントを求めただろう？

　1910年から1911年頃にプラハにいた建築家たちは、答えを見つけた手ごたえを感じていた。当時のプラハには、キュビスムの画家たちが大勢いた（多くはパリに行って新たな流行に刺激を受け、帰国してきたチェコ人だった）。そんなチェコ人建築家の一人が、キュビスム絵画に影響を受けたパヴェル・ヤナークだ。彼はキュビスムの平面の使い方を参考にし、結晶やプリズムでもキュビスムと似たようなパターンが現れるのを見て、建築物の表面を分割する方法を思いついた。1911年に彼は『プリズムとピラミッド』と題した論文を発表し、結晶構造のような平面で構成された建築物を提案した。まもなく、ほかのチェコ人建築家たちも、キュビスム建築をデザインするようになった。数は少ないが、プラハやその他のチェコの都市でキュビスム建築が実際に建設された。

　キュビスム建築の波がパリに届くまで時間はかからなかった。パリ近郊のピュトーにある彫刻家レイモン・デュシャン＝ヴィヨンのアトリエには多くの芸術家（そのほとんどがキュビスムの信奉者だった）が定期的に集まり、討論を交わしていた。メンバーはデュシャン＝

ヴィヨンと弟のマルセル・デュシャン、フェルナン・レジェ、ロベール・ドロネーなどのフランス人画家に加えて、チェコ人のフランティセック・クプカなど海外から来る画家もいた。メンバーが集まると芝居から哲学まで、あらゆる話題について議論が交わされた。そんなグループのメンバーの1人にデザイナーのアンドレ・メアがいた。彼はデュシャン＝ヴィヨンら数人と共同で、1912年のパリのサロン・ドートンヌ展に出品する目玉作品として、大型のキュビスム住宅の石膏模型を制作した。

パリで発表された巨大な模型

キュビスムの家の模型。一般的なヨーロッパの都市の建物と調和するように設計されているが、用いられている装飾の角度は斬新だ。

現存するキュビスム建築

プラハに建つ「黒い聖母の家」。建築家ヨセフ・ゴチャールの作品で、現存する数少ないキュビスム建築の一つ。

　模型は高さ10フィート（3メートル）以上、幅33フィート（10メートル）以上もあり、通りに面した正面を見せている。上端が三角形になった窓の上には、斜めの線を駆使することで多面的に見える張り出し屋根がつけられている。2階の窓には、やはり斜めの線を多用した欄干が並ぶバルコニーが設けられている。中央の戸口の奇抜な張り出し屋根には、氷柱に似た結晶形が取り入れられ、同じような三角形の破風飾り〔ペディメント〕と調和して、見上げたときに目を引く。それまでのパリにはなかった建築物だ。

　デュシャン＝ヴィヨンにとって、この家は近代的な暮らしのリズムを反映したデザインだった。彼はある手紙で、「線、平面、それに人工的な立体」が「私たちを取り巻く生活のリズムに似たリズムのうちに」調和していると書いている。彼にとってこの家はまったく自然なデザインで、そのスタイルは住宅やほかの建物にも応用でき、

すでにある都市の街並みにもなじむと彼は信じていた。

　この特大サイズの模型はサロン・ドートンヌ展で公開されたが（1913年にニューヨークのアーモリー・ショーにも出品された）、見たこともないデザインに来場者は戸惑い、作品は物議をかもした。過去の装飾や様式の焼き直しでない新しいスタイルは、前世紀との決別を宣言しているかのようだった。とはいえ、建物は対称的に構成され、全体のバランスも伝統に反していなかった。この特大模型の通りに面して二つの部屋があり、部屋の設計は伝統的だったが、壁にはキュビスムの絵画が何枚もかけられていた。

パリっ子に否定されたチェコの建築物

　実際のところ、この建物の設計に壁の絵画ほどの画期的な目新しさはなかった。だが、プラハやチェコ国内各地でキュビスム建築は盛んになり、今も建築物がいくつか残っている。しかし、キュビスム建築はヨーロッパ全土には定着しなかった。主な理由は、サロン・ドートンヌ展で模型を見たパリっ子たちが、同時に出品されていたほかのキュビスム作品とひとくくりにし、できの悪い「異国」の作品として断罪したせいだろう。1912年のフランスでは国粋主義(ナショナリズム)が台頭し、外国のものというだけで不審な目が向けられた。戦争の足音もひたひたと聞こえていた。外国から来た新たな建築スタイルが受け入れられる時代ではなかったのだ。

　結果として、建築界のキュビスムはチェコ国外には広まらなかった。プラハやブルノなどの大都市ではいくつか建設されたが、キュビスム建築はそこで終わった。プラハに建つモンマルトル・ナイトクラブのように、内装にキュビスムを取り入れた奇抜な建物もあり、デュシャン＝ヴィヨンの家のファサードなどをモチーフに、キュビスムのレリーフや彫刻も使われている。ヤナークやヨセフ・ゴチャールなどによる、結晶形を基本にしたキュビスム家具、縞模様やジグザグの線や結晶形で装飾した陶磁器など、キュビスムを応用した工芸作品を手がけるチェコ人建築家も現れた。

　1914年以前にチェコのデザイナーが作ったキュビスムの花瓶やソファは、それから10年以上のちのアール・デコの時代におしゃれとされた、大胆な形や角度を先取りしていたように見える。デュシャン＝ヴィヨンのキュビスムの家のようなデザインが、もしパリで受け入れられていたら、装飾的なキュビスムが西ヨーロッパで発展し、1920年代後半に広まったアール・デコも、もっと早い1920年以前に流行していたかもしれない。しかし現実には、アーモリーショーの終了とともにキュビスムの家は忘れ去られ、建築の歴史を彩ったささやかなエピソードとなって幕を閉じた。

アントニオ・サンテリア 1914年

新都市
チッタ・ヌォーヴァ

Città Nuova

映画『ブレードランナー』を予言する未来派の都市

イタリアの建築家アントニオ・サンテリアには、実際の建築物を手がける機会がまったくなかった。大工として働き始めた彼は1912年にミラノに建築事務所を開いたが、1915年にイタリアが第一次世界大戦に参戦し、サンテリアも戦地に赴いて1916年に戦死した。彼は膨大な数の図面を残し、その中には架空の都市である「新都市（チッタ・ヌォーヴァ）」のスケッチが多数含まれていた。セットバック（上層の壁面が下層の壁より階段状に後退した形状）の高層ビルが建ち並び、街路は屋根で覆われ、高速の幹線道路が整備された都市だ。スケッチを見る限りでは、ほとんどの構造物が鉄骨とガラスで作られているように見える。1914年に描かれた作品としては驚くほど近代的な、まったく新しい都市だ。この新都市が実際に建設されることはなかったが、サンテリアが描き上げた美しいデッサンは後世の建築家たちに影響を与え、映画監督フリッツ・ラングの『メトロポリス』（1927年）以降、未来都市を舞台に映画を作りたい監督たちのアイデアの源にもなっている。

過去との決別と無機質的な都市

サンテリアの都市設計が誕生するまでには、どのような背景があったのだろうか？ サンテリアは、近代に適した芸術の変革を目指してイタリアで創設された芸術家集団「未来派」の熱心なメンバーだった。その中心人物は詩人フィリッポ・トンマーゾ・マリネッティで、自身が発表した「未来派宣言」の中で、技術、スピード、若さ、そして不穏なことに暴力を称えている。彼らは過去との関係を断ち切り、必要なら暴力を使っても過去を一掃したいと考えていた。そして、機械を中心とする新たな世界を構築することが願いだった。また、彼らは過激な国粋主義者でもあった。

「未来派宣言」とは別に、未来派は建築に関する宣言も用意していた。作成者はおそらくサンテリアだと考えられる。マリネッティの未来派宣言にならい、こちらの宣言でもかつての文明が生み出した数々の偉大な建造物が否定されている。「我々はもはや大聖堂や古めかしい庁舎の時代の人間ではなく、大型ホテルや、鉄道駅や、巨大道路や、大規模な港や、屋根つきの市場や、きらびやかなアーケードを持ち、地域の再開発とスラムの有益なる撤去を実現する新たな時代の人間となった」。宗教や宗教建築を大切にしていた過去の人々とは違い、彼らは機械と産業の世界に希望の

縦、横、斜めのライン

鉄道の中央駅を描いたサンテリアのスケッチ。斜めや横のラインが効果的に取り入れられ、ガラスに覆われた表面から多数の鉄骨がのぞく。これらの特徴は新都市のあらゆる建築物に共通する。

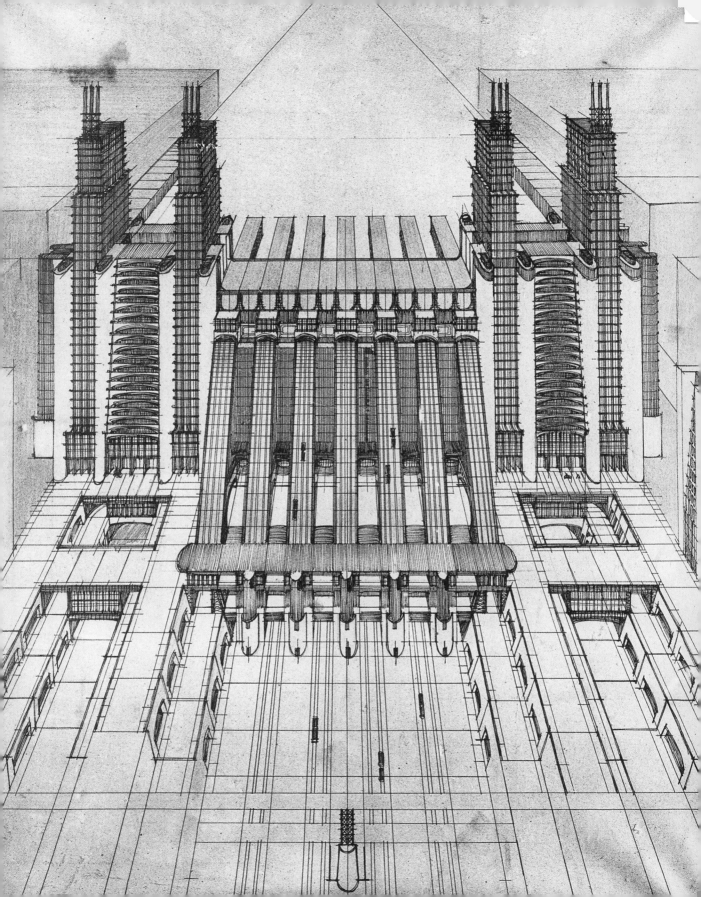

光を見ていた。「我々は、広大で忙しい造船所のように、盛んに活動し、機動力に優れ、すみずみまで活力に満ちた未来派の都市と、巨大機械のような未来派の住宅を考案し、都市を再生させなければならない」

　新たな建築の道を模索していたサンテリアにこの美学はぴったりだった。彼は、未来派の建築は建材をそのまま「むき出し」にし、表面は鮮やかで「激しい色使い」にするべきだと主張した。未来派の都市において、建物は(芸術や手作業が入り込む余地がない)工場で機械が生産する鉄桁とガラス板で建設され、飛行機や鉄道や自動車は歩行者よりも優先される。未来派の都市は心躍る場所であり、また、思いやりのない冷たい場所でもある。

　サンテリアが描いた新都市のスケッチを見ると、そのことがわかるだろう。建物はどれも巨大な高層ビルだ。セットバック式のビルは全体がくさび形になっている。これは地上を走る道路まで日光を届かせるための工夫だ。建物はどれも鋭い線で精密に描かれている。建物に入るときには機械を利用する。高層ビルの隣にはそれぞれ専用のエレベータータワーがあり、各階に設けられたブリッジを通って建物に行けるようになっている。サンテリアはずらりと上下に並ぶブリッジに強いこだわりを持っていた。空に向かってそびえ立つ高層ビルの引き立て役として、デザインの中でもひときわ異彩を放っている。ブリッジの建設には莫大な費用がかかるため、ブリッジの数が必要以上に多すぎると批判する人々もいる。

　2軒の高層ビルをアーチでつなぎ、地上の道路の屋根代わりにしているところもある。これはヴィクトリア時代の都市のアーケードのように雨風を防ぐものではなく、車道と鉄道を並走させて、車と電車が速度を落とさずに走るための工夫だ。サンテリアは早い時期から車と電車と歩行者が通る場所を複層化し、それぞれの道が重ならないように交通網を分けることに熱心に取り組んでいた。ヴィクトリア時代にも交通の分離を訴えた建築家は何人かいたが、そこに近代的なスタイルを取り入れたサンテリアこそ、1950年代から1960年代の都市設計家や建築家の草分けの存在だったといえるだろう。

　サンテリアの建築物は、非常に産業色が強かった。当時は建物を強化するために鉄筋コンクリートが普及していたが、コンクリートは鉄骨などと同様に、彫刻などの装飾で覆って露出させないことが一般的だった。一方、工場では金属の梁やコンクリートの構

サンテリアが好んだブリッジ

新都市の手描き透視図。サンテリアがブリッジに強いこだわりを持っていたことがわかる。ブリッジは建物の各階に設けられ、どの階からでも自由に行き来できるように考えられていた。

Città Nuova

造物がむき出しのままになっている。構造物を装飾で隠さない「あるがまま」の建築もサンテリアにひらめきを与えた。エレベーターについても、おそらく産業用の建築物からヒントを得たのだろう。ミラノはエレベーターの製造が盛んで、高層の工場では広く利用されていた。米国の高層建築のように、ガラスも普及が進みつつあった。見事なスケッチに描かれている空港と鉄道駅を併設した駅の外観には、斜面を覆うようにガラスが一面に使われている。ここは主要な建物であると同時に、新都市の顔でもある。

過去との決別は、都市設計にも見られる。従来の都市には広場のように地域の人々が集う場所があったが、新都市にはそのような場所は一切見当たらない。その代わり、機械によって支配された交通の要所である鉄道駅と空港が、人々の交流の場となる。スケッチを見る限りでは、このような都市に本当に人間がなじむことができるのか、すぐには判断がつかない。

建築以外への影響

ここまではまさに未来派の作品だ。だが、サンテリアの都市には古いものを継承している要素もある。新都市の空を見上げると、どこを見ても同じような斜面とくさび形の建物ばかりだが、これらはすでにニューヨークで建設が提案されたり実際に建築されたりした高層ビルがもとになっている。さらに、新都市が発表される少し前にも、セットバックの建物をアンリ・ソバージュなどのフランスの建築家が設計している。また、サンテリアは新都市にわずかな色しか使っていない。未来派が推奨する自己主張が強い新時代の建築物に使われそうな斬新で派手な色はまったく見当たらない。まるで、サンテリアが思い描いた将来像を変え、強烈で不穏な未来派の予言から遠ざかろうとしているかのようだ。

サンテリアは1916年に28歳で戦死したが、新都市のスケッチはいまだに忘れ去られてはいない。作品の多くは、サンテリアが所属していた別の前衛的芸術集団、新動向（ヌオヴォ・テンデンツェ）の1914年の展覧会で公開された。建築家たちは新都市を描いた作品の数々に目をとめ、大胆な構想と近代的な雰囲気は注目を集めた。その後も現代まで、新都市のデザインは、高層ビルの設計者や都市設計者に影響を与え続けている。また、その影響は、建築とは違った芸術分野、映画界にもおよんだ。フリッツ・ラングが1927年に製作した『メトロポリス』のセットは、サンテリアの新都市がヒントになっている。さらに『メトロポリス』の影響を受けてリドリー・スコットが1982年に『ブレードランナー』を製作し、またその映画を見た人々に新たな影響を与えている。

第三インターナショナル記念塔
共産主義運動の使命を込めたロシアの塔

Monument to the Third International

ロシア、サンクトペテルブルク ウラジーミル・タトリン 1919年

　1917年に起こったロシア革命は、ロシアの大転換ともいえる画期的な出来事だった。さらにこの革命をきっかけとして、ヨーロッパの広い範囲に共産主義がもたらされた。ロシアの共産主義者たちは、革命の成功がどれほど大きな進歩だったかを認識していた。彼らは、革命の影響は世界に広げるべきもので（「万国の労働者よ、団結せよ」）、ロシア革命は世界規模の闘争の一部でしかないと考えていた。ロシアの組織コミンテルン、別名「第三インターナショナル」は、全世界で革命を推進し、世界中の共産主義団体の団結を使命としていた。まもなく彼らは、象徴となる記念碑を求めるようになった。1917年の革命を記念するだけでなく、世界各地の共産主義革命のための象徴だ。

　このような要求に対し、多くの芸術家たちが出した案は、革命で活躍した人物の像のような、ありふれた具象芸術の記念碑だった。しかし、革命記念碑設立の責任者を命じられたウラジーミ

透明性を表現した塔

タトリンによる記念塔のスケッチの1枚。塔に関するニコライ・プーニンの出版物の表紙に使われた。塔の梁と筋交いの背後には、金属のフレームとガラスでできた、コミンテルンの幹部が使用するピラミッド型の居室が見える（拡大図）。

巨大模型とタトリン

記念塔の巨大模型の写真。模型のすぐ近くに立つ、同僚に話しかけている人物がタトリン。

ル・タトリンが求めるものはまったく違っていた。芸術家、建築家、技術者の肩書を持つ彼が求めていたのは、人々が望み、革命が導く、まったく新しい世界のための建築物だった。タトリンは興味深い人物でありながら謎が多い。最初のころは商船の船員兼船大工として働いていたが、のちに芸術に転向し、モスクワで肖像の描き方を学んだ。しかし1913年、パリを訪れた際にピカソの初期のキュビスム作品に出会い、芸術界の流れは抽象化に向かっていることを知った。1917年に革命が起こるまで、彼は抽象絵画や抽象彫刻作品を製作していた。タトリンは建築を専門に勉強したことはなかったが、あらゆる種類の建築物に強い関心を持ち、創意工夫に余念がなかった。特に空を飛ぶものに興味を抱き、鳥に似せた形のグライダーを作ったり、空中で静止しているように見える彫刻作品を制作したりしていた。この不世出の芸術家が、歴史上に燦然と輝く第三インターナショナルのための記念塔を考え出したことは、運命だったのかもしれない。ある批評家は、これを鉄とガラスと革命でできた建築物と呼んだ。

タトリンの第三インターナショナル記念塔(単に「タトリンの塔」と呼ぶこともある)は巨大ならせん形で、鉄とガラスを使用していた。高さは1300フィート(400メートル弱)前後で、当時世界一だったパリのエッフェル塔より高く、世界最高の建築物になるはずだった。建設予定地は、ピョートル大帝が建てた18世紀の建物を背景にするサンクトペテルブルク(当時はペトログラードと呼ばれていた)のネヴァ川をまたぐ場所で、旧世界にまったく新しいものを突きつけようとする意図が露骨に見えた。

　塔の形は独特だ。鉄の骨組みを基本とし、上方ほど細くなる2本のらせんを組み合わせている。そして、傾いた直線の骨組が、2本の鉄のらせんをまとめている。躍動感と力強さを感じさせ、なおかつ曲線と角度の組み合わせの中に、革命後の時代に人気を得つつあった構成主義芸術のスタイルが投影されている。

▎歴史上に輝く革命のシンボルを

　塔の純然たる大きさと建設予定地からは、明確な主張が読み取れる。その点は建材にも共通する。建築史家は「近代的」な建材として鉄や鋼(はがね)、ガラスを挙げることが多い。1920年の時点でこれらは特に目新しい建材ではなかったが、この塔のようにすべての構造がすっかり露出した金属の骨組みは非常にめずらしかった。金属は工場で製造されて労働者が組み立てる産業資材であり、通常は完成時に見えないように隠されていた。つまり、目につく場所を石や石膏、レンガで飾り立てる従来の建築物とは一線を画するタトリンの金属製の塔は、サンクトペテルブルクのしっくいで覆われた古典様式の建物と、このうえなく対照的だった。タトリンの塔はまさに近代を象徴していた。

　塔の骨組みの内側には、4つの完璧な幾何学図形の建物が配置され、それぞれを違った速度で回転(レボルブ)させることで、文字通り塔を革命(レボリューション)の象徴として表現している。これらの建物は、コミンテルンの本部の施設として使われることになっていた。一番下にある立方体の形をした最大の建物はコミンテルンの立法府の会議場で、1年間に1回転という非常にゆっくりした速度で回転する設計になっている。下から2番目に位置するやや小ぶりなピラミッド形の建物はコミンテルンの幹部の居室で、1カ月に1回転の速度で回転する。その上には円筒型の報道センターがあり、1日に1回のペースで回転する。一番上にあるのは半球型のラジオ局で、こちらは1時間ごとに1回転する。

　タトリンは立方体、ピラミッド、円筒、半球という完璧な幾何学図形には本質的な美が内在すると確信していた。実際、彼が設計

した塔は機能的であると同時に、記念碑としての美的要素をも兼ね備えていた。このように実用性と美しさを両立させた塔は、彼なりの革命の哲学の一環だった。これらの幾何学的な建築物の重要な特徴は、塔の骨組みの外から建物が見えることと、多くの面がガラスで覆われていることだ。塔の内側を外側から見れば、コミンテルンがどのように運営されているがわかる。密室の陰謀がはびこっていた皇帝の時代とはまったく対照的だ。塔は透明性の象徴でもあったわけだ。

構成主義の名作として残る

1920年、タトリンは学生らとともに塔の巨大模型を木で制作した。その後も続々と記念塔の模型が作られた。木のほかに金属で作られたものもあった。これらの作品は一般に公開された。さらに街を練り歩いて作品を人々に披露し、最先端の建築物にふさわしい設計を宣伝する活動も行われた。模型の一つは、1920年、共産主義プロパガンダのためにペトログラード(サンクトペテルブルク)で『冬宮殿の襲撃』が上演された際にも、革命を祝うための添え物の一つとして展示された。

しかし、塔は模型から先の段階に進むことができなかった。タトリンは建物をすみずみまで完全には設計していなかったようだ(いくつかの模型で細部が多少食い違っている)。また、塔の建設には膨大な量の鉄が必要とされ、不況に陥っていた革命後のロシアでは調達が難しかった。国民が日々の食事にも困るような状況になり、革命政府は記念碑の建設を後回しにせざるをえなかった。それでも、タトリンの塔の影響はいまも生き続けている。多数の芸術家が塔の模型を目にし、らせんを描きながら空に向かって伸びる構造の塔は、芸術分野における構成主義運動の最も有名な作品の一つになった。

当時作られた模型は、現在では一つも残っていない。タトリンが塔を設計してから数十年の間に、第三インターナショナル記念塔の姿を知る方法は、数枚の色あせた写真とスケッチだけになった。しかし、わずかな資料しかなくても、塔の魅力が衰えることはない。らせんという形には瞬時に人を惹きつける力があり、万人に訴えかける魅力は、塔が生み出された背景にある共同体精神にも通じるところがある。タトリンはこんな言葉を残している。「創造とは、個人ではなく、常に集団の衝動と欲求から生まれる作用である」。共同体が悪戦苦闘する中で生まれた第三インターナショナル記念塔のデザイン。その復元作品や紙の記録やアイデアは、現在でも広く称賛を浴びている。

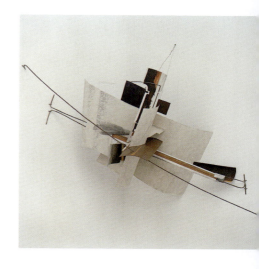

タトリンの小作品

タトリンの抽象彫刻作品の一つ、『コーナーレリーフ』(1915年)。部屋の隅の壁に取りつけたときにバランスをとれるように設計されている。まるで今にも飛び立ちそうだ。

庭園のあずまや
まるで彫刻作品のような「空想建築」

ドイツ、ルッケンヴァルデ　エーリヒ・メンデルゾーン　1920年

Pleasure Pavilions

　建築家のエーリヒ・メンデルゾーンは近代主義(モダニズム)の開拓者の一人だった。彼は東プロイセンのアレンシュタイン（現在のポーランド、オルシュティン）でユダヤ人の両親のもとに生まれた。ベルリンとミュンヘンで建築を学んだのち、1918年にミュンヘンで建築家として活動を始めると、またたく間に頭角を現した。住宅や工場に鉄やガラスなどを巧みに用い、形状に独特の感性を取り入れた彼の近代主義的な設計には、卓越した才能が現れていた。一般的な近代主義の建築物は、コンクリートやガラスでできた四角い箱のような非常に簡素な建物だったが、メンデルゾーンの建築物は、角の部分に曲線を使ったり、建物を横切るような目立つ線を入れたりして、フォルムと立体感を強く意識した設計だった。初期の作品から彼の設計には彫刻のような雰囲気があった。

曲線美と有機的なフォルム

　彼の最も有名な建築物、ポツダムにある「アインシュタイン塔」には、特に彫刻らしい性格が出ている。それは研究所と天文台を併設した建物で、まるで型に流し固めた白いコンクリートの塊のように見える。4階建てで、下部は土台のように広がり、壁のあらゆる部分は曲線と勾配で構成され、最上階の天文台はドーム型になっている。ある部分はふくらみ、ある部分はへこんだ塔の壁に、直線はほとんど見当たらない。この塔の様式はときに表現主義とも呼ばれる。アインシュタインはこの塔を目にしたとき、黙ったまま長い間塔を見つめ、簡潔に感想を述べた。「有機的だ」と。

　しかし、その後のメンデルゾーンに彫刻のような建物を実現させる機会はなかった。1930年代に彼はドイツを離れざるをえなくなり、イギリスに渡ったのち、米国に落ち着いた。彼はこれらの地でいくつかのすばらしい建築物を設計したが、アインシュタイン塔ほどの有機的な表現主義の作品を生み出していない。とはいえ、若い日の彼が残したノートは、アインシュタイン塔よりもさらに大胆な曲線やねじれたフォルムが躍動する、彫刻的なコンクリート建築のイラストで埋め尽くされている。

　スケッチの中には高層ビルも、産業用建築物もあった。「ホールのためのプロジェクト」と呼ばれるスケッチは、のちの建築家ヨーン・ウッツォンの代表作となるシドニーのオペラハウスに似ている。彼がかつて故郷プロイセンの海岸で見た、絶えず姿を変える砂丘

「庭園のあずまや」の
イメージ

メンデルゾーンは、ルッケンヴァルデの庭園のあずまやのアイデアを考えるにあたり、数多くの下書きのスケッチを残している。貝の一部のような放射状の曲線のフォルムをした、最も有機的なスケッチの一つ。

を崩したような形の、何に使うのかわからない建物のスケッチも多い。ほかにも、明らかに音楽をイメージしたと思われる「ニ長調のトッカータ」というスケッチもある。これは直線と曲線を繰り返す点が特徴的で、音楽の楽節やリズムの繰り返しに呼応しているかのようだ。メンデルゾーンは建築を「形を持ったリズム」と呼んでいた。

窓が取り囲む建物

このスケッチでは、あずまやの中央部分が直立している。ギザギザの線は、建物を取り囲むように配置された窓を表しているのかもしれない。それは、メンデルゾーンが設計したアインシュタイン塔と同じような効果を演出している。

彼のスケッチの多くは「空想建築」に分類される。空想建築とは、実際には建設せず、設計途中のアイデアとして描かれたものだ。スケッチがそのまま形になった建築物もわずかながら存在する。メンデルゾーンの家族は、東ドイツのブランデンブルク州にあるルッケンヴァルデで、帽子製造業のヘルマン家と親交があった。1919年、グスタフ・ヘルマンはメンデルゾーンに、自分の庭園に建てる小さなあずまやの設計を依頼した(数年後、彼は新しい帽子工場の設計も手がけた)。最終的にメンデルゾーンが考えたあずまやは、八角形の木造建築だった。

しかし、最終設計に至るまでに彼が描いた数々の下書きスケッチは、実際の設計よりおもしろく、彫刻作品のようなものばかりだ。これらのスケッチから、彼が庭園のあずまやの設計をどう考え進めていったかを知ることができる。いくつかのスケッチでは、貝殻のように同じパターンの曲線が並ぶ。回るコマのように溝が入ったドーム屋根や、アインシュタイン塔のように有機的なフォルムもある。どのスケッチも建築というより彫刻作品のように見え、コンクリートなどの人工素材でなければ建てられないだろう。

自らも困惑した「空想的傾向」

メンデルゾーンの「空想的傾向」は、20世紀初期に登場した、しなやかな曲線と有機的なフォルムを特徴とするアール・ヌーヴォーの影響かもしれないと学者たちは指摘する。曲線美を持つパリのメトロ駅のフォルムや、ベルギーの建築家アンリ・ヴァン・デ・ヴェルドなどの作品の影響を受けていた可能性もある。あずまやのスケッチは、19世紀末から20世紀初頭の偉大な建築家で、やはり曲線を生かした彫刻的な設計を得意としたアントニ・ガウディの作品を思わせるところもある(118ページ参照)。

メンデルゾーンは、自分の「空想的傾向」に困惑し、自分が追い

求める建築が一般的な建築からかけ離れていることを認識していた。彼はこのように書いている。「私の手にかかると、ありふれたものが、ありふれたものでなくなる。その原因が私の空想的傾向によるものなのかどうか、私にはまったくわからない」。しかし彼は、自分のアイデアが現実に根差したものであり、実際に建築される建物のための設計であると続けている。「対称性の問題、建材の伸縮性の問題、それに閉輪郭と建設手法に関わる問題は、私が1本1本の線を引くときに常に意識する問題であり、自制心や自己批判や不変的法則のような役割を果たしている」

庭園のあずまやのスケッチを描くかたわら、メンデルゾーンはアインシュタイン塔の設計にも精力的に取り組み、塔は1921年にポツダムで建設が開始された。それまで入手可能な建材で建てられた表現主義の建築物はほとんどなかったが、彼は建物をいかに有機的に設計するかについて思案を続け、鉄とコンクリートを使えば実現できるという確信を持つに至った。

> 鉄筋コンクリートは幾何学的な表現、新たな様式に適した建材であり（中略）以前は支えが必要だった部分に使えば、それ自身が自重を支える力を持つため、不変の法則のごとく思われた支持と荷重の関係についても考えを改めなければならない（中略）塔は力と心と魂を持って自分で成長する。

しかし、これらの建材はいつでも簡単に手に入るわけではなかった。アインシュタイン塔も当初の設計の建物を鉄筋コンクリートでは支えられなかったため、建設途中で構造を変更しなければならなかった。そうしてようやく、塔はメンデルゾーンの期待通りに「自分で成長する」ようになった。おそらく、創意あふれる表現主義の庭園のあずまやが、印象的かつ個性的であるにもかかわらず実際に建設されなかった理由は、アインシュタイン塔の建設時に直面した問題も一因だったのだろう。時は流れ、メンデルゾーンのスケッチは百貨店、工場、住宅などの実用的で大規模な建物にひっぱりだこになった。彼が斬新な発想を生み出すためにはそれなりの時間が必要だったが、庭園のあずまやの冒険心あふれる設計は、今も彼のスケッチブックに残っている。

組み合わせた曲線の妙

メンデルゾーンによるもう1枚のスケッチ。建物を正面から裏側までぐるりと取り巻く曲線と、土台から上に向かって勢いよく伸びる曲線が組み合わせられている。

フリードリヒ通りビル

Friedrichstrasse Skyscraper

機能主義を取り入れたガラス張りビルの草分け

1922年、ドイツでまったく新しい高層ビルのデザインが登場した。ドイツ人の建築家ルートヴィヒ・ミース・ファン・デル・ローエが設計した「フリードリヒ通りビル」は、丸でも四角でもない建物だった。結晶構造を思わせる独特な形をし、全体はまばゆく輝くガラスで覆われている。建設予定地が伝統的な古典様式の低層ビルが立ち並ぶベルリンの一角だったため、街はこの話題でもちきりになった。しかし、この設計はあまりに斬新すぎて、実現には至らなかった。それでも、ミースの卓越したデザインは歴史に埋もれることなく、後世の高層ビル設計に影響を与え続けている。

奥まで自然光が入る高層ビル

ことの始まりは1921年、新しく設立されたばかりの塔建築株式会社(トゥルムハウス)が、ベルリンに建てる新社屋の設計コンペの開催を発表した。建設予定地はフリードリヒ通り駅に隣接する三角形の土地で、建物の高さは263フィート(80メートル)以上、使用可能な床面積を計算した表を設計図と一緒に提出するという条件だった。多額の賞金も用意され、建築家にとってはいろいろな意味で魅力のあるコンペだった。それに、これだけ目立つ立地の高層ビルを手がけられる機会はめったにない。

ミースにしても、コンペは大きなチャンスだった。第一次世界大戦以前に彼が設計した建築物は、中流階級の顧客の別荘など古典様式の小さな建物がほとんどだった。しかし、戦争という大惨事を経験したミースは、ほかの多くの建築家と同じように基本に立ち返り、19世紀に主流だった過去の様式の焼き直しから脱却して、新スタイルを確立すべきだと考えるようになっていた。

塔建築株式会社のコンペには144件の応募があり、どの案も三角形という形の制限のある土地をすみずみまで活用しようと、さまざまな方法を試みていた。集まった設計案には、円形あり、三角形あり、星形ありと形こそ違っていたが、ほとんどは伝統的な装飾を施した過去の様式に従っていた。敷地をくまなく利用する設計案は一つもなかったが、それにはもっともな理由があった。敷地いっぱいに建てると、建物の中心にまったく光が入らなくなってしまうのだ。当時の建築界には、オフィスでは仕事机を窓から25フィート(7.5メートル)以上離れた場所に置くべきでないという経験則があった。

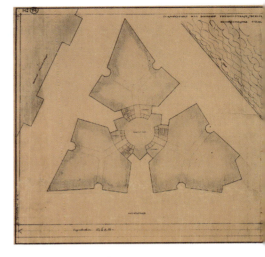

採光の工夫

この平面図からは、敷地の使い方とともに、(3つの断片をつなげた)建物の内部に自然光を取り入れる構造がわかる。これなら、どこに仕事机を置いても、明るさを心配しないですむ。

ビルの仮想風景

風景写真と完成予想図を合成したモンタージュ写真。きらめくようなミースのガラスの高層ビルと、周辺の19世紀のベルリンの建物が、どれほど大きく違っているかがわかる。

　ミースは、敷地を無駄なく利用して、できるだけ広い床面積を確保しながら、建物内部に光をたっぷり取り入れる方法を懸命に考えた。こうして、3個のくさび形を中心で組み合わせ、端を光井（建物内に自然光を取り入れるために設ける空間）で区切ったユニークな設計が出来上がった。この構造は、自然光をより多く取り入れる工夫であると同時に、このビル独特の結晶構造のようなフォルムを作り出すためにも一役買っている。これほどまでに鋭角的な建物は過去に例がなく、これほど大胆に平面と空間を組み合わせた

表通りの建物を、かつて誰も目にしたことがなかった。

それ以上にミースの高層ビルの最大の特徴は、壁がないことだった。建物の上から下まで、鉄骨の骨組みを覆うようにガラスが張り巡らされていたのだ。こんな建物をデザインした建築家はそれまで誰もいなかった。今回のコンペに応募したドイツの建築家たちは、鉄骨の枠組みを石材で覆い隠したシカゴとニューヨークの高層ビルを参考にしていた。大きな窓のあるビルもあったが、たいていは窓ががっしりした窓枠におさまっていた。さらに、舗道側に柱礎などの飾りがあり、入口には装飾された石の枠がはめこまれ、古典様式やゴシックなど古い様式で装飾されていた。ミースはこれらの要素をすべて一掃した。

おそらくミースは、建設中の高層ビルの写真を見て、このガラスで覆われた結晶のような建物のアイデアを思いついたのだろう。彼は、高層ビルの鉄骨の外観と、そこに使われている技術を称賛していた。ミースは、建物の骨組みの個性を、従来の石造りの高層ビルの装飾と比較している。「工事の間だけ、高層ビルはその力強い性格をあらわにし、高くそびえ立つ骨格は圧倒的な迫力を感じさせる。一方で、工事が進んで建物が石の装飾で覆われると、その迫力は消え失せてしまう（後略）」。高層ビルの構造が無意味な装飾に隠されてしまった後に残るのは、ミースの言葉を借りれば「無意味でつまらない乱雑な外形」ということになる。

さらにミースは、建物は利用者のニーズに基づいて設計されるべきであるという機能主義の視点からも、自分の設計の正当性を主張した。機能主義から見ると、ガラスの壁と結晶形の構造は、できる限り広い床面積を確保しながら、自然光をたっぷり取り入れる点で理にかなっている。その意味ではミースの設計は確かに成功していた。（建物の階数は減っても光をより多く取り入れるために）床から天井までの高さが通常よりもかなり高かったにも関わらず、ミー

発展させたデザイン

ミースによる設計のバリエーション。曲面の壁を採用し、最初に設計したフリードリヒ通りビルより高くなっている。壁の代わりにガラスで表面を覆い、ギザギザの形とでっぱりを採用している点は変わらない。

スの建物の床面積はほかのライバルたちよりも広くなっていた。画期的なフォルム、魅力的な外観、それにしっかりした機能性、すべてを兼ね備えたこのビルは優勝間違いなしと思われた。

ミースの図面がもたらしたもの

　しかし、ミースはコンペの栄冠を手にすることはできなかった。彼のデザインはあまりにも個性が強すぎたため、審査員たちは彼の作品を優勝候補から外した。同じ理由で、有力候補だったフーゴー・ヘーリングやハンス・ペルツィヒの装飾を排した力強い近代的な作品も選にもれた。審査員が選んだ作品はレンガで覆われた15階建てのずんぐりした建物だったが、これも実際には建設されなかった。ビルが建つはずだった場所は、マーク・ブラウンが設計した曲線的な建物が1992年に建設されるまで、何十年も空き地のままになっていた。

　ミースの作品は審査員にも多くの評論家にも選ばれなかったが、彼はガラスの高層ビルというアイデアをあきらめなかった。彼は1922年に雑誌『曙光（フリューリヒト）』で、フリードリヒ通りビルの設計と同じテーマの類似作品を発表した。類似作品はフリードリヒ通りビルよりも高く、壁は曲面状だったが、ギザギザの形とでっぱりを採用して各階の全体に自然光を取り入れる点は変わらなかった。この設計は依頼されてデザインしたものではなく、いつか設計に適した敷地と依頼主が現れることを夢見ながらミースがあたためていたアイデアだった。

　『曙光』誌の記事とミースが残した図面により、彼の作品は人々の記憶に刻まれた。ミースの設計図はどれも印象的なすばらしいものばかりだったが、特に大判の1枚（173×122センチ）はあまりに大きかったため、1938年にミースがナチス・ドイツから逃れて米国に亡命したとき、東ドイツに置いていかざるをえなかった。

　ところが戦争が終結すると、建築関係の本や雑誌でこの図面が広く取り上げられるようになる。その結果、1964年にミースはこれを取り戻すことができた。図面はニューヨーク近代美術館に展示され、あちこちで取り上げられる人気の作品になり、建築家たちが勉強のために見に来るようになった。この頃にはガラス張りの高層ビルは特に斬新なアイデアではなくなり、1950年代から1960年代にかけて、高層ビルはガラスや耐力性のない薄い「カーテンウォール」を一面に使うことが常識になった。ミースの「フリードリヒ通りビル」は、その最も重要な草分けとして今も認められている。

米国、シカゴ　エリエル・サーリネン 1922年

エリエル・サーリネンの
トリビューン・タワー
後世の高層ビルの流行を生んだ近代主義者(モダニスト)

Tribune Tower by Eliel Saarinen

　1922年6月10日、シカゴ・トリビューン紙は20世紀に入ってから一番の、とびきり魅力的なコンペの開催を発表した。賞金総額はなんと10万ドル。当時のトリビューン紙の社屋は建設からすでに75年が経過しており、同社は「ミシガン通りに世界で一番美しいオフィスビルを」というテーマを掲げて新社屋を公募した。特に大きな注目を集めたのは破格の賞金額だった。多くの建築コンペでは、優勝という栄誉以外に建築家が手にできるのは、通常の設計料とたいして変わらない歩合制の報酬だけだったからだ。

▍美しさと個性を求めるコンペ

　新社屋の建設が注目されていたこともあり、トリビューン紙はコンペに特別な条件をつけた。シカゴという街とシカゴの新聞の成功と名声を、建物で表現するための条件だ。

・トリビューンが見事な成功を収めたこの都市の名所として、街に彩りを添える、不朽の美しさを備えていること
・世代を超えて新聞社に刺激を与え、手本となること
・世界最大級の新聞にふさわしい、新しく美しい社屋であること

　つまり、設計者たちに求められたのは、美しさと、名所になるような建物であることと、際立った個性を持つことだった。できるだけ予算を抑えながら可能な限り広いスペースを確保するという、一般的な依頼主の要求とはまったく次元が違う。
　立地もすごい。シカゴは大規模産業の中心地であり、非常に重要な都市だった。1871年の火災で都市の中心部の3.3平方マイル(8.5平方キロメートル)が焼失したのち、限られた市街地をフル活用できるビルの高層化が始まり、高層ビル発祥の地となった。シカゴで高層オフィスビルの設計を手がけるチャンスは、高層ビルの「本場」で大々的に自分の作品を発表できる機会でもあった。
　トリビューン紙のコンペ開催は、多くの建築家にとって抗えない魅力を持つ知らせだった。2位や3位にもかなりの賞金が用意されていたし、宣伝効果も十分にある。コンペには米国中の主要都市や海外から応募が殺到した。応募総数は約260件に達し、

サーリネンの応募作品

このデザインでは、上階ほど階段状に後退するセットバック構造と、建物の正面を走る縦のラインが採用されている。このビルが、現在の私たちに見慣れた印象を与えるのは、のちに建設された多くの米国の高層ビルが、これと似たようなデザインだからだ。

審査が始まった。建設予定地の制約や、高さ395フィート（120メートル）以下という条件を満たして集まった設計は、実にさまざまだった。ゴシック様式あり、古典様式あり、余計な装飾をそぎ落とした近代主義（モダニズム）の作品もあった。アドルフ・ロースは古代ギリシャ風の柱の形をした高層ビルの案を出し（146ページ参照）、ヴァルター・グロピウスとアドルフ・マイヤーはいくつもの建物を集めたような鉄骨とガラスの設計で応募してきた。塔のように先がとがった作品があり、平屋根のビルもあった。

最終的に選ばれたのはゴシック建築で、ニューヨークの建築家ジョン・ミード・ハウウェルズとレイモンド・M・フッドによる、フライング・バットレス（飛び梁（ばり））をぐるりと並べた八角形の頂塔（ランタン）を特徴とする作品だった。もちろんこの作品は、トリビューン紙の期待以上の美しさと存在感を兼ね備えた、シカゴの名所にふさわしいすばらしいデザインだった。トリビューン紙の重役たちもこのデザインを歓迎した。

だが、多くの建築家たちは2位のデザインを高く評価していた。それがフィンランド人建築家エリエル・サーリネンの作品だ。50歳を目前にしていたサーリネンは、フィンランドでは建築や都市設計で成功していたが、米国での知名度は高くなかった。サーリネンの設計は優勝作品よりも外観が近代的で、中世的な装飾を使わずに、ゴシック建築の上昇感を生かしていた。サーリネン自身もいうように、彼のデザインは垂直性を追求していた。建物の壁面を走る縦のライン（実際は縦に並んだ窓の間に石を積んでいる）が視線を上に導き、建物の中間から上は、セットバック（上層の壁面が下層の壁より階段状に後退した形状）により4段階でビルが細くなっていく。縦のラインはそのまま建物の頂上まで途切れることなく続く。

優勝を逃すも建築界は支持

サーリネンの設計は非常に印象的で、その後セットバックは高層ビルの常識のようになった。高いビルは上部ほど細いほうがよい。そうすれば、建物が面する通りや下階により多くの光が当たり、高層ビルが並ぶ通りが寒々しい「谷間」にならずにすむ。セットバックを思いついたのはサーリネンではない。しかし、まだ一般的ではなかったこのアイデアが、建築家たちの目にとまるきっかけを作ったのは彼の手柄だ。コンペの優勝の行方は、多くの建築家が真剣に見守っていた。かつてシカゴを代表する建築の巨匠だったルイス・サリヴァンもその一人だ。サリヴァンは、フランク・ロイド・ライトなどの数々の建築家を育て、大きな影響力を誇っていた。そんなサリヴァンがサーリネンの作品を称賛し、「未来の高層建築

が向かう道を示した」と発言したため、やや上の世代はサーリネンの作品を認めるようになった。一方、彼の作品は若い世代にも訴える力を持っていた。彼の高層ビルの形は、1920年代後半から1930年代にかけて建築界を席巻したアール・デコ調にもよくなじんだ。時代に合ったデザインだったといえるだろう。

サーリネンの作品は優勝こそ逃したが、建築界から広く支持された。コンペの終了後すぐに、サーリネンのまねをする建築家が続出した。特に最大の特徴である縦のラインとセットバックは、のちの多くの建築家が取り入れるようになった。ゴシック様式で優勝したレイモンド・フッドも、のちに手がけたニューヨークのロックフェラーセンターの設計でサーリネンの影響を受けている。1929年に設計されたヒューストンのガルフビル（現JPモルガンチェースビル）では、サーリネンの作品をほとんどそのまま再現している。

建築家たちは、セットバックが非常に使い勝手がいいことに気づいた。応用の範囲が広く、建物の形に変化をつけられる。高層ビルに角を増やして遊び心を入れることもできる。サーリネンは、自分の作品に対して建築家たちが見せた反応を喜んだ。それまでフィンランドで生活していた彼には、米国での実績がほとんどなかった。高層ビルを設計したのもこのコンペが初めてだった。そんな状況で全米から注目されるようになり、米国での仕事の展望が開けたサーリネンは、その後まもなく米国に移り住んだ。

米国に拠点を移した頃には、彼は建築界に影響力を持つ人物の一人になっていた。ミシガン州のクランブルック教育コミュニティのキャンパスを設計し、クランブルック美術学院の校長に就任した。この美術学院はドイツのバウハウスに匹敵する学校を米国にも作ろうという趣旨で設立され、芸術やデザインの有力校になっていた。サーリネンの教え子の中からは、チャールズ・イームズとレイ・イームズのようなモダンデザインを担う人材も現れた。

推測にすぎないが、サーリネンがコンペで優勝できなかった理由は、「名所」という条件の面で審査員たちが十分に納得しなかったからではないだろうか。優勝作品のゴシック様式の頂塔のほうが、彼らが求める姿に近かったわけだ。だが、後世の人々はサーリネンを支持し、多くの建築家と批評家が彼の作品を最高だったと評価した。何よりも、ルイス・サリヴァンの賛辞はサーリネンにとってすばらしい贈り物だった。サリヴァンは、「歴史がサーリネンに味方する」と考えていたようだ。翌年、サリヴァンはサーリネンの建設されなかったビルに関して熱烈な賛辞を書き、この作品を声に例え、「孤独な荒野で上がる叫び声ではなく、喜びと豊かさに満ちた場所で朗々と鮮やかに響きわたる声」と表現した。

サーリネンが負けた優勝作品

ゴシック様式の頂塔がついた優勝作品。シカゴで数多くのポストカードやドキュメンタリー写真に登場し、シカゴを代表する風景になった。

アドルフ・ロースの
トリビューン・タワー
古典様式の柱を巨大化した驚きのデザイン

Tribune Tower by Adolf Loos

米国、シカゴ　アドルフ・ロース　1922年

　1922年のシカゴ・トリビューン・タワーのデザインコンペ（142ページ参照）には約260人の建築家が参加したが、その中には米国外からの応募も少なくなかった。全部で23カ国から集まった応募作品はさまざまで、超近代的な設計も、優勝したジョン・ミード・ハウウェルズとレイモンド・M・フッドのように過去の建築を基本にした作品もあった。中世の建築をヒントにした優勝作品より、さらに昔の古代ギリシャや古代ローマの古典建築を参考にしたデザインもあった。なかでもみんなを驚かせたのは、ヨーロッパからの応募者の一人、チェコ生まれでウィーンを本拠地にしていたアドルフ・ロースの作品だった。彼のスケッチには、巨大な古典様式の柱の形をした高層ビルが描かれている。地上11階までは正方形だが、そこから上は円筒形になり、一番上はただの正方形の平板を載せたように見える。円筒形部分はつやのある黒色花崗岩で、下階部分はレンガとテラコッタで覆われている。

▍名所となる建物を作る

　現代人である私たちはこのデザインを見て驚くが、それは高層ビルが近代の産物だと思い込んでいるからだ。確かに近代のオフィスビルにアンティーク調のデザインはあまり見当たらないが、黎明期にシカゴやニューヨークで建設された高層ビルには、ゴシック様式の建物が散見され、それ以外にも装飾がふんだんに施されたビルが少なくなかった（もっともほとんどの装飾は20世紀風のスタイルだった）。例えば、ニューヨークのエンパイアステートビルやクライスラービルなどは、生粋のアール・デコ調で有名だ。しかし、ドリス式（ドーリア式）の柱のビルは、まずないといっていいだろう。

　だが、ここで驚くべきは作品の設計者。ロースは近代主義(モダニズム)の建築家として有名だった。1910年に彼は『装飾と罪悪』と題した講演を行い（講演の内容はのちに同名のエッセイとして出版された）、過去のデザイン手法を否定して、あらゆる建築装飾は罪悪であると糾弾した。装飾は、落書きや、犯罪者が胸に入れたタトゥーとなんら変わらない感性から生まれるものだとロースは語った。外観にとらわれず、建物の利用目的を考えた末に生まれる設計をロースは好んだ。高層ビルのデザインを考えるために建築史書をけっして

ロースのタワー

ロースによる透視図。低い視点から描くことで、建物を覆う黒い花崗岩と、淡い色の空との対比がくっきりと表現され、デザインの堂々たる雰囲気を強調している。

アドルフ・ロースのトリビューン・タワー

手に取らない人物、それがロースだった。
　しかしながら、柱のようなシカゴの高層ビルの設計に、当時の人々はそれほど驚かなかったかもしれない。当時は、古代建築と近代建築の間に大きな隔たりはないと考えられていた。高層ビルと柱を対比させ、ビルの本体は柱の柱身に、地上部分は柱の基部に、一番上の蛇腹部分は柱頭に見立てられたこともある。このような比喩を考えたのは、ロースにも絶大な影響を与えた米国の建築家ルイス・サリヴァンだ。ロースがヨーロッパを拠点にしていたとはいえ、それを知らなかったとは考えにくい。
　しかし、サリヴァンは、柱の形をそのまま高層ビルに当てはめることを勧めたわけではない。彼はただ、両者を比較し、建築家がデザインの細部における類似性を生かせる可能性を指摘したにすぎない。シカゴのコンペに応募した建築家の何人かは、この考えを論理的に解釈し、柱に似た要素をデザインに取り入れていた。だが、ロースほど徹底した作品は一つもなく、それらはお粗末だった。
　ロースが柱を採用した理由はまったく違った。彼は優秀なライバルたちと同じく、コンペの条件にデザインの手がかりを求めた。トリビューン紙が求めていたのは、世界で一番美しいオフィスビルであり、シカゴという都市の名所にもなる建築物だった。名所という条件についてロースは考えた。名所となる建物には、普通とは違うデザインが必要になるはずだ。つまり、飾り気のない正面の壁に窓などの必要な構造物を配置しただけの家や、簡素で平坦な正面に四角い窓を並べただけの単なる四角いオフィスビルではダメだということだ。名所というからには、目立ち、一度見たら忘れられない、独特なものでなければならない。
　一度見たら忘れられない名所をシカゴに作るには、どうすればよいのだろう？ 作品に添えられた報告書には、ロースが検討したさまざまな可能性について綴られている。一つの案は、世界一高

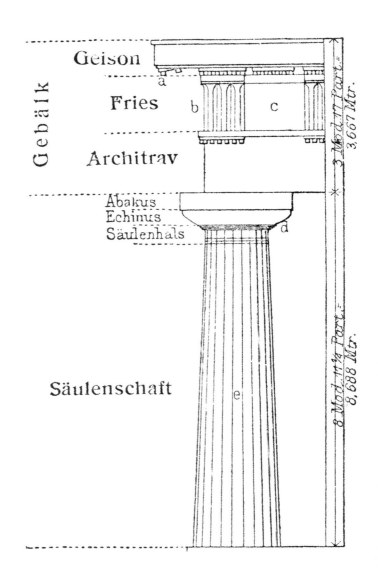

原点となった
ドリス式の柱

ドイツの建築学の教科書に掲載されている、古代ギリシャのドリス式の柱の図。ロースはコンペの応募作品の設計時に、このような柱を参考にして、縦溝彫りの柱身と一番上に置かれた正方形の石（頂板）をまねたデザインを生み出した。

いビルを建てることだが、同じように誰かがもっと高いビルを建ててしまうかもしれない。それに、トリビューン紙は高さの制限を設けているため、この案は除外される。もう一つの可能性は、まったく新しいスタイル、シカゴで誰も見たことがない斬新な外観を考え出すことだ。しかし、ロースも指摘したように、新しいものはすぐに古くなる。「どんな流行もすぐに変化する。洋服の流行がよい例だ」。これでは長期的に独自色を維持できない。

伝統的な記念柱に立ち返る

それなら、伝統的な記念碑的建造物に立ち返ってはどうだろうか。例えば、ローマにあるトラヤヌスの記念柱などがいいアイデアのようにロースには思えた。彼は最も簡素な古典様式であるドリス式の柱を選び、それをオフィスビルの大きさにした。建物のメインフロアは円形で、中央にあるエレベーターから、台形の部屋に行くことができる。トリビューン紙が求めている条件が、オフィスの必要なスペースを確保し、なおかつ名所にもなる建物であることを考えれば、この案はうまくいきそうに思える。多くの記念柱は頂上に像を掲げているが、この建物では、その代わりに簡素な頂板(アバカス)を設置する。ある評論家は、ビルそのものを記念柱に見立てたときに、像を設置しないことで、ビルの所有者である新聞社が社会を支える真の柱であることを表明しようとしていると解釈した。円筒形で表面が黒く光る建物というだけでも十分に個性的であり、粗雑で奇怪だという評価もあったが、すでに高層ビルが乱立していたシカゴの街でも目立つことは間違いなかった。

しかし、審査員たちはロースの論理に同意せず、彼のデザインは3位以内にも入らなかった。評価を下げた原因が建物の外観だったのか、内側の部屋が変な形をしていたせいだったのかはわからない。ロースは、よそ者の自分が、今回の大きな建築賞レースで勝てる見込みがほとんどないことを、おそらくわかっていたのだろう。だが、報告書の最後で彼は作品に対する自信を表明し、先制するような姿勢を見せている。「シカゴ・トリビューンのためのビルでなくても、設計者が自分でなくても、いずれどこかで、誰かの手によって、巨大なギリシャの柱は建設されることになる」

その後のロースは高層ビルを設計する機会に恵まれず、これほど大規模なプロジェクトに関わることもなかった。晩年のロースは主に、中央ヨーロッパの中流階級の住宅の設計を手がけた。古代の世界とは無縁のそれらの建築物の技巧的な設計と近代性は、現在でも高い評価を受けている。

CHAPTER 5
輝く都市
RADIANT CITIES

In the late 1920s and 1930s, architects increasingly explored Modernist design.

1920年代後半から1930年代にかけて、建築界では近代主義的な(モダニズム)
デザインの可能性を探ろうとする気運が高まっていた。

　デザインの改革は、機能主義、装飾の除外、屋根が平らで白い箱のような建物へと進んでいった。とりわけ、近代主義の建築家は鉄とガラスなどの素材を使い、個別の建物にとどまらず、都市全体を新しく設計するようになった。ミース・ファン・デル・ローエによるガラス張りの高層ビルを皮切りに、ガラスの多用が一層広まり、建物は透明に近づき、内側から見る光景はかつてないほどに広がった。

　ガラスは従来の石造りの壁より断熱性は劣るが、電気の普及に伴って、建築家は暖房設備を簡単に設置したり、電灯で建物や街路を明るく照らしたりすることができるようになった。ル・コルビュジエが自作の最も有名な都市設計を「輝く都市」と命名した理由の一つが、このような電灯の明かりだった。また、建築家たちはガラスの彫刻性も追求した。ヘルマン・フィンステルリンが設計した、流れるような形の不思議なガラスの家のデザインもそうして生まれた作品の一つだ。

　フィンステルリンを除けば、この時代の多くの建築物は実用性と機能

the potential of

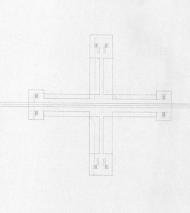

性に非常に優れていた。近代主義者のヴァルター・グロピウスと流線型デザインの先駆者ノーマン・ベル・ゲッデスは、デザインこそまったく異なるものの、建物の使われ方を分析し、利用者のニーズを満たす形を実現させようとしている点では同じだった。グロピウスの全体劇場や、ベル・ゲッデスの空中レストランは、このような機能性の重視から誕生している。彼らを真剣に支援しようとする人物が現れていれば、これらの建築物は実際に建設されていたかもしれない。

だが、このようなデザインの多くは機能性という面では優れていても、構造やコストの面では現実的とはいえなかった。芸術家のエル・リシツキーがモスクワに建てるために考案した「水平の摩天楼」こと雲の鐙、イラストレーターのヒュー・フェリスがマンハッタン周辺に建てたかった橋の上のアパートという、極めて斬新な二つの建築設計も、同じ理由で実現には向かわなかった。コストの問題は、エドウィン・ラッチェンスによるリヴァプールのカトリック大聖堂の前にも立ちふさがった。機能性だけでなく、金銭面に問題のない設計を考えるのも建築家の仕事のうちだ。それでも、リシツキーやフェリスやラッチェンスの作品は、この世から消すにはあまりに惜しい。模型、設計図、手書き透視図などを使って表現された彼らの大胆なデザインは、デザイナーたちにはアイデアのヒントを、市井の人々には驚きを与えてくれる。

雲の鐙
ロシア革命後の、横に伸びた高層ビル

Cloud Irons

ロシア、モスクワ　エル・リシツキー　1923～1925年

　水平の摩天楼。言葉としては矛盾しているように聞こえる。だが、かつて横方向に伸びる高層ビルを実現させようとしたロシアの建築家がいた。その人物は、人間は縦に伸びる環境よりも横に広がる環境のほうが心地よく過ごせると主張し、都市が発展するときに生じる問題に対応する建物をいくつも設計した。そんな建築デザインを思いつく建築家はごく限られている。しかも、水平の摩天楼「雲の鐙」を考え出した人間は建築家ですらなかった。

■ 都市の拡張に役立てる

　ラーザリ・マルコヴィッチ・リシツキー、通称エル・リシツキーは、革命時代のロシアで活躍した最も多才な芸術家の1人だった。1890年、ロシアのスモレンスク近郊のポチノクでユダヤ人の家庭に生まれたリシツキーは、その環境を生かしてイディッシュ語の児童書の挿絵画家となったが、やがて抽象芸術やグラフィックデザインの分野でも頭角を現すようになった。

　彼と友人のカジミール・マレーヴィチは、円、正方形、直線などの単純な幾何学図形と限られた色で表現した抽象絵画に代表される、絶対主義という芸術運動の先駆者だった。作品のインパクトは絶大だったが、どうしても平坦で二次元的な表現にならざるをえない。リシツキーは新たな方向性を持ったスタイルを追い求め、構図をより重層的にし、三次元的な雰囲気を強めた「プロウン」(「芸術再生のためのプロジェクト」という意味のロシア語に由来するといわれるが、別の語源があるとする説もある)と彼が名づけたスタイルが生まれた。これらの絵画作品には建築図のような趣があり、壁や床、あるいは丸ごと建物のようにも見えるような形が使われている。絶対主義の作品は従来の芸術作品とはまったく違っていたため、1917年のロシア革命によってもたらされた劇的な政権交代と密接に結びつけられるようになった。

　リシツキーは建築に強い関心を抱いており、革命後のロシアが直面していた問題を、芸術の力で解決できるのではないかと考えていた。ロシアは都市の拡張が必要になっていた。住宅不足は深刻で、公共交通機関の整備も緊急の課題だった。リシツキーには、建物を高層化してオフィスや住宅の数を増やすという米国式が正しいとは思えなかった。縦に長いビルは不自然だと考えていたからだ。人間は空を飛ぶことができない。上下に移動するより

は、水平方向に移動するほうが快適に感じるはずだ。現に、登るよりは歩いて横に移動するほうがはるかに簡単ではないか。そこで、1925年に彼は、横倒しで宙に浮いたような形のビルを建設することを考えた。こうすれば、すでに道路に占領されている貴重な地面を使うことなく、建築物は低層ですむ。こうして雲の鐙は誕生した。

　雲の鐙は3階建ての平屋根のビルで、厚板のような形のいくつかの棟で構成されている。全長590フィート（180メートル）の迫力ある建物は、長さ164フィート（50メートル）の3本の支柱に支えられ、本当に宙に浮かんでいるように見える。将来的には交通機関と連

モスクワの空高く浮かぶ

雲の鐙は巨大だが、交差点に建てることを想定しており、近隣の住宅が建物の陰になる心配はない（陰になる場所は道路や路面電車の線路になる）。リシツキーは、スケッチの中で周辺のビルをただの箱のように描き、自分が設計した建築物が周囲の環境になじむことを示そうとした。

雲の鐙

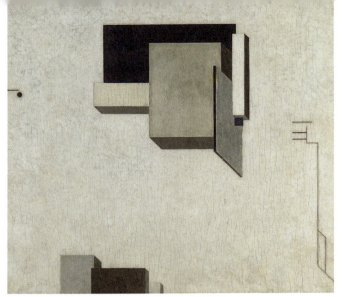

絵に見るリシツキーの表現

1914年に発表された『プロウン1』。リシツキーの絵は抽象画だが、箱やビル、壁のように見える幾何学的な構造が描かれていることもある。

携させるため、ビルを支える支柱の1本は地中深く伸びて地下鉄の駅となるように、またほかの2本は地上で路面電車の屋根つき停留場となるように考えられている。

この水平の摩天楼は鉄骨構造を基本として設計されており、素描や合成写真を見る限りでは、リシツキーはそこにガラスのカーテンウォールを使うつもりでいたらしい。構造的な強度を持ちながら内部の採光も確保し、圧迫感を軽減させる効果がある。このデザインの魅力の一つは、巨大で分厚い形と、ほとんど透明な表面の調和にある。1925年の時点で鉄骨とガラス張りは非常に目新しかったが、ルートヴィヒ・ミース・ファン・デル・ローエがデザインしたガラスのフリードリヒ通りビル（138ページ参照）をはじめとして、その後の数十年間でガラス張りの高層ビルは広く普及した。

絶対主義者の表現

雲の鐙の視覚効果は抜群だった。リシツキーの完成予想図では、都市の上空に浮かぶ宇宙船のようにも見える。ロシア革命は、ロシアという国が激しく暴力的な変化にも耐えられることを証明した。同様にリシツキーは、革命の変化に耐える建築を表現していたのかもしれない。この建築物に現れた、彼の絵画と共通する絶対主義のスタイルを見れば、そのことがはっきりとわかる。新しいスタイルの建築を提示することで、政治的な変化の影響が一人ひとりの家や仕事場にまでおよぶ可能性があることを彼は人々に伝えようとしていた。革命が人々にメリットをもたらす可能性を、実際に目で見える形で示したかったのだろう。

絶対主義の建物は、伝統的な建物が立ち並ぶモスクワの街並みにはなじまない。そこでリシツキーは、建築物の均整と洗練さ

れた雰囲気を可能な限り追求し、二次元の絵で均整の取れた形を表現する技術を総動員して、三次元の構造物に取り組んだ。そのフォルムは時間とともにさらに磨かれていった。リシツキーは1920年代のほとんどをロシア国外での創作活動に費やし、その多くの期間をドイツで過ごした。1922年にデュッセルドルフで開催された国際革新芸術家会議では、多数の芸術的な草刈り機や攪拌機(かくはんき)に出合い、ベルリンではミース・ファン・デル・ローエと一緒に仕事をし、ワイマールのバウハウスでは新進気鋭の芸術家やデザイナーとの合作にも取り組んだ。

　ロシアに生まれ、ユダヤ人家庭に育ったリシツキーはロシア語とイディッシュ語を話したが、ドイツ語にも堪能だった。だから、素描の多くにドイツ語で雲の鐙(ヴォルケンビューゲル)と名づけたことも自然だったのだろう。リシツキーと建築の合作が最も多かったのは、オランダのデザイナーで建築家のマルト・スタムだった。バウハウスで出会ったスタムもまた多才な人物で、スチール製パイプを使った椅子(のちにバウハウスのデザイナー、マルセル・ブロイヤーが同じコンセプトの椅子を発表している)を考案し、同じ素材の建築物を考え出した。

　雲の鐙についてリシツキーが特にこだわったのは、立地だった。彼はモスクワ中心部を走る環状道路の8カ所の主要交差点に雲の鐙を建設することを提案した。すべての建物はモスクワの中心にあるクレムリンの方角を指している。建物のデザインはどれもまったく同じため、彼は色で建物を区別することを提案した。残念ながらリシツキーは白黒の素描しか残していないため、絶対主義の絵画から抜け出したようなカラフルな建造物が、モスクワの空に浮かぶ迫力は想像するよりほかない。

　教師であり、本のイラストレーターでもあったリシツキーは、自分のアイデアを公開し、宣伝することの重要性を理解していた。そこで彼は、ロシアの新建築家協会の機関誌や、ドイツの美術関係の出版物『芸術報(ダス・クンストブラット)』といった専門誌に、自分の作品に関する記事を何本か寄稿した。これらの記事で、彼は雲の鐙が実際に建設されていない理由は、主に資金不足によるものであると説明し、この作品を建築やデザインに関心を持つ人々に広く知らしめた。目を引くフォルムと無駄をそぎ落とした機能的な外観は建築家たちを魅了し、建築界はますます近代主義的なデザインに傾いていった。リシツキーという一流のグラフィックアーティストによって作成された見事な素描や合成写真は、幻の建築の中でも最も知られた作品になっている。

ガラスの家
生物形態主義(バイオモルフィズム)と呼ばれる建築物

ヘルマン・フィンステルリン 1924年

Glass House

　ヘルマン・フィンステルリンほど数奇な運命をたどった建築家はいない。彼はミュンヘンで科学を勉強していたが、バイエルンの山頂で迎えたある夜、月明かりの中で自分は芸術家になるべきだと悟り、専攻を絵画と哲学に変えた。フィンステルリンはドイツの表現主義の画家と数多く交際し、さらに2人の偉大な建築家とも交流を持つようになった。近代主義(モダニズム)の先駆者ヴァルター・グロピウスと、生涯の友となった近代主義者(モダニスト)で表現主義者のエーリヒ・メンデルゾーンだ。

分泌器官、消化管、子宮に見立てる

　1919年にフィンステルリンは、グロピウスとともに無名の建築家たちによる作品の展示会を開催し、その後は立て続けに未完の建築プロジェクトに携わった。1930年代に入ってナチスが力をふるうようになると、彼は民間の著名人の肖像画や公的機関の建物の壁画を請け負うようになった。彼はなんとかこのような仕事から逃れようとしたが、断れば刑務所に入れると脅され、引き受けざるをえなかった。彼の作品の多くは第二次世界大戦中の爆撃によって失われたが、フィンステルリン自身は戦争を生き延びて1980年代まで健在だった。しかし、彼がデザインした建築は1軒たりともついに実現しなかった。それでも、彫刻を思わせる、ねじれたような形の非凡な彼の建築スケッチは、一度見たら忘れられず、長い間建築界に影響力をおよぼしている。

　かつて自然科学を勉強していたフィンステルリンは、動物の体の構造にも強い関心を持っていた。彼はガガンボやミズムシ、カエル、カメなどの骨格と皮膚に深く感銘を受け、これらの生物の体と、円天井や柱で構成される構造物を比較した。「どれほど近代的であろうと、半円筒天井を哺乳類の胸部が描く放物線と比べることができるだろうか。動物の堂々とした手足の輪郭と柱を比べられるだろうか」と彼は問いかけ、生物の体の構造に対して感じた驚きを、建築作品に取り入れたいと思っていた。彼が思い描いたのは、内部を巨大な分泌器官、人が中に入れるほどの消化管、あるいは非常に大きい子宮の内側に見立てることだった。

　このような自然にある形を生かすという考え方は、彼のガラスの家のような建築物の根底にある。ガラスの家の素描では、家が右へ左へと曲がりくねり、消化管のように互いに絡み合う。それら

有機的な建築スケッチ

フィンステルリンは多数の建築スケッチを残している。その多くは曲線の美しさを生かした、有機的な形をしている。コンクリートの外壁は、ほとんどの場合、明るい色に塗られている。

Gelber Sandstein.
Scharfenhäppel.
Oxidiertes Kupferkuppeldach.

Getönter Beton.
Eichenholzrahmen u. geläut.

消化管のように見える家

曲線を駆使し、トンネルのような形を層状に積み重ねたガラスの家のスケッチの1枚。建築物というよりも、抽象彫刻のように見える。

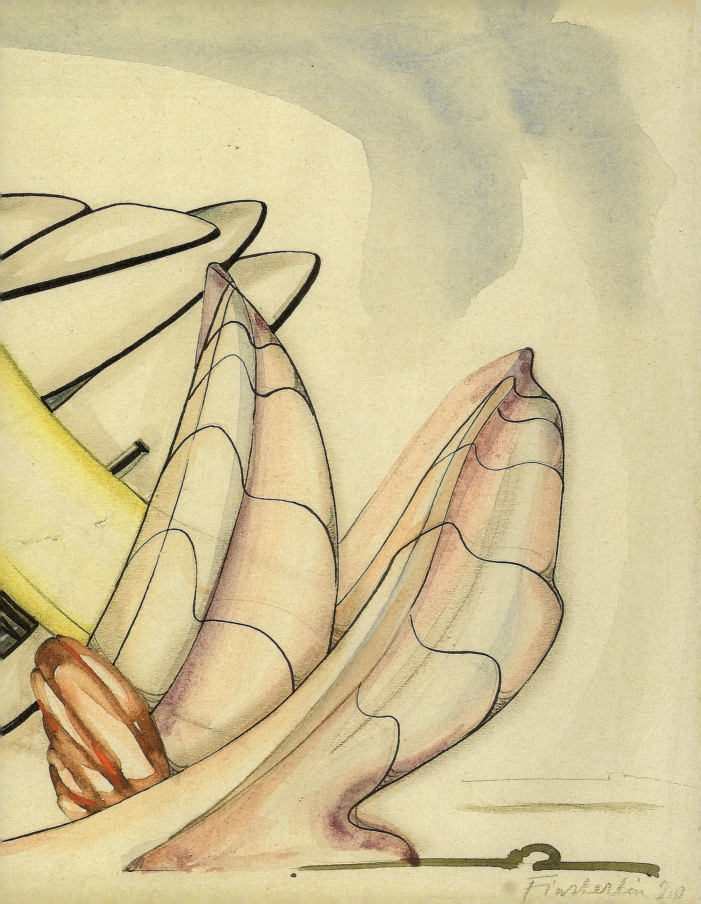

の管は自由奔放に重なり合い、支えがないまま空に向かって伸び、鋭い線で表現された要素が巨大な恐竜の骨のように突き出す。伝統的な建築用語、例えば壁、窓、屋根、階、正面は、彼の建築にはまったく通用しない。フィンステルリンの作品を表現するには、もっと彫刻的な言葉が必要だろう。表現主義と同じくらいに超現実主義(シュールレアリズム)からも大きな影響を受けているように見える。文字通り、この世のものとは思えない作品だ。

　どうみても建設困難なこれらの建物を、フィンステルリンは何のために描いたのだろう？　彼は作品の多くをかなり短い時間で描き上げたようだ。彼の表現は、霊媒師たちが超自然的な力を借りて書くという「自動書記」と比較されることもある。いくつかのスケッチは夢の中から抜け出したような雰囲気を持ち、「ガラスの中の夢」(トラオム・アウフ・グラス)と名づけられた作品もある。建設不可能に思える彼の建築物がもし実現するとしたら、生体構造の法則が建築構造にも当てはまるような世界での話だろう。

近代主義を否定する

　フィンステルリンが目指していたのは、まったく新しいものを作り出すことだった。彼自身や何人かの建築家仲間は、多くの近代主義の住宅や長屋のデザインの貧しさに失望していた。何よりも、彼らの目に近代建築は退屈なものに映った。彼らはもっと鮮烈で、想像力に富んで、冒険心にあふれるものを探し求めていた。ル・コルビュジエら一流の近代主義者の作品のような、技術を優先した直線ばかりのお堅い「生活のための機械」はまっぴらだった。近代主義は効率的で、最先端で、最新技術に裏打ちされている。しかし、フィンステルリンには魂や想像力が欠けているように思えた。彼の仲間の1人であるアドルフ・ベーネは次のように述べている。「あらゆる建築物は空想の賜物(たまもの)だ。新しい特許をうるさく要求されるのが時代の流れだとしても、想像力がなければ特許はほとんど役に立たない。空論を振りかざす人々は壁を作るが、私たちが求めるのは建物だ」。1919年に「無名の建築家」展を開いたグロピウスも同様の発言をしている。「(前略)必要性と利便性を満たすために形を決められたモノが、まったく新しい美の世界を求める欲求を満たすことはできない」

　こうしてフィンステルリンは、硬直した近代建築に反撃することにした。彼は従来の建物、特にますます流行っていた近代建築のように、これでもかとばかりに直角を使うことを認めなかった。近代主義で多用される直線を、フィンステルリンはもっと流れるような線に変えたかった。彼は著作の中で、流動(フラックス)、変異(ミューテーション)、流れ(フローイング)、

混成(ハイブリダイゼーション)という言葉を使い、自分が考えている生活の質をデザインに反映しようとした。フィンステルリンの建築物は流れているのだ。

　エーリヒ・メンデルゾーンのやはり流れるような、しかしもう少し実現の可能性が高そうな建築スケッチが登場したのもちょうどこの頃だ(134ページ参照)。メンデルゾーン、フィンステルリン、グロピウス、さらにほかの建築家たちも加わって文通する、一種のクラブのようなものもできた。このクラブは「ガラスの鎖」と呼ばれた。クラブのメンバーは偽名を使って(フィンステルリンはギリシャ神話に登場する火と創造の神プロメテウスに由来する「プロメス」を名乗っていた)、建築理論についての書簡や、ときには神秘的な内容の手紙を送り合った。空想的なガラスの家の設計は、このような交流の場にまさにぴったりだった。

　近代主義を離れて空想的なものを目指す傾向は、フィンステルリンが自然を取り入れた独特なフォルムを描くようになった頃に一段と明確になる。フィンステルリンの影響は絶えることなく受け継がれ、彼のような作品は現在では生物形態主義(バイオモルフィズム)と呼ばれる。1960年代以降、配管やダクトをむき出しにしたパリのポンピドゥーセンター(「内臓主義」と揶揄されることも多かった)や、建築事務所コープ・ヒンメルブラウが手がけた半透明の構造体など、さまざまな建築物が登場し、フィンステルリンのアイデアはますます身近になっている。最近では、空気の力でふくらむ建物やテントのような形の建物まで現れ、彼の主義が受け継がれていることを示している。

　建築界のこのような進歩は、革新を目指す建築家たちが新しいフォルムを追い求めたことにも一因があるが、フィンステルリンらがかつて否定した技術の進歩も理由の一つだろう。1920年代の技術では、フィンステルリンのデザインを実現することは不可能に思われた(コンクリートとガラスと鉄骨を使えば建設できるという声も当時から一部にはあったが)。現在は、デジタルの力で曲線を正確に再現することができ、ガラスやプラスチックなどに使われる技術も向上している。かつてほど実現は難しくないだろう。しかし、フィンステルリンの作品の本当の価値は、建築家やデザイナーに、建築物と自然界の間に横たわる境界線を探ろうと思わせる力にあることを忘れてはならない。

輝く都市
都市計画の手本となったル・コルビュジエの集合住宅都市

Ville Radieuse

ル・コルビュジエ 1924年

　スイス人の父とフランス人の母の間に生まれた建築家シャルル＝エドゥアール・ジャヌレ、通常ル・コルビュジエは、20世紀の建築界で最も大きな影響力を誇った建築家の1人だ。ル・コルビュジエは斬新な空間感覚で非常に優れた住宅を設計し、高密度の都市住宅の複合施設である「ユニテ・ダビタシオン」の生みの親としても知られる。また、大胆で先見性に富んだ都市設計家としても有名だ。彼は画家、作家、家具デザイナーなどさまざまな顔を持ち、ブルータリズムと呼ばれる様式を生み出した立役者の1人でもあった。

都市に秩序を求める

　ル・コルビュジエは「建築は現代的な生活のニーズと課題に応えるべきだ」とはっきり考えていた。現代人は自動車を運転し、最先端の道具や機械に囲まれて暮らしている。テンポの速い20世紀の生活に適した建築はヴィクトリア時代とに違う。多様な機能を持ち、急成長する近代都市に求められるデザインは、何世紀もかけて進化してきたパリやロンドンなどの都市とは当然異なる。

　また、ル・コルビュジエは従来の都市の無計画さを嫌っていた。景観は統一感を欠き、建物の雰囲気はばらばらで、街路は場所によって曲がったり直線だったりしている。すべては時代ごとの場当たり的な街づくりが重なった結果だ。美術評論家のロバート・ヒューズは次のように指摘している。「でたらめさはル・コルビュジエがひどく嫌うものだった」。そんなル・コルビュジエはどこにでも秩序を求めた。彼は人体に基づいた比率で作った独自の基準寸法を、モデュロールと呼ぶ数列で表し、5つの基本原則に基づく住宅設計理論を提唱した。そして、さまざまな幅の壁や窓に対応した標準サイズのコンクリート平板と柱を構成要素とした建築構造、すなわちドミノシステムを考えた。さらに、近代的で論理的な方法に基づく新たな都市設計を提案し始めた。

　格子状に走る道路と高層ビルからなる米国の都市は、近代都市の最高の手本かもしれないと彼は考えていた。格子状の道路設計は合理的だし、高層ビルは狭い土地を有効活用し、米国の急激な人口増加と都市中心部の地価高騰の問題を解消している。1932年に行われたインタビューで、彼は次のように述べている。「米国は現在の世界において若者のような国だ。ニューヨークに

整然とした都市

右ページ：ル・コルビュジエは、輝く都市を描いた図面を多数残した。図面を見ると、直線的な格子状の道路と規則正しく整備された区画の様子がわかる。

一から都市を作る

164〜165ページ：輝く都市の高層ビルは十字形の設計になっている。4本の細長い棟を設けることで、各部屋に自然光がたっぷり入る。その用地計画図からは、ル・コルビュジエが連絡道路と周辺の高速道路の流れについて考え抜いていたことがわかる。

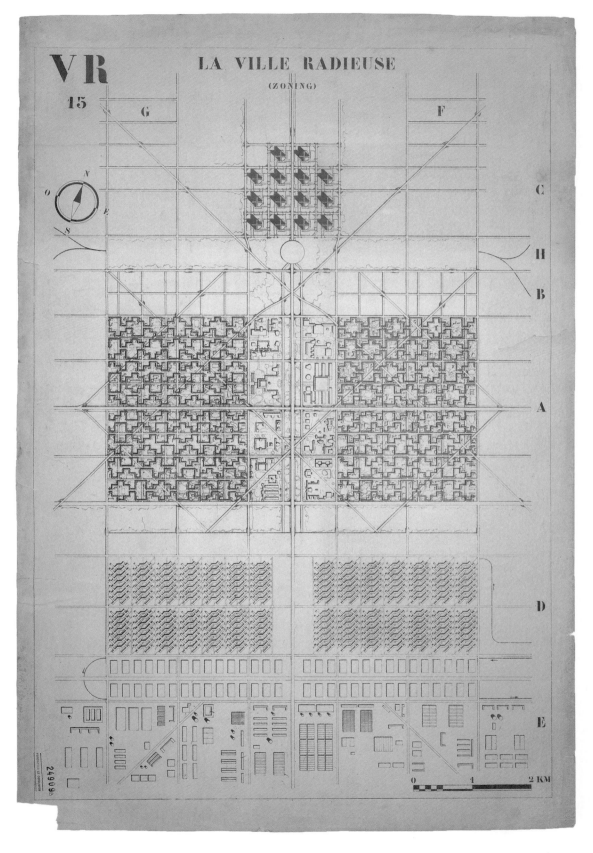

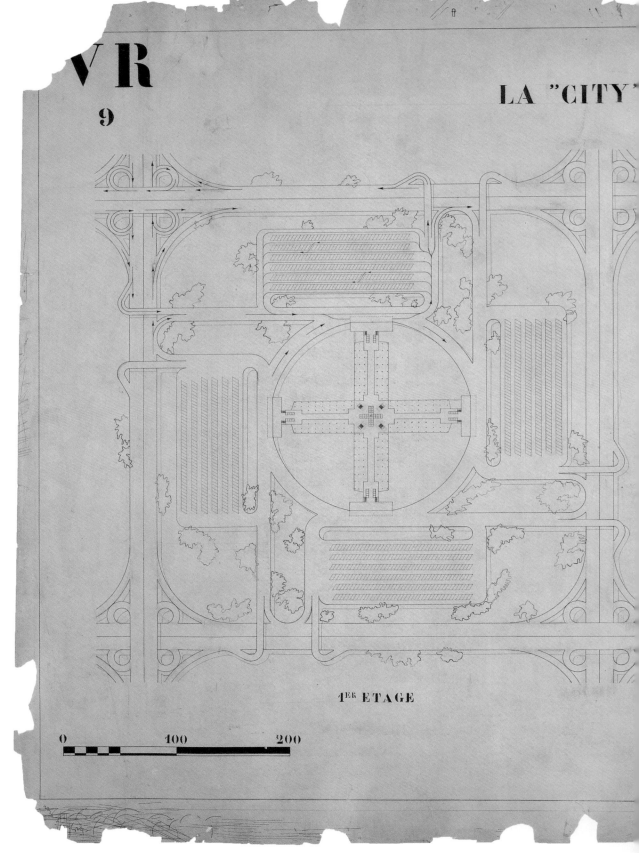

LES GRATTE-CIELS

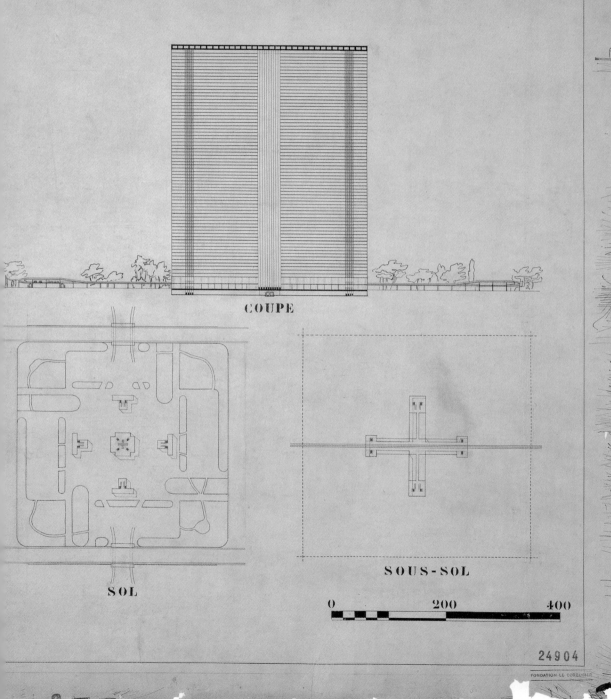

COUPE

SOL

SOUS-SOL

0 200 400

24904

は、米国が持つ熱意と、若々しさと、大胆さと、冒険心と、誇りと、うぬぼれが現れている。ニューヨークは英雄のように世界が抱える問題と最前線で戦っている(後略)」

だが、景観が魅力的なニューヨークにも欠点はある。ル・コルビュジエにとって高層ビル間の距離は近すぎ、道路は狭すぎ、建物と緑の空間が十分に融和していなかった。それならば、一から都市を設計し直すよりほかない。そこで彼は、建設地を特定しないまったく新しい都市のモデル、すなわち純粋な理想都市の設計にとりかかった。1922年に発表した「現代都市」(「300万人の都市」と呼ばれることもある)は彼の理想にかなり近づいていた。「現代都市」の主な特徴は、緑地の間に建つ十字形の高層ビル群、低層の住宅街、鉄道駅とバス停が併設された中央ターミナル、建物の種類を区画ごとに統一する建築規制にある。

ル・コルビュジエのアイデアはさらに成熟し、1924～1930年には「輝く都市」として結実した。輝く都市はすべての地域が区画に分けられ、それぞれに決まった役割が設定されている。高さ約656フィート(200メートル)のオフィスビル群が立ち並ぶのはビジネス地区だ。その近くには、この地区と都市の周辺部の住宅地域を結ぶ交通ターミナルがある。住宅地域の建物は、高さ164フィート(50メートル)前後の中層建築物になっている。これらの中層建築物は、単なる集合住宅ではない。ル・コルビュジエがユニテ・ダビタシオンと名づけた複合施設で、クリーニング店、レストラン、売店、保育所、娯楽施設などが併設されている。集合住宅を囲む緑の空間は、住民たちの憩いの場であり、スポーツや交流を楽しむ場でもある。オフィス街からも住宅街からも十分に離れた場所には工業地域がある。都市全体には直線の道路を格子状に走らせているが、ル・コルビュジエは必要に応じて都市を拡大できる汎用性を持たせ、どこにでも建てられるように自由度の高い設計にすることを考えていた。

また、高層のオフィスビルにも低層の集合住宅にも共通する特筆すべき特徴として、建物をコンクリートの柱で持ち上げた構造がある。彼はこれをピロティと名づけた。地上から浮かせることで建物の足元がすっきりし、広い土地を占拠する非常に巨大なビルでも圧迫感を与えずにすむ。住宅とオフィス街を囲む緑地も、建物によって分断されずにすむだろう。

区画間は複数の階層に分かれた幹線道路で結ばれ、道路の多くは地下を通っている。車と歩行者が分けられているため、緑の空間を車の騒音と排気ガスから離れた環境に設置でき、車も従来の都市の道路では不可能なスピードを出せる。

複合施設を持つ都市

ル・コルビュジエは住宅と関連施設を中層建築の区画に配置し、直角の建物で緑地を囲んだ。このような住宅地は、のちのユニテ・ダビタシオンの原型になっている。

ある面で、輝く都市というアイデアは、その30年前から始まった田園都市運動と共通しているようにも思われる。緑地の合い間に住居を配置することは、田園地方に都市生活を持ち込むのと似ている。だが実際のところ、ル・コルビュジエの都市は、レッチワースやウェルウィンなどのイギリスの有名な田園都市とはまったく違う。田園都市の建物は低層で、密度もまばらだ。住宅は無計画な田舎道と村の造りを再現するかのように、曲がりくねった道に沿って無秩序に散らばっている。対照的に、輝く都市は高層ビルが建ち、建物の密度は高く、道路は直線だ。全体がしっかりとした設計によって統制されている印象を受ける。

　ほかにも大きな違いがある。田園都市は、各個人や各家庭が専用の家（多くの場合は2軒で1棟の住宅）と庭を持てるようにという個人主義に端を発し、隣家とは木の柵や生け垣で仕切られている。一方、ル・コルビュジエの都市が目指すのは人の集まる共同体だ。住民は集合住宅で暮らし、緑の空間と娯楽施設を共有する。

後世に実現したアイデア

　輝く都市は建設されなかったし、ル・コルビュジエがアルジェやアントワープ、バルセロナなどの大都市のために設計した同様の都市計画も実現しなかった。晩年になってから手がけたインドのチャンディーガルが、彼が一から都市を設計する唯一の機会だった。とはいえ、輝く都市の影響は大きかった。ル・コルビュジエは輝く都市について書き、都市計画家たちはそれを称賛した。

　ル・コルビュジエの歩車分離というアイデアは、1930年代に北米の主に人口密度の低い開発地域で導入された。輝く都市は、高層ビルと緑地が混在する高密度の都市がどう機能するかを示していた。第二次世界大戦後は、多くの街で、ル・コルビュジエの考えを取り入れた再設計が行われた。ル・コルビュジエの理論は、1950年代と1960年代の世界中の都市設計家たちによって、実際にどう機能するかが示された。高層ビルが立ち並ぶ区画と公園のような緑の空間を併設するアイデアも、ロンドンの南西部に位置するローハンプトンのアルトン団地などの開発の際に採用された。さらに、数は少ないものの、ル・コルビュジエ自身が区画を丸ごと設計する機会を得た場所もあった。その規模がより大きかったら、輝く都市の基礎になっていたかもしれない。マルセイユには、現在もユニテ・ダビタシオンが残っている。ここでは集合住宅に売店や保育所、ホテルなどが併設されており、ル・コルビュジエが夢見た都市が実現していればどんな姿になったのかを、現在の私たちに垣間見せてくれる。

橋の上のアパート　　　　　Apartments on Bridges
マンハッタンを囲む川に並んだ住居つきの橋

米国、ニューヨーク／ハーヴェイ・ウィリー・コルベットとヒュー・フェリス 1925年

　1925年、ニューヨークのワナメーカー百貨店のオーナーが、店の宣伝のために展覧会を開催することを決めた。この百貨店は19世紀後半に開店し、世界中から上品で美しい商品を集めることで知られていた。近代都市設計をテーマにした展覧会のタイトルは「巨大都市(タイタンシティ)：絵で表現するニューヨークの未来1926～2026年」。このタイトルを見るだけで、展示される建築物の規模と、展示物にかけられた熱意が伝わるだろう。以前から未来的な都市建築、特に高層ビルのイラストを共同で手がけていた建築家ハーヴェイ・ウィリー・コルベットと芸術家のヒュー・フェリスは、このチャンスに飛びついた。「自分たちが話し合っていた未来的なアイデアに金を出す人間がいるのかどうか、それを試せる興味深いチャンスだと思った」とコルベットは書いている。

▌過密状態の解消に川を利用

　フェリスにも異議はまったくなかった。彼はニューヨークで10年間にわたりフリーランスの建築イラストレーターとして活動し、独自のスタイルを確立していた。フェリスは展覧会を、自分の知名度を上げるための大舞台だと考えたはずだ。展覧会には何人もの芸術家や建築家が参加することになり、なかでもコルベットとフェリスが担った役割は大きかった。展覧会の目玉は、コルベットがデザインしたビルの模型で、霧の中で影が浮かび上がるような独特のスタイルを持つフェリスの精巧なイラストも多数展示された。

　当時は米国の都市が急速に発達し、多くの人々が田舎の小さな土地に暮らすよりも、どこかの都会で生活したいと夢見るようになり始めた時代だった。米国の建築家や都市設計家には、都市の改善と美化に真剣に取り組むことが求められ始めていた。高層ビルの登場は歓迎され、建築家たちは世界一高いビルの建設を目指して競い合った。その中で、セットバックという、建物の上部ほど幅を細くして下の通りに太陽光が当たるようにする構造が開発された。巨大都市(タイタンシティ)を描いたフェリスのイラストも、主役は高層ビルだったが、未来都市を意識して、飛行船の係留所のような近代的な建造物も取り入れた。さらに新しく考えたばかりのアイデアである、橋の上のアパートも描かれていた。

　住宅やオフィスなど人が入居する建物を、橋の上に置こうとい

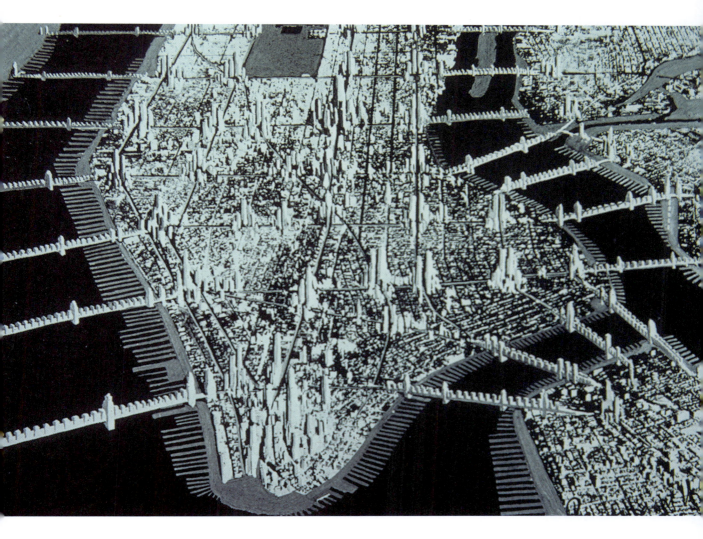

川の上の住居

マンハッタンを上空から見た図。たくさんの橋をかけることが提案されている。実現していればかなりの数の住宅を調達できたに違いない。

う考えは昔からあった。中世やルネサンス時代の都市では、店や住宅を橋に併設することはめずらしくなかった。このようなアイデアを復活させるきっかけを作ったのは、建築家のレイモンド・フッドだったと思われる。彼はニューヨークのような都市、特にマンハッタンのように過密状態の島は、高層ビルを建てる敷地を確保することができないほど速いペースで開発しつくされるだろうと考えていた。だが彼は、マンハッタンが川に囲まれている点に可能性が残されているとも考えた。もっと橋の数を増やせば、交通事情が改善されるだけでなく、利用できる居住空間を広げることができる。そこでフェリスは、フッドにならって大型のつり橋を描いた。橋げたとなる2本の塔は、全体がアパートになった高層ビルだ。さらに中央に車が往来できる空間を残し、橋を吊るす鎖と橋床の隙間を埋め尽くすように、橋全体に住宅を並べた。

橋げたも高層アパート

フェリスによる橋の完成予定図。光と影を意識した、かすんだような独特のスタイルで表現されている。

　その結果、一般的には貧弱に見えるつり橋が、ごつごつして重量感のある奇妙な姿に変貌を遂げた。その姿は工学的に考え抜かれたものには見えない。外部の気温変化に伴う膨張や収縮への対策はもちろん、力の釣り合いを考えると、実際の建設は気が遠くなるような大仕事になるだろう。しかし、フッドもフェリスも、デザインは構造的に問題ないと主張している。フッドは、マンハッタン島全体をアパートつきの橋で取り囲む案を提示した。ハドソン川やイースト川の上まで都市を広げる試みはかなり大胆不敵だ。実現可能だとしても、建設には長い時間がかかるだろう。

　巨大都市の展覧会は成功した。ワナメーカー百貨店には人が集まり、建築家たちは都市設計に関心を寄せるようになった。フェリスはアイデアをさらに発展させ、新しい作品を描いた。彼は、建築画家としての自分の役割は、建築家のアイデアをイラストで表現するだけでなく、建築にどのような発展の可能性があるかを示すことにもあると固く信じていた。彼はそれを1冊の本にまとめた。1929年に出版された『明日のメトロポリス』だ。

フェリスは『明日のメトロポリス』の中でも橋の上のアパートのアイデアを紹介し、新しいイラストも載せている。このイラストは窓の一つひとつがわかるほど細かく描き込まれ、建物の途方もない巨大さを伝えている。50〜60階建てのビルの部分だけでも非常に大きい。高さの面では、フェリスの本が出版された2年後に完成して当時の世界最高のビルとなったエンパイアステートビルの半分を超えている。しかも、さらに多くの住居が、ビルの間と橋の両側に架けられた短いアプローチの上に並ぶ。

　フェリスの絵にはかなりの迫力があった。コントラストが強く、暗い空を背景に建物を白く浮かび上がらせたり、淡色の背景に黒っぽい色使いの建物を描いたりして、迫るような雰囲気を演出していた。細部を描き込んでいない作品もあるが、それもソフトフォーカスの写真のような効果を生み出している。そんな彼の絵は、建物、特に高層ビルの形やフォルムをはっきりと伝え、巨大さをありありと感じさせる。

　フェリスは作品に添えて、この建築物のメリットを紹介する次のような文章を載せている。「このような立地のオフィスや住居が、日当たりや通気性という条件を十分に満たしていることは一目瞭然だ。ビルの足元に桟橋を設け、モーターボートやヨット、水上飛行機を利用できるようにするのもよいだろう。建物まで来れば、あとはエレベーターで自室のドアまでたったの1分で到着する」

　さらに、彼がいうところの「ふざけた人々」が、このようなアパートでは普通の生活を送れず、むしろ危険なのではないかと主張していることを引き合いに出し、ユーモアを込めてこんな記述をつけ加えている。「一方で真面目な人々は、建物の構造は安定していると主張し、予算面を考えても非常に大きなメリットがあると断言している」。しかし、橋が建設される川の土地代がニューヨークのどこの通りより安いとしても、建設コストは膨大な額にのぼることが予想された。

　フッドはマンハッタンにたくさんの橋を架けることを提案し、それが実現した場合の地図まで作ったが、フッドとフェリスの奇抜なアイデアは、どの橋の建設にも結びつかなかった。だが、橋のデザインには今もファンがいる。その理由は、何よりもフェリスのイラストの力だろう。彼の作品は1920年代に初めて発表されて以来、人々の心を動かしてきた。1927年に発行されたイギリスの『アーキテクツ・ジャーナル』誌の記事でも絶賛されている。「すばらしい近代建築の臨場感と、巨大さと、根底にあるまともさを伝える力において、ヒュー・フェリスに並ぶものはいない。米国の誇りともいえるだろう」

全体劇場
当代一の建築家と先端的な舞台監督の劇場

Total Theatre

ドイツ、ベルリン ヴァルター・グロピウスとエルヴィン・ピスカートル 1927年

　建築家と依頼主のエゴがぶつかり合うと、建設的な結果につながることもあれば、破壊的な結果を生むこともある。依頼主が求める条件や好みを知りつくした建築家が、自分の独自性を設計図に表現できたときには、奇跡が起こりうる。しかし、どうしても相容れない強烈な個性を持った2人の人間がそろうと、プロジェクトを崩壊させてしまうこともある。そして、この二つは相反するシナリオではない。ときに、対立から奇跡が生まれ、その後で崩壊することもあるのだ。

　1920年代後半、ヴァルター・グロピウスとエルヴィン・ピスカー

グロピウスの可動式の劇場

グロピウスの2枚の図面。舞台は、劇場の中央(左下)にも観客席の端(右下)にも設定できる。

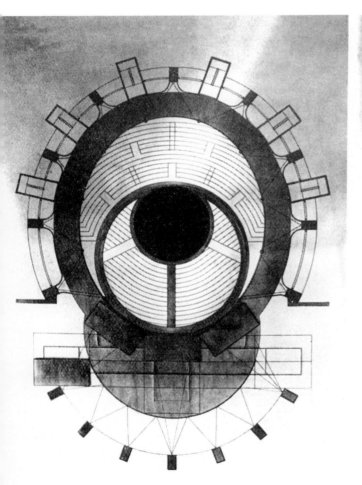

トルは、まったく新しい劇場を協力して作ろうとしていた。グロピウスは20世紀の建築界に最も大きな影響を与えた人物の1人だ。有名な芸術学校バウハウスをドイツで設立し、20世紀初期のデザインに関する既成概念を打ち砕いた。さらに近代主義建築(モダニズム)の生みの親の1人でもある。一方、ピスカートルは当時の優秀な劇場監督の1人で、非常にドラマ的かつ政治的なアイデアを取り入れた叙事詩演劇の提唱者だった。彼が求めていたのは、観客を舞台芸術で包み込むことができ、夢中になって観劇してもらえる新しい劇場だった。さらに、彼が舞台でよく利用していたフィルム映写などの最新技術を劇場で使いたいとも考えていた。

　グロピウスは、あらゆる意味でこの仕事に適任だった。彼は劇場というものに魅力を感じていたし、バウハウスで斬新なバレエ公演などを見て、劇場で上演される演目に大きな迫力があることを知っていた。さらにグロピウスは、バウハウスの仲間だったラースロー・モホリ＝ナジとオスカー・シュレンマーの演劇に関するアイデアにも感銘を受けた。シュレンマーはバウハウスでバレエの革命ともいわれる作品を生み出し、モホリ＝ナジは空間と照明と音響と動きを組み合わせた「全体劇場」について興味深く書いていた。モホリ＝ナジは、劇場内を自由に移動できるブリッジ（バルコニー型舞台）を吊り下げて、俳優が観客のそばに近づけるようにし、観客席と舞台の間にある見えない壁を取り払おうとした。建物の要素を動かしたり、これまでにない役割を持たせたりするという彼らの考えは、グロピウスを刺激した。

▍観客を包み込むような劇場を

　1927年春、グロピウスはこれらのアイデアを紙の上にまとめた。この設計は劇場としてはまったく前例がなく、舞台芸術に完全に没頭できるというところから全体劇場という名前で呼ばれるようになった。舞台を額縁のように縁取るプロセニアムアーチや、観客席に向かって突き出した張り出し舞台の代わりに、グロピウスは可動式の舞台を考案し、舞台を劇場内で動かせるようにした。これは、古代ギリシャの劇場のように、張り出し舞台を観客が囲むように座る額縁舞台（プロセニアム）としても使えるし、中央に移動させて、観客が完全に取り囲む円形の舞台としても利用できる。

　観客席の周囲には舞台を動かす通路が数多くあり、演目の場面に合わせて舞台を隅に寄せたり後退させたり、観客の間近に移動させたりできる。舞台の中には演奏者たちが入れる空間があり、音楽のサラウンド効果をさらに高める。さらにピスカートルの要望に応えて、フィルムも主要な要素の一つとしてとらえられ、観

客席の周囲に多数の上映用スクリーンが用意された。

　これらのあらゆる工夫は、観客たちを舞台芸術の世界に引き込むだけでなく、劇場という建築物を一から見直したという印象も与えた。バルコニー、サークル席、ボックス席、プロセニアムアーチ、バロック式あるいは古典様式の装飾など、どこの劇場にもある要素をなくし、完全に舞台の世界に集中できるようにしたのだ。グロピウスは次のように述べている。「演者と観客を隔てていた境界はもはや存在しない。つまり、観客を感動させるのは、せりふ、照明、音楽ではなく、舞台監督だ。舞台監督が全権を握り、演目の進行に合わせて観客の関心を自在に操ることになる」

個性と個性のぶつかり合い

　グロピウスは設計案を何回か作り直し、ほんの数カ月のうちに、劇場建設のための資金集めに奔走していたピスカートルが喜びそうな案をまとめ上げた。計画に遅れが出始めたのはこのあたりからだった。主な理由は、有望視されていた建設候補地では狭すぎたため、土地探しから新たに始める必要があったからだ。

　そして、エゴの衝突が始まったのもこの頃だったようだ。ピスカートルは劇場計画を文章で熱く紹介する際、自分を前面に押し出し、グロピウスは設計図の作成で自分を「手伝った」にすぎないとほのめかした。グロピウスはこれに腹を立てた。グロピウスの気難しい性格も怒りの原因の一つだったかもしれないが、理はグロピウスにあった。彼は建築家であり、今回の劇場の話が持ち上がる以前から、特にバウハウスで長い時間をかけて劇場に関するアイデアを吸収してきた。劇場のプロジェクトはピスカートルのものであると同時に、彼のものでもあった。だが、怒ったグロピウスは極端な手段に走った。なんと自分のデザインの特許を取ったのだ。これにより2人の決別は決定的となり、劇場が建設される可能性はほぼ消滅した。グロピウスはこのデザインを別の依頼主に持ちかけたが、うまくいかなかった。

　おそらく、グロピウスがほかでも劇場計画を進められなかった背景には、似たような失敗があったのだろう。ピスカートルがグロピウスの役割を軽んじたように、グロピウスも自分の筋書きからピスカートルを消した。計画の実現には互いの協力が欠かせないこと、いかに応用がきくデザインでも、それは2人の協力があってこそ生まれたデザインだということを、2人は忘れていた。彼らが作り上げた劇場をそのまま求める依頼主はほとんどいなかったし、自分の作品を完璧に上演できる劇場についてピスカートルほどしっかりしたイメージを持っている舞台監督もいなかった。2人の

全体劇場の模型

曲線を描くサークル席が1階に、バルコニー席が2階、3階に設けられ、どの観客席からでも、舞台を間近で楽しむことができる。

力が一つになれば、計画は成功していたに違いない。

　可動式の舞台というアイデアと、プロセニアムアーチを取り払ったデザインは、そのまま宙に浮いた。2人が計画を立ち上げてから90年の間に、張り出し舞台、古代ギリシャの劇場と同じような「円形」劇場、あるいはそれらを併用した新劇場が数えきれないほど誕生した。それらがすべて全体劇場の影響を受けているとはいえない。似たアイデアがほかの建築家や舞台監督に支持されたということは、グロピウスとピスカートルの共同作品は、失敗も含めて、このような動きが作り出されるために必要だったに違いない。

空中レストラン

Aerial Restaurant

シカゴ万博会場の上空でゆっくりと回転するビル

米国、シカゴ　ノーマン・ベル・ゲッデス　1933年

　米国のデザイナー、ノーマン・ベル・ゲッデスといえば、流線型を特徴とする鉄道機関車や自動車、それに秤やラジオなど、ありとあらゆる機械や道具を発明したことで有名だ。また工業(インダストリアル)デザイン以外の分野にも進んで挑戦していた。ベル・ゲッデスにとって1920年代は人生を左右する重要な時期だった。彼は演劇関係の仕事を多数手がけ、舞台監督はもちろん、舞台装置や劇場の設計までこなしていた。展示用のデザインや広告ディスプレイを作ることもあった。そして1927年に今後は工業デザインに集中することを発表した。わずか数年のうちに、彼は米国で最も有名な工業デザイナーの1人となり、技術が主役となる未来に対し、明確なビジョンを持った人物として知られるようになった。鮮かな色と流線型の形状に新素材を取り入れた彼のデザインは、時代の最先端を行く作品としてまたたく間に評判になった。

機能性と娯楽性を兼ねる「動く建築物」

　ベル・ゲッデスの才能は、さまざまな大型展示会用に制作した作品でも発揮された。1933〜1934年にかけて開催されたシカゴ万博「進歩の世紀」もその一つだった。大規模なイベントが開かれるたびに、ベル・ゲッデスは数々の未来的な構想を披露した。しかし、なかでも衝撃的な作品は、シカゴ万博のためにデザインされた、未来世界から抜け出したような空中レストランだ。

　万博の主催者たちがベル・ゲッデスを好んだ理由の一つは、彼の華やかで目を引く作風だった。彼は展示品とは来場者を楽しませ、わくわくさせるべきものだと考えていたが、同時に展示品を陳列する建物もそうあるべきだという信念を持っていた。彼は、エンターテインメント性が高い建築物を設計したいと思っていた。「まちがいなく、建築には新たな活気が生まれようとしている(中略)タブロイド紙やトーキー映画や演芸ショーのような、生き生きとした空気を生むことができるはずだ」

　ベル・ゲッデスは、星型の劇場や、アール・デコの視覚表現に基づいた流線型の劇場、さらにあらゆる種類の高級レストランのデザインも手がけた。これらのデザインはもちろん躍動感があって人を惹きつける力を持っていたが、彼は形状や外見だけではなく、建物の機能性にも心を砕いていた。大勢の人々がほぼ同時に食事をすることを配慮して、ダイニングルームはできる限り広くとられ

ていた。特に選択肢が少ない万博会場のレストランは細心の注意を払って設計された。スタッフが使いやすいということも彼が建物に求めた条件だった。キッチンの設計はよく考え抜かれ、料理を運ぶためのスペースと設備も十分に用意されている。さらに、レストランは楽しく食事ができるような場所にしたいと考え、その点を踏まえて設計を考えた。斬新で独特なデザインで客を魅了し、レストランの中に誘い込む。

　ベル・ゲッデスが万博のためにデザインしたレストランはほかにもあり、ミシガン湖のラグーンの一つに浮かぶ島に建設するアイランド・ダンス・レストランや、巨大な水槽を壁に埋め込んだ水族館（アクアリウム）

半円形の
ダイニングルーム

空中レストランの模型。建物の構造がよくわかる。3カ所に設けられたダイニングが半円形になっているのは、下層階が一日中日陰にならず、日が当たる時間もできるように配慮したからだ。

空中レストラン　177

未来都市フューチュラマ

未来都市の模型。ベル・ゲッデスは1939年のニューヨーク万国博覧会に20年後を舞台にした都市フューチュラマを出品した。作品のポイントは、多くの自動車が高速スピードで移動できる高速道路だ。

レストランなど、どれも目を見張るものばかりだった。しかし、あらゆる意味で最も目を引いたのは空中レストランだ。タワーの上に半円形のフロアを重ねた構造で、眼下には万博会場を望む。最新技術を導入したこのレストランの最も驚くべき特徴は、建物全体がゆっくりと回転することだ。客は徐々に変化する景色を眺めながら食事を楽しむことができる。

レストランには3つのフロアがあり、すべてタワーの上部に設置されているため宙に浮かんでいるように感じる。建物全体の高さは25階建てのビルと同じくらいだ。1階（といってもタワーの半分より高いところにある）は、600人を収容できるレストランとダンスフロアになっている。その上の2階は手頃な価格で軽食をとれる400席前後のカフェテリア、最上階の3階は席数が200ほどのやや小規模な高級レストランになっている。キッチンは地階にあり、ベル・ゲッデスは9基の業務用エレベーターを使って、食事をレストランがあるフロアまで運ぶことを考えていた。それとは別に客用のエレベーターが3基ある。

空中レストランは万博で求められる条件をしっかりと満たしていた。地上の敷地面積はごくわずかしか必要ないが、レストランには十分な広さがあり、展望台としても利用できるメリットがある。それだけでも十分にすばらしいが、空中レストランの最大の魅力は回転することだった。多数の案の中から万博委員会が採用を決定する際に、回転するという点は大きなポイントになった。

委員会は外観さえも好ましくとらえた。このようなハイテクの建物を魅力的にするには、どのような装飾を施せばよいか？そんな

ものは必要ないというのがその答えだ。技術工学をさらけ出したような姿は、そのままで十分にすばらしい。人々は工学から生まれた作品が魅力的なことを知っていた。1851年のロンドン万博の水晶宮(クリスタル・パレス)しかり、1889年のパリ万博で建設されたエッフェル塔しかり、これらを目当てに万博には人が集まり、後世までの語り草になった。空中レストランも万博の呼び物になることは間違いなかった。人々は一目見ようと遠くからでも足を運ぶことだろう。

予算縮小と偏見と

では、なぜ空中レストランは建設されなかったのか？ ベル・ゲッデスが万博のために出した数多くのアイデアのうち、一番目立ちそうな案が却下されるという異例の判断が下されたのだ。理由の一つには、万博の準備開始とほぼ同時期の1929年、ウォール街で株価が大暴落し、突然万博の予算が縮小されたことが挙げられる。ベル・ゲッデスに対する偏見も一因かもしれない。彼はプロの建築家として訓練を受けていないという理由から、ときに建築関係者から不信感を持たれることがあった。彼は工業デザインや教師の仕事で生計を立て、さまざまなデザイン分野で仕事をしていたが、建築士の資格は持っていなかった。この点が万博委員会の一部の委員に問題視されたことはほぼ間違いないだろう。だが、資格を持った建築士がベル・ゲッデスの案をもとに設計図を描いて、計画を実現させることもできたはずだ。委員の中にはレイモンド・フッドなどの高名な建築家が何人かいたし、計画立案の初期段階ではフランク・ロイド・ライトも加わっていた。彼らはベル・ゲッデスの案を推したが、支持は広がらなかった。

空中レストランの案の却下は、ベル・ゲッデスにとって一時のつまずきにしかすぎなかった。彼は車からカクテル・シェーカーまであらゆるものをデザインし、流線型を有名にした『ホライゾンズ』(1932年)や、州間高速道路網(インターステート・ハイウェイ・システム)を勧める『マジック・モーターウェイズ』(1940年)などの本で作品を発表した。1939年のニューヨーク万国博覧会には、交通の流れを改良した未来都市の模型フューチュラマを出品し、人気を呼んだ。

空中レストランは、現在はモーリス・ゴールドバーグが制作した模型で主に知られている。この模型の写真は、ベル・ゲッデスのデザイン完成後まもなく公開された。空中レストランのデザインは未来建築に長く影響を与え、1960年代には回転レストランがロンドンのBTタワー（レストランのおかげで有名になった）や、ホノルルのアラモアナセンターに登場した。建物とは本来静止しているものだが、それが動くというアイデアは今も息づいている。

カトリック大聖堂

リヴァプールの大洞窟のようなドーム教会

Catholic Cathedral

イギリス、リヴァプール　エドウィン・ラッチェンス　1930〜1933年

　1848年、アイルランドで飢饉が発生し、多数のカトリック教徒がアイルランドからリヴァプールに渡ってきた。その結果、リヴァプールで大勢のカトリック教徒が暮らすようになったため、1853年、カトリック教会は当地に大聖堂が必要であるという結論に達し、エヴァートンのカトリック学校であるセント・エドワーズ大学の敷地に建てる大聖堂の設計をエドワード・ウェルビー・ピュージンに依頼した。多数のカトリック教会を手がけてきた建築家のプジンは、有名なA・W・N・ピュージン（イギリスの国会議事堂の設計に携わった建築家の1人）の息子で、父親と同じく教会にはゴシック様式が最適だと信じていた。多くの人々にとって、尖頭アーチのゴシック様式の建物は、イギリスがカトリック国だった中世の「本物」の信仰を思い起こさせる。リヴァプールのために、ピュージンは高い尖塔がついた立派なゴシック大聖堂を設計した。しかし、大聖堂の建設工事は開始されたものの、聖母礼拝堂だけが完成したところで、教会は工事費と人手を貧困層の支援に回すことに決め、建設計画は中断された。

ビザンティン様式のカトリック教会

ラッチェンスのデザインは壮大な印象を与える。中世の大聖堂や、プジンが19世紀にリヴァプールのために設計した優雅なゴシック様式の大聖堂とはまったく違っている。

大聖堂の建設計画が再び持ち上がったのは、1922年のこと。きっかけは、前年に死去したトーマス・ホワイトサイド大司教の記念碑の建立をめぐる動きだった。当初は街の中心部に建設する予定だったため、教会は以前に救貧院があった中心部に近いブラウンロウ・ヒルの土地を買い取った。しかし、大司教フレデリック・ウィリアム・キーティングと彼の後継者であるリチャード・ダウニーが資金を集めている間にまた時が過ぎた。計画の実現を求める声は高まり、1929年には最高潮に達した。1929年は、宗教改革以来ずっとイギリスのカトリック信者を縛ってきた数々の制約が撤廃された、カトリック教徒解放令が出されてから100周年という記念すべき年だった。この頃には十分な支援が集まり、エドウィン・ラッチェンスが担当建築家に選ばれた。

世界第2位を誇る規模の教会

　ラッチェンスは、ホワイトホールの慰霊碑とニューデリーの総督邸を代表作とし、ピュージンとはまったく違うタイプの建築家だった。ゴシック様式や宗教という枠にとらわれることなく、独自のビジョンを持ち込んで、さまざまな様式で設計を手がけていた。多くの人々は、彼のことを当代きっての多才で偉大な建築家だと考えていた。リヴァプールの新しい大聖堂の設計にあたってラッチェンスが選んだのは、中央ドームと半円筒天井を採用したビザンティン様式だった。東ローマ帝国を発祥とするビザンティン様式は、正教会との関わりが強い。しかし、19世紀後半にウェストミンスターでイギリス初の大聖堂がこの様式で建てられて以降は、カトリック信者の間でもビザンティン様式は人気があった。

　当時リヴァプールでは、巨大な塔のあるゴシック様式の英国国教会の大聖堂が建設中だった。ラッチェンスは、それとの違いを明確に打ち出そうとしていた。使う建材も、英国国教会は桃色がかったレンガで、こちらは銀灰色のアイルランド産大理石と対照的にした。しかし、ラッチェンスのデザインの最大の特徴は、その大きさだった。ドームの直径は168フィート（51メートル）で、頂上の頂塔（ランタン）を含めた高さは520フィート（158メートル）、内部の高さは300フィート（91メートル）にもなる。ドームはローマのサン・ピエトロ大聖堂よりも大きく、全体としては世界第2位を誇る規模の教会となる。ラッチェンスはデザインの違いだけでなく、存在感でも英国国教会を圧倒するつもりでいた。

　予算の上昇を気にしたラッチェンスは、木と石膏で大聖堂の巨大模型を製作することを提案した。そうすれば、この一大プロジェクトに新たな関心が集まり、さらに資金が集まるに違いないと踏

草案中の小さいドーム

ラッチェンスによるラフスケッチ。ここでは対になった塔があり、ドームの形はまだ小さい。ラッチェンスが、ビザンティン様式の基本デザインに巨大ドームをどうやって加えるかを模索していたことがわかる。

んだのだろう。ジョン・ソープによって製作された48分の1模型は、高さ13フィート(4メートル)、幅17フィート(5.3メートル)で、道行く人が足を止めるほど見事な出来栄えだった。模型のおかげで大聖堂の計画は広く知られるようになった。1932年には王立アカデミーの夏の展示会で公開され、さらに世間の注目を集めた。人々の反応は好意的で、作家のクリストファー・ハッセーは著書『田園生活』でこの作品を絶賛している。「大聖堂が建設されたあかつきには、世界の驚異の一つに数えられるに違いない。この天才的な建築家以外には思いつくことができないデザインだ」

資金調達の道具として、模型は実に効果的だった。模型はかなり大きく、人間が実際に中に入ることもできた。内側には鋳物の彫像などが作りつけられ、堂々とした荘厳な印象を与えた。

中断、そしてたび重なる設計変更

大聖堂の建設工事は1933年6月に始まった。土台作りだけでも大仕事で、1941年までに完成したのは地下の納骨堂だけだった。しかし、資金不足のうえに戦争が始まり、工事は中断された。第二次世界大戦が終結した頃には、当初300万ポンドの予算は3000万ポンド近くまではね上がり、1944年にはラッチェンスが死去した。問題はそれだけではなかった。1945年の時点では、空襲で破壊された住宅や主要施設の再建が最優先された。主要な港を持つリヴァプールは、集中的な爆撃により大被害を受けていた

ラッチェンスの
大聖堂の内部

ラッチェンスが描いた内部の様子。分厚い壁が半円アーチの形にくり抜かれ、絵の右側部分はドームのすぐ下の広い空間につながっているように見える。

のだ。英国国教会の大聖堂さえも翼廊の一つが爆弾で破壊された。建築業者たちはカトリック大聖堂どころではなかった。

　1953年、大聖堂建設の責任者だったダウニー大主教が死去し、後任の新大主教が改めて計画を見直した。計画の壮大な規模と費用の大幅な高騰を知った彼らは、計画を再検討した。規模を縮小すればよいという意見が出たため、新しい設計を、英国国教会の大聖堂を設計した建築家ジャイルズ・ギルバート・スコットの息子のエイドリアン・ギルバート・スコットに依頼した。彼は、すでに完成している土台の上に、巨大ドームを備えながらも全体としてはもっと小さい建物を建てることを提案した。しかし、修正されたデザインは広い支持を集められず、採用されなかった。

　1960年代初めにまた新たな展開があった。今度は近代主義(モダニズム)の建築家フレデリック・ギバードが、ラッチェンスの地下納骨堂の上に建てる大聖堂のデザインを考えた。計画はとんとん拍子に進み、1967年に献堂式が行われた。こうしてついにリヴァプールにカトリック大聖堂が誕生した。ギバードが設計した大聖堂は、じょうごに似た形の独特な円形のデザインで、ラッチェンスの計画よりはかなり小さかったが、その独特なフォルムは一度見たら忘れられず、今も多くの人々の心を揺さぶる。だが、カトリックの消えることのないともしびとして、同じリヴァプールのホープ通りに面した英国国教会の大聖堂と肩を並べたであろう、ラッチェンスの巨大な歴史的建造物の代わりには決してなれない。

米国、シカゴ　フランク・ロイド・ライト　1959年

ザ・イリノイ
The Illinois

フランク・ロイド・ライトによる高さ1.6キロの超高層ビル

　世界一高いビルの建設競争が大きな話題を呼んだ1920年代以降、さらに高い高層ビルを建てたい建築家はますます増えていった。野心的な建築家にとって、大都市に超高層ビルを建てることは、名声を得る何よりのチャンスだった。すでに十分な名声と実績のある建築家にとっても、そのようなプロジェクトは魅力的だった。1959年のフランク・ロイド・ライトは最も経験豊かな建築家の1人だった。すでに90歳代に入り、結局はこの年に生涯を閉じることになったが、名前は世界中にとどろいていた。高齢にもかかわらず、彼の仕事ぶりは衰えなかった。この年に彼は、誰も想像できない世界最高の高さの大胆な高層ビルを提案した。

528階建て、収容人数は10万人以上

　ライトはおそらく米国人建築家の中で最も有名な人物だ。長く建築界で活躍し、あらゆる種類の建物を設計した。日本でも帝国ホテルなどの設計を手がけている。彼の作品で特に有名なのは住宅だ。その住宅は高さが低く、敷地に無造作に配置したように思われるが、よく見ると実に巧みに設計されていることがわかる。建物の配置は敷地と空間を最大限に活用しており、ベランダやテラスやつる棚などを使って、自然と建物を一体化させている。

　米国人の理想的な暮らしには、かなり広い庭に囲まれた住宅が必要だとライトは考えていたようだ。彼が大切にあたためていたプロジェクトの一つに、1932年出版の著書で紹介した、ブロードエーカー・シティと名づけた都市がある。これは大規模な都市計画で、家1軒の敷地が最大で1エーカー（4047平方メートル）もある。移動手段は主に車で、アパートなどの共同住宅はほとんど見当たらない。都市と名づけているが、実情は郊外に近いといえるだろう。1920年代から1930年代の初めにかけて、ライトはこのような都市が米国人の生活の最終形になると考えていた。

　ライトはブロードエーカー・シティの構想に対して真剣だった。都市の巨大模型まで作ってみせた。だが、1959年には、すべての人が1エーカーもの郊外の土地に暮らすことはできないという現実もわかっていた。そして、次に彼が熱い視線を向けたのは都市社会だった。それまでにライトは数多くのビルを設計し、高層ビルにも関心があった。何があってもひるまず、堂々と意思を表現するライトは、誰も考えないほど高い超高層ビルをデザインするこ

実寸が6.7メートルの透視図

フランク・ロイド・ライトによる彩色された透視図。高さ1マイル（1.6キロメートル）の高層ビルが、斜めの線で表現された雲を突き抜けている。これほどの規模になると、いかに大きい透視図でも、巨大高層ビルの足元を細部まで描き込む余地はほとんどない（拡大図）。

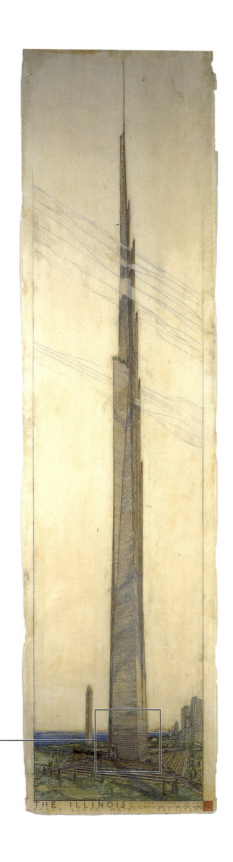

ザ・イリノイ

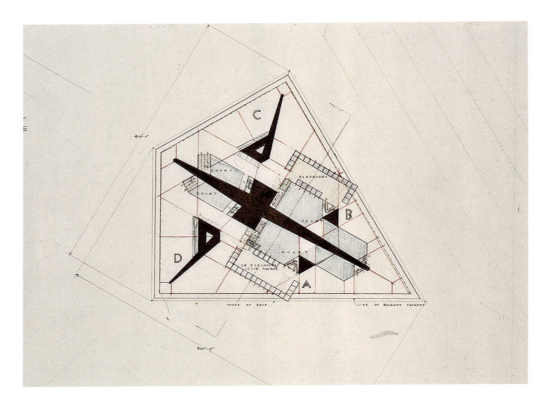

とにした。既存の、あるいは建設予定のどんなビルよりも高く、エンパイアステートビルの4倍の高さ。ライトが目指したのは高さ1マイル(1.6キロメートル)の超高層ビルだった。

　高層ビルは米国の建築界が生み出した偉大なる発明だ。高層ビルの発祥の地はシカゴであり、ニューヨークには、輝かしいアール・デコ様式のクライスラービルや、1931年に高さ世界一となったエンパイアステートビルなどもある。ライトは、自分が考案した高さ1マイルの超高層ビルを、高層ビルの「本場」であり、なおかつ自分が建築家としてスタートして、自分が設計した有名なビルがいくつも立つシカゴに建設することを提案した。

　シカゴには建築の傑作がいくつもあったが、ライトが「ザ・イリノイ」と名づけた超高層ビルほどの建物は今までになかった。ザ・イリノイの全貌は驚くべきものだった。528階建てで床面積は1846万平方フィート(171万平方メートル)、76基のエレベーターが設置され、駐車スペースは1万5000台分も用意されていた。ビルのオフィスや住居を利用する人数は10万人にのぼるという予想もあった。ビルの形も前代未聞だ。縁はギザギザで上に行くほど細くなり、多面体の尖塔のようにも見える。外観には、太陽の光できらめくガラスと黄金色の金属がふんだんに使われ、圧倒されるほどの見事さだ。ライトは建物が雲を突き抜け、シカゴの街がちっぽけ

風の影響を減らす

ビルの形は上に行くにつれて変化する。凧のような形をしたフロアの見取り図からは、ライトが建物を流線型にして、風の抵抗を軽減しようとしていたことがわかる。

に見えるような印象的なスケッチを残している。このイラスト自体も高さが22フィート（6.7メートル）あり、見るものの多くに言葉を失わせる。

　ザ・イリノイの構造は三角形が基本になっており、建物を安定させるために三脚のような鉄骨構造が取り入れられた。この形は、強風が吹くとビルが揺れるという、すべての高層ビルが抱える大きな問題も解決する。ライトは、三脚構造には風の抵抗を最小限に抑える効果があり、高層建築の上階にいる人間が揺れたときに感じる吐き気に悩まされずにすむと主張した。

　印象的な外観のライトの超高層ビルは、このビルならではの大きな問題を抱えていた。これほど高い建物でまともに動くエレベーターを20世紀半ばの技術で実現できるのだろうか？　それは可能だとライトは主張し、一部のエレベーターに原子力を利用することを提案した。原子力エレベーターはそれ自体で5階分の高さがあり、1回に5階分のフロアに1200人を運べる。近い未来に原子力ボートや原子力自動車の出現が予想されていた1959年には、ライトの提案も荒唐無稽な話とは思われなかったのだろう。

　ビルに来る膨大な数の人々の交通手段はどうするのだろう？　さらに、食べ物やさまざまな必需品をどうやって届けるのか？　多くは道路で運ばれ、そのために広大な駐車スペースが設計に組み込まれたわけだが、ライトはヘリコプター用の着陸施設と150機のヘリコプターが待機できる駐機場の構想も持っていた。

　それほど多数の自動車が一カ所に集まるなら、新しい道路もたくさん必要になるのでは？　そのとおり、シカゴの中心街を完全に更地にして、このビルのために整備し直すというのがライトの答えだ。それは必ずしも悪いことではないと支持者たちは主張した。住居やオフィスを上へ上へと積み上げていけば、地面には自由に使えるスペースができ、空いたスペースを駐車場や庭園に利用することもできる。だが、高さ1マイルのビルに必要な道路を整備するには、周辺の広い範囲を舗装しなければならないだろう。

　ドバイのブルジュ・ハリファのような超高層ビル（先端までの高さが830メートル）が完成し、さらに高いビルが建設中の現在に至っても、ライトの1マイルの超高層ビルという野望にはまだ遠い。しかし、最近の超高層ビルのいくつかは外見がザ・イリノイに近づいている。ロンドンの有名な高層ビル「ザ・シャード」は高さこそ1017フィート（310メートル）しかないが、先が細くなった形状はライトのデザインを思わせる。ブルジュ・ハリファの形も先端が細い三角形だ。まるで1959年にライトが思い描いた未来がようやく形を取り始めたかのようである。

ニューノーシア

New Norcia

技術者が作った三角形の修道院と巡礼センター

オーストラリア、パース ピエール・ルイージ・ネルヴィ 1957年

　20世紀は初めから終わりまで、建築物の構造がどんどん複雑かつ大胆になっていった時代だった。新たなフォルムと構造を追求するには、建築家と技術者が密接に協力することが非常に重要になる。技術者は、材料が持つ性能を把握し、あらゆる構造の耐久性を計算で確かめ、革新的な建築物の建設を可能にする能力を持っている。しかし、技術者の仕事が表に出ることはない。多くの人は、建築家なら1人か2人の名前を挙げることができるだろうが、土木技師の名前を1人でも知っている人はほとんどいないだろう。それでも、技術者が有名になるケースは皆無ではない。建物内部の構造だけでなく、外観についても技術者が重要な役割を果たすことがあるからだ。イタリア生まれのピエール・ルイージ・ネルヴィもそんな技術者の1人だった。

建築家に負けないデザイン力を持つ

　ネルヴィの名前が広く知られたのは、第一次世界大戦が終わり、第二次世界大戦を迎えようとする時代だった。1950年代に入ってからの彼は、パリのユネスコ本部や優雅なミラノのピレリビルなど、有名な建築物に関わる機会を得た。彼はコンクリートシェル構造のための特別な技術を開発し、ヨーロッパのほか、米国や南米など世界的に活躍するようになった。1957年、ネルヴィのもとにオーストラリアでの仕事が舞い込んできた。パースのニューノーシアに修道院を建てるというプロジェクトだった。

　パース北東部に位置するニューノーシアが、ベネディクト会の町として開拓されたのは1847年のことだ。ニューノーシアという名前は、ベネディクト会の創始者である聖ベネディクトゥスの生まれ故郷ヌルシア（現在のイタリア・ウンブリア州ペルージャ県ノルチャ、ノーシアはヌルシア、ノルチャの英語読み）からつけられた。第一次世界大戦の終結後に、新しい大聖堂を建設しようという案が出ていたが、第二次世界大戦の勃発によって計画は保留になっていた。

　終戦後の1951年、ニューノーシアの修道院が、世界中をめぐるカトリック巡礼の滞在地の一つに選ばれた。その巡礼は、カトリックの司祭がポルトガルに出現したとされるファティマの聖母像を携え、ヨーロッパの多数の国とインドとオーストラリアを回ることで、世界平和を願う祈りを導くためのものだった。巡礼団の滞在地には大勢の群衆が詰めかけるが、当時のニューノーシアの教会に

アーチ状の高い屋根

大聖堂の模型。この模型を見ると、教会の2階から上の大部分が、放物線状の屋根とその下にある大きな窓に占められている様子がわかる。

多くの人を収容できる場所はなかった。巡礼を控えた年に、新修道院長としてグレゴリー・ゴメスが任命されたが、就任式とミサは外で行わざるをえなかった。ゴメス修道院長はもっと大きな新しい教会が必要だと判断した。

建築家の選定にあたって修道院長は、カトリック教会の教会美術協会に協力を求め、協会は建築家カルロ・ヴァノーニと技術者のピエール・ルイージ・ネルヴィのコンビを推薦した。美術協会は、ネルヴィが過去に、ミネソタ州のベネディクト修道院の礼拝堂や、フランスのルルドの巡礼センターなどを手がけたことを知っていたようだ。ルルド巡礼センターの地下には、広大な空間にコンクリート製の浅いアーチが連なる集会堂(バシリカ)がある。美術協会は特にこれに感銘を受けたに違いない。この建物を手がけた実績からネルヴィが適任だと判断されたのだろう。

ネルヴィとヴァノーニが考えたデザインは、ルルドよりさらに強い印象を残すものだった。大聖堂はめずらしい3面の建物で、中央に主祭壇が設けられている。3面ともそれぞれ高い放物線アーチが大部分を占め、アーチには巨大なステンドグラスの窓がはめ込まれている。3つのアーチは上部で一体となって、高さ約100フィート(30メートル)のドーム屋根を形成している。

ニューノーシア 189

3つのアーチの土台は正三角形になっている。ドーム屋根の下と周辺の低い空間に820人分の席と、立ち見で1000人程度が入れる余裕がある。アーチを支える構造は鉄筋コンクリートだ。厳密な比率と細部はネルヴィが作ったもので、彼は計算によりこの優雅な形を決定した。大聖堂と同時に、彼らは100人以上の修道僧のための個室と付室、それにゲストが滞在できる部屋を備えた3階建ての修道院を設計した。

　大聖堂とは思えない三角形のフォルムには、いくつかの理由がある。三角形がキリスト教の三位一体の象徴であるのは明らかだ。また、聖ベネディクトゥスが隠修生活を送ったスビアコの洞窟の入口が三角形になっていることもネルヴィは意識したのかもしれない。教会の放物線アーチとそれに合わせたシェル構造の屋根は、ネルヴィが特に愛用したモチーフだ。彼は似たような形を航空機の格納庫にも取り入れたことがある。放物線はネルヴィが手がけた米国ミズーリ州セントルイスのセントルイス修道院でも見られ、のちにサンフランシスコでデザインしたセント・メアリー大聖堂にも使われている。

　ネルヴィは、建築家のヴァノーニにも劣らないほど、大聖堂と修道院の印象的な外観に関わっている。ネルヴィが、最も重要な建物の構造計算と同じくらい、外観も重視するように技術者仲間に勧めていたことは有名な話だ。ニューノーシアの設計でも、ネルヴィは計画の重要な要素である大聖堂の技術面と建築設計の両方を担当し、ヴァノーニは修道院のデザインを担当した。大聖堂の放物線のシェル構造はネルヴィの得意とするところだった。彼は1960年のローマ・オリンピックで使用された有名な小型スタジアムであるパラツェット・デロ・スポルトなど、シェル構造の建物を手がけながら必要な知識を身につけてきた。しかし、ネルヴィが活動拠点としていたイタリアからオーストラリアは遠く、今回の計画にはオーストラリア人の技術者ジョージ・ホンドロスも大きく関わった。ホンドロスは、ネルヴィの斬新な建物の建設はオーストラリア西部の建設業者でもできると請け負ったが、ネルヴィは、コンクリートの放物線アーチはヨーロッパで作ったものをオーストラリアまで運ぶことを検討していた。

　この件について結論を出す必要はなかった。計画はすでに始まっていたが、必要な資金が調達できそうな金額をはるかに上回っていることがまもなく明らかになったからだ。1960年代の初めに建設計画は中止された。あとに残されたのは設計図と模型だけだった。ほかに、計画が中止される前にイタリアで製作された、巨大なステンドグラスの窓も現存するといわれている。ネルヴィはオ

ーストラリアで別の仕事を受け、シドニーのオーストラリア・スクエアと呼ばれる有名な円筒形の高層ビルなどの作品を手がけた。新しいものを次々に生み出す技術者として評判が高かった彼の力は、完成した建物にも、実現することのなかったニューノーシアの設計にも確かに現れている。

アーチにはめ込まれる
ステンドグラス

玉座のキリストをデザインしたステンドグラス。放物線アーチの高さを最大限に生かしている。

CHAPTER 6
そして未来へ
MOVING ON

The crushing pressures faced by through the second half of the twentieth century…

世界中の都市が直面した人口爆発の危機は、
20世紀後半になっても続いていた。

　危機は21世紀に入っても終わらなかったが、それまでと違っていたのは変化のめまぐるしさだ。人口増加に対応するために、都会の建物はますます大型化した。そうして、住宅、オフィス、レジャー施設など各種設備を詰め込んだ、街全体がすっぽり入りそうなほどの超巨大なビルが誕生した。これらのビルは都会の問題を一気に解決できそうに思われた。生活の場を確保し、自宅と職場を近接させることで移動時間と交通費を節約し、交通網を合理化し、道路や鉄道の騒音と汚染から人々を遠ざけることができる。ある意味では、巨大ビルは一つの建物の中に理想都市を実現させるようなものだった。

　しかし、そのような大規模プロジェクトは費用がかかるし、規模の大きさゆえの問題もある。あまりにも変化がめまぐるしいために、完成した頃にはもはや時代に合わなくなっているという事態も発生した。そんなわけで、建築というものを改めて見つめ直し、適応性を持たせようとする動きが生まれた。木のような姿で、プレハブのモジュールを枝の先に足していく磯崎新（あらた）の空中都市は、建築に柔軟性を取り入れた一例

the world's cities have continued

だ。柔軟性を追求した究極の都市設計といえば、イギリスの建築家集団アーキグラムが生み出したプラグイン・シティやウォーキング・シティだろう。彼らの都市計画は20世紀の技術の粋を集めても実現は遠かったが、適応性という点を非常に重視していた。

磯崎やアーキグラムに代表されるように、近代主義の白く四角い箱のような建物を離れて、新たな原点を自然界に求める流れが建築界に現れつつあった。一方で、20世紀後半の建築界には、ハイテクからポストモダンまで新たなスタイルやアプローチが次々と登場し、レム・コールハースと建築事務所OMA（オフィス・フォー・メトロポリタン・アーキテクチャー）による、さまざまな角度のビルを組み合わせたバンコク・ハイパービルディングや、ザハ・ハディドによる曲線の建築物が生まれた。

どんな規模であっても、建物を建てようとすれば必ず資源が消費される。近年の傾向として、環境への配慮を求める声が建築にも影響を与えるようになった。断熱材の使用や「建材マイレージ」の削減のように、見えないところで環境への配慮がなされている場合もあれば、3重ガラスやバイオトイレなどのあらゆる設備を備えた小型のオフグリッド住宅（電力を自給できる住宅）のように、わかりやすく環境意識が表現されている建物もある。果たしてエコと巨大建築物は両立するのだろうか。建築家はそのような可能性をも追求し、農場と高層ビルを融合させたヴィンセント・カレボーのアジアの石塚のような大胆な設計も生まれた。目の前の常識に疑問をいだき、理想を形にし、未来の実現に力をつくす。建築家たちが歩む道は、ルネサンス時代の建築家たちが理想都市を夢見ていた500年前も今も変わらない。

東京計画1960

東京湾に「軸」を伸ばして1000万人都市を広げる

Tokyo Bay Plan

　第二次世界大戦終結後の日本は、ほかの参戦国に負けず劣らず、深刻な再建と復興の問題に直面していた。戦争では多数の人命が失われた。広島と長崎の街は原爆によって壊滅し、戦争は日本に深い傷跡を残していた。しかし、1950年代から1960年代には、日本の底力によって復興が進み、1970年を迎える前に日本経済は世界第2位にまで成長した。

▌枝分かれして広がる都市

　このように急速に発展したせいで、建築家や都市設計の担当者には難しい問題が突きつけられた。急速な経済成長は、急激な都市の成長を引き起こすが、都市が無計画に拡大していくと問題が生じてくる。同様の状況が世界各地で発生し、スプロール現象(幹線道路に沿った広い範囲で、無計画な開発が無秩序に進められる現象)を招いていた。国土のかなりの部分を山林が占める日本では、都市の拡大はさらに大きな問題になる。東京のような大都市圏では土地が不足するおそれもあった。東京都の人口は急速に増え、1960年には1000万人を目前にしていた。かつてこれほど多い人口を経験した都市はなく、建築や都市設計にも新たなアプローチが必要だと考えられていた。そんな中で、戦後の日本を代表する建築家、丹下健三には一つの策があった。彼は1960年に「東京計画1960」を発表し、東京湾の海上に都市を広げるという構想を披露した。

　丹下の構想は、戦後に建物の再建を進める中で誕生した「メタボリズム」と呼ばれる、日本の建築運動に端を発している。メタボリズムの建築家たちは、地球上の生物が新陳代謝を繰り返して成長するように、デザインや技術も「原子から大星雲にいたるまで」有機的に成長していくべきだと訴え、巨大建築のデザインに生物のように成長できる要素を取り入れた。例えば、彼らが設計したビルや都市は、計画通りに利用することも、後から本体に要素をつけ足し、状況の変化に応じて拡張することもできるように考えられていた。

　そんな初期のメタボリズム建築の一つが、菊竹清訓による「海上都市」(1958年)だ。これは、住宅やオフィスなどを建設した円形の土台を、海の上に浮かべようという構想だった。そうすれば、メタボリズムの建築家たちが「人工土地」と呼ぶ面が新たに確保さ

メタボリズム都市

東京計画1960の全体像。上空から見るとその全貌がはっきりとわかる。都市軸が東京湾の対岸を結んで直線上に伸びている。都市軸が柱となって、そこから建物のある区画がいくつも枝分かれしている。

れ、地上の土地の奪い合いをせずにすむ。さらに、人工土地は円形の土台を追加して広げることができるし、元からあった足場の上に建物を拡張することもできる。

丹下は、人工土地というアイデアを東京湾に当てはめた。彼の構想は、東京湾全体を横断する主軸を作り、構造物を並べるというやり方だった。この計画は、菊竹の構想のように円形の土台を浮かべるのではなく、直線的な主軸を設け、そこから人工土地を直角に枝分かれさせる。丹下は計画の屋台骨となる直線の主軸を「都市軸」と呼んだ。東京の中心部から東京湾を横切って11マイル（18キロメートル）ほど先まで伸びる都市軸は、道路や鉄道などの交通インフラも併設するように設計されていた。車や電車は、幹線を通過する間は高速で移動し、その先は枝分かれした細い道をたどって目的地を目指すことになる。

まったく新しい都市計画

都市軸のおかげで、丹下はまったく新しい都市構造を実現させた。従来の西洋の都市は、広場などを中心として外側に向かって放射状に道路が広がる構造が一般的だった。都市が成長するにつれて郊外にどんどん建物が広がり、都市の中心と郊外の間で人の移動が増える。しかし、小さい街ならこのような方法もうまくいくが、多数の通勤者を抱える大都市では交通渋滞が発生し、交通機関の負担増につながる。都市軸を設けたことで、丹下の東京湾開発計画は交通事情を改善し、必要に応じてさらに構造を枝分かれさせることで、生き物のように成長させていくことができるわけだ。

都市軸にはモノレールと道路を並走させ、全部で100万台弱の駐車場を併設することが想定されていた。駐車場とモノレール駅からは歩道が伸び、広場のように人々が集まるエリアまでつながっている。都市軸にはショッピングセンターや大規模なオフィスビル、行政ビルなども設けられる。丹下は断面図を使って、複数の階層にどのようにこれらの建物を配置し、十分な人工土地を作り出すかを説明した。

都市軸からは直角に高速道路が枝分かれし、居住区域につながっている。これらの居住区域は、埋め立て地や海底に杭を打って作った土地で、住宅と駐車場のほかにも学校、店、幼稚園などがある。小規模な居住区域ごとにモノレール駅があり、施設をそろえた建物が正方形の人工島の上にまとめられている。立ち並ぶ建物は、寺社や日本の伝統建築の屋根のようにやや反り返った形で、印象的だ。住宅はこれらの建物の外側に面して並び、自然

光と東京湾の景色が楽しめるようになっている。公共施設は建物の内側に収容され、駐車場はその下に隠されている。

東京計画の構想はかなり細かい部分まで詰められており、丹下は予想される建設費まで提示していた。つまり、この計画は非常に画期的かつ壮大な規模であるにもかかわらず、実際の建設を想定した真面目な提案だったわけだ。東京湾を活用することで、東京という都市の混乱を最小限に抑え、地の利を生かすことができる。しかし、実現には莫大な予算がかかり、中央の力も必要だった。メタボリズムの建築家たちが出した壮大な計画は、都市開発の大部分が民間企業に委ねられる風潮の中では実現不可能だった。一時は実現に向けて進みそうに思われたが、丹下が苦心の末にまとめ上げて発表した構想は水の泡と消えた。

都市軸と居住区域

丹下が制作した模型。中心を走る都市軸の複雑な交通網と、大規模な高層ビルの様子が非常に明快にわかる。枝分かれした区画には、寺社の屋根のような形の建物(右上)も見える。

丹下らが作成した東京計画1960は実を結ばなかったが、この計画は建築の専門家たちに今でもよく知られている。日本の大建築家が手がけた重要なプロジェクトだったというだけでなく、有機的な成長という視点を持つ斬新な「軸」を取り入れたアプローチと、海上建築というアイデアを組み合わせた、まったく新しい都市計画として重要な位置を占めるからだ。あらゆる点で彼の都市計画は建築家たちの研究対象にふさわしい。日本の都市計画者たちは、その後も東京の都市構造にかかる負担を認識し、海上都市というアイデアに一度ならず立ち返った。1986年には丹下自身が日本の首都が抱える問題に再び挑み、さらに黒川紀章が「東京計画2025」を打ち出した。丹下も黒川も埋め立て地の活用と浮遊式の建築物の利用を考えていた。丹下の東京計画1960の影響力は今なお続いている。

米国 ニューヨーク フレデリック・キースラー 1960年

エンドレスハウス
夫婦と子供たちのための「終わりのない家」

Endless House

　1960年、ニューヨーク近代美術館（MoMA）に、正体不明の非常に奇抜な建物の模型が登場した。「エンドレスハウス」と名づけられたこの作品は、直線を使わず、床と壁、壁と天井の境目もない。内部のスペースはなめらかにつながって、丸みを帯びた有機的な空間になっている。これまで米国人が慣れ親しんできた四角い建物とはまったく違う姿で、美術館の来場者のほとんどが見たことがないデザインの家だった。エンドレスハウスのデザインを手がけたのは、建築家のフレデリック・キースラーだった。出身は現在のウクライナにあたる地域だが、その後米国に渡り、40年近く米国で生活していた。

「もう壁はいらない！」

　住宅デザインのこのような「新しい」形は、キースラーが長年かけて作り上げてきたものだ。彼は米国に移住する前からそのようなデザインに取り組んでいた。新たな空間の扱い方を模索する様子は1925年の作品にも見られる。この年にパリで現代装飾美術・産業美術国際博覧会が開かれ、オランダのデ・ステイルからフランスのアール・デコまで、当時のさまざまな装飾様式が展示された。キースラーはその博覧会のために三次元の構造物を制作した。木と画布で作られたその構造物には、空間都市（ラウムスタット）という名前がつけられていた。およそ66×33×26フィート（20×10×8メートル）という巨大さで、四角形と直線を基調とし、むき出しの木の骨組みが白く塗装され、骨組みの一部には赤や青や黄色のパネルが張られていた。

　平面と線を集めた結果、モンドリアンの抽象画を三次元にしたような効果が得られた。さらにギャラリーの天井から吊り下げられたため、宙に浮かんでいるように見えた。表向きには、展示作品を支えるために吊り下げたのだが、キースラーはこれを、非対称で気ままに浮遊する、「自由な空間」を追求した都市の模型に見立てていた。つまり、まったく新しい種類の社会が成長し、繁栄する現代社会の住まいにふさわしいような、壁や土台のない場所を作ろうとしていたわけだ。空間都市は直線と直角を基本にしていたが、まもなくキースラーは四角い形を使うというアプローチに疑問を抱き、建築の常識の多くを拒絶するようになった。「もう壁はいらない！」と1925年に彼は宣言している。

エンドレスハウスの石膏模型

ざらりとした表面、有機的なフォルム。従来の建築物との共通点がまったく見当たらないキースラーのエンドレスハウスは、建築の常識を覆した。

エンドレスハウス

1920年代後半にキースラーはニューヨークに移り、一般的な建築家とは違う仕事に多くの時間を費やすようになった。彼はサックス五番街などのさまざまなショーウインドーをデザインし、ペギー・グッゲンハイムの今世紀の美術ギャラリーをはじめとする画廊のデザインにも携わった。特に今世紀の美術ギャラリーの内装は、ぐにゃぐにゃと曲がった壁から絵が突き出すという挑発的なデザインだった。これは、近代絵画をわざわざ変な角度で展示して作品を馬鹿にしていたナチスに対する果敢な抵抗だった（ナチスは近代絵画を軽蔑し、それらの作品の制作者たちを「堕落した」画家と呼んでいた）。また、グッゲンハイムの依頼をきっかけにして、キースラーは家具のデザインも手がけるようになった。彼がグッゲンハイムのために制作したテーブルと椅子は、曲線だけで構成された生き物のような姿で、直線というアプローチを排したデザインになっている。

　1940年代後半になると、彼はこのような有機的なフォルムをさらに大きな規模で追求するようになった。こうして生まれた曲線の建築物には、柱や屋根や床といった建物の構成要素の区別がもはや存在しない。

デザインを三次元で考える

　キースラーが建築に何を求めていたかは、「宇宙の家（スペースハウス）」と名づけられた住宅のデザインにも現れている。これは、卵のような形をした楕円体の構造物で、中心には天井の高さが通常の2倍ある広い生活空間が設けられている。端に近づくにつれ天井が低くなり、居住者各人のための個室がある。彼はこの間取りを、両親と子供たちが生活する家として理想的だと考えていた。狭いながらもくつろげる空間を家族一人ひとりに用意し、みんなで過ごせるたっぷりとしたスペースも確保している。ベッドルームや書斎など1人きりで考えごとをする部屋はこぢんまりと作り、リビングやダイニングのような部屋は天井を高くする。このような理屈で考えれば、卵型のフォルムは住人が求める空間のニーズを受けて「成長」した結果だといえるだろう。

　キースラーの論法は、彼が三次元からスタートした結果、どのように卵形の家にたどり着いたかを示している。彼が機能主義や近代主義（モダニズム）のデザイナーの影響だと考えていた、間取り図を最初に用意してそこから家の設計を立ち上げるというやり方を、キースラーは拒否した。間取り図は家が地面につける足跡のようなものにすぎないと彼は主張した。私たちが足跡から人間をデザインしようとしても、うまくいかないはずだ。出来上がるのはせいぜい、かかととつま先ばかりの人間だろう。建築家は最初から三次元でデザ

インを考えていく必要があるのだ。

　1960年にMoMAの展示作品としてエンドレスハウスを発表した頃には、キースラーは大胆な空間の使い方をさらに推し進めて、より複雑にしようとしていた。それでも、利用する人間が真に求めているものに軸足を置いている点は変わらない。彼が制作したエンドレスハウスの模型は、柱のようなもので地面から持ち上げられている。カーブを描く階段が地面から家に向かって続く。家はある部分ではふくらみ、ある部分では狭くなった細長い形をしていて、ところどころに不規則な形をした大きな穴が開いている。穴は三角形に似たものも、丸に近いものも、しずくの形をしたものもある。石膏でできた模型の表面はざらざらしていて、あたかも生コンクリートから作り出されたかのようだ。「終わりのない」と命名されたゆえんは、建物に正面も表も裏も端もなく、どこまでも切れ目なくつながることで生まれる一体感にあったのだろう。

家族のための住宅

　建物の外観は奇妙で理解しがたいが、キースラーは家の機能についてはっきりと示している。これは夫婦とその子供たちという、家族のための住宅としてデザインされた家だ。彼の設計では独特の空間の使い方が特徴になっている。家の中心には、中央に暖炉を置いた広いリビングルームがあり、家の端には大人用のベッドルームがある。キッチンとダイニングルームに近い反対側の端には子供部屋がある。片側には静かな小部屋が隠され、別の階に移動するときは階段を使う。

　キースラーからエンドレスハウスのデザインを託された美術館の責任者たちと建築家は、MoMAの敷地内に実物大のこの家を建てたいと考えた。しかし、エンドレスハウスの図面作成と模型作りが始まった頃にMoMAの建物を拡張するプロジェクトが開始され、実物大のエンドレスハウスを建設できるようなスペースは残っていなかった。エンドレスハウスは紙の設計図と石膏の模型が残ったが、この革命的な構造物を建設する別の敷地を探す間もなく、キースラーは1965年にこの世を去った。

空中都市

磯崎新 1962年

Clusters in the Air

都市の空で木のように「成長」する集合建築物

　1950年代の終わり頃に日本で始まったメタボリズム運動は、第二次世界大戦後に日本が直面した建築に関する問題に呼応していた面もあった。丹下健三や菊竹清訓などの日本の有名建築家たちが先頭に立ってこの運動を進めていたが、その中にメタボリズムの影響を大きく受けた磯崎新（あらた）もいた。磯崎は東京大学の丹下研究室で建築を学び、師と共同で作品に取り組んだのち、独立した。そのため、メタボリズム建築家集団の正式メンバーには入っていなかったが、彼も新たな動きの中心にいた1人だった。丹下の意欲的な東京計画1960（194ページ参照）が発表されてからわずか2年後の1962年、磯崎は日本の都市を拡大するやり方として、彼なりの答えを提示した。それが空中都市だ。

■モジュールを増減・交換

　建築はもはや、機能から形を決めるという旧来の近代主義（モダニズム）のルールにとらわれず、大規模な構造体は縦にも横にも「成長」できるようにするべきであるというメタボリズム運動の基本方針が、磯崎のプロジェクトにも取り入れられている。「形は機能に従う」という近代主義のカギともいえる概念は、建物には明確な機能が存在するという考え方がもとになっている。しかし、メタボリストたちは、このような考え方が、変化のペースがどんどん加速している現代の生活には通用しないことに気づいていた。現代の建物に必要なのは、最初に設計された時点では予想もつかなかった状況が発生しても、それに合わせて変化し、増殖できることだ。このような適応性こそが、メタボリズム建築を前進させた重要な原動力であり、それゆえにメタボリズム建築は「有機的」と称されることが多い。つまり、デザインに対するメタボリズムのアプローチは、近代主義の既成概念を否定して柔軟性を求める一方で、より高度な建築物を作り上げるために、技術という資源を最大限に生かそうとしている。

　急成長する都市の問題に対して磯崎が提案した解決策は、丹下の東京計画1960のように海上に都市を広げるのではなく、建物をまずは垂直方向に上へ、さらに水平方向に外側へ向かわせるというものだった。そう、つまりは空中都市だ。彼は核となる背の高い中心部分を設け、そこから木の枝が伸びるように、水平方向の要素が外側へと「成長」する建物をデザインした。中心部分

木の葉のようなモジュール

無数の小型モジュール(拡大図)を木のような構造体に設置することで生まれる空中都市。このデザインはニーズの変化に適応できる、非常に柔軟性の高い構造になっている。

は木でいえば幹にあたり、非常に大きい。この部分には巨大な構造全体を支える強度が必要とされ、交通網の要となるエレベーターも設置される。枝のような部分もかなり大きいが、こちらはもう少し人間のサイズに近づいていて、プレハブのモジュールでできている。モジュールの一つひとつが、従来の建物のまるごと1軒と同じような役割を果たす。例えば、独立した住宅になったりするわけだ。モジュールは必要に応じて追加することができるし、都市の成長や進化に合わせて「木」を増やしていくこともできる。さらに住民のニーズの変化に合わせてモジュールを取り換えることも可能だ。

リシツキーの「水平の摩天楼」(152ページ参照)をさらに壮大なスケールで展開したようなこの空中都市は、ごくわずかな敷地を使うだけで、空中に膨大な数の住宅などを用意できる。モスクワの環状道路を生かして何棟も配置することが検討されていた雲の鐙(あぶみ)と同様に、磯崎の空中都市の樹状建築物も、1棟ではなく、何棟も集めて森のようにすることが想定されていた。つまり、このプロジェクトは壮大な規模で展開された可能性もあるわけだ。

リシツキーはモスクワ上空に浮かぶ四角い居住区をデザインし、磯崎は空中の巨大建築物を提案した。これらの構造体を支える脚は、巨大な支柱と上下方向の移動手段を兼ねたデザインになっている。モジュール住居の住民は、まず、脚の部分を通って住んでいる階まで移動してから、横方向に移動する。ここでの生活は、地上の暮らしや従来の高層マンションでの生活とはまったく違ったものになっただろう。

空中都市は、土台となる都市そのものをも変貌させる。従来の建築物とはまったく違う木のような形は、一般的な高層ビルより低くても、都市全体の外観をがらりと変えてしまうはずだ。それだけではなく、高層ビルが登場したときと同じように、都市の空の風景も一変する。空中都市は文字通り、新たな都市を空の中に出現させるだろう。

都市構造に革命を

前の時代を生きたリシツキーにしても、磯崎にしても、このような新たな都市型巨大建造物を考案した人間は、それが建てられる都市に革命をもたらしたいと願っていた。現代の都市には、まったく新しい都市構造が必要だと彼らは確信していた。ヨーロッパでも日本でも、多くの古い都市は道路が雑然と配置され、渋滞を生み、交通事故を誘発し、人口の増加とオフィス街の拡大に伴うビルの新設を妨げていた。それなら、地面を離れて何もない上

空に、どのようにでも応用がきく都市を作ればいい。空中都市はこれらの問題を確実に解決できる。そうすれば都市に躍動感が生まれ、20世紀後半の社会や経済のめまぐるしい変化にも対応できるようになるだろう。

このアイデアは、日本にもよく適合しているように思われた。空中都市の一つの建築物に必要な敷地はごくわずかですむ。そのため、山と海岸にはさまれた狭い帯状の土地に都市がところせましと立ち並び、土地がかなりの高値で取引される日本に、空中都市は特に適している。

伝統的な建築物の影響も

空中都市という前代未聞の巨大建築は、革命的といえるほどの大きな飛躍に思えるが、実は伝統的な建築物に構造のルーツがある。枝に相当する部分は、中心となる脚に片側だけ固定されて張り出しており、下の階では短いが、上にいくにつれて徐々に長くなる。この形は、持ち送りという、屋根などを支えるために壁や柱から水平に突き出して補強する構造物を連想させる。日本古来の寺社建築などでも使われているものである。持ち送りは上に行くほど少しずつ幅が広くなり、反対に細くなっていく屋根を支える。構造のバランスを取る効果があると同時に、見た目にも調和が生まれる構造だ。磯崎は、空中都市も同じような方法でバランスを取れると考えた。

空中都市計画は、都市構造を整理し、適応性を持たせ、土地を有効に活用することを考えて、都市のあり方を根本から見直そうとしたすばらしい試みだった。マンションから工場まであらゆる都市機能を詰め込んだ巨大建築物を生かした都市は、実現には至らなかったものの、都市設計に新たな視点を開いたといえるだろう。21世紀に向かって加速する変化の中で生まれた空中都市は、変化への適応を求められる都市のあり方を、今も私たちに語り伝えている。

ウォーキング・シティ
どこにでも歩いていけるロボット都市

ロンドン／1964年

Walking City

1964年から1966年にかけて建築界で知られるようになったコンセプトに「ウォーキング・シティ」がある。ウォーキング・シティとは、移動式の構造物で形成された大都市のことで、それぞれの構造物は伸縮自在の巨大な鉄の脚を使って動く。まるでSFの世界から抜け出したようなこのアイデアは、建築よりイラストやコラージュの影響が大きいように思える。ウォーキング・シティの生みの親はロン・ヘロン。「建物、テクノロジー、それに芸術を融合させ、利用者に『特別』感を与える建築の実現を目指す」と言った建築家だ。

移動する都市と固定された都市

ヘロンは、マンハッタンを背景にウォーキング・シティを描くことで、背の低い動物のように動き回る自分の都市と、動きがなく地面に固定された背の高い伝統的な米国の都市の違いを強調しようとした。

必要な場所へ赴く救命カプセル

　ヘロンは、1960年代から1970年代に数々の斬新な作品を提案し続けたイギリスの建築家集団、アーキグラムのメンバーだった。彼ら(ワーレン・チョーク、ピーター・クック、デニス・クロンプトン、デイヴィッド・グリーン、ロン・ヘロン、マイケル・ウェッブ)の作品は生活費のために生まれたのではなく、展示会、パンフレット、講演、授業、アーキグラム・オペラという一種のマルチメディアショーを利用して、自分たちのアイデアとその影響を世に知らせるために重要だった。これらは非常に大きい宣伝効果があった。ピーター・クックにいたっては、(ツイッギー、トム・コートニー、ジョー・オートンと一緒に)『クイーン』誌の写真に収まったこともある。

アーキグラムの建築デザインは一つも実現しなかったが、特に有名な作品としては、着脱式のユニット住宅を使ったプラグイン・シティ、移動式住居のリビング・ポッド、風船で吊られて空に浮かび、必要とされる場所へ飛んでいくインスタント・シティ、それにこのウォーキング・シティがある。これらのデザインはすべて、建築物とはどこかに固定された、不変の構造物だという常識をくつがえす。彼らはテクノロジーを積極的に活用し、大量消費や使い捨てを認めている。彼らのデザインは従来の建築の枠を超えて、機械や有機的な成長を思わせる構造物を生み出している。

　ウォーキング・シティは脚がついた高層ビルで構成されている。最も有名なイラストに登場する建物は、少なくとも30階の高さはありそうだ。ビルの多くは卵形だが、動き回る姿は昆虫のように見える。動く機能を備えたウォーキング・シティは、今いる場所が適していないとわかると別の場所に移動したり、必要とされる場所にそっくり引っ越したりすることができる。SFの世界の建物に見えるのは、ヘロンが作成したイラストに、技術的な描写が細かく描き込まれているからだろう。しかし、これらの建物の実際の機能は、イラストからはほとんど何もわからない。

　彼らは、巨大な歩く建物の形状デザインに多くの時間をかけた。軍用技術もヒントになったようだ。モデルにしたと思われる建物の一つは、第二次世界大戦中にイギリスで建設された鉄製の対空要塞、マンセル要塞で、これはテムズ川の河口付近の川床に背の高い金属製の脚で固定されている。1964年からマンセル要塞の一つが不法占拠され、アンテナの代わりに長い丸太を建てた海賊ラジオ局が放送を始め（丸太にはドクロと交差させた骨が描かれた旗が掲げられていた）、話題になったことがあった。ウォーキング・シティの建物からマンセル要塞を連想する人々もいたため、ヘロンの建築は一部から戦争色が濃いと批判された。1966年にフォークストーンで開かれた学会で、ウォーキング・シティについて話していたヘロンに、「ファシスト」「戦争のための機械だ」「全体主義に与するつもりか」といった激しいやじが飛んだ。

　ヘロンはマルセル要塞の外観に興味があったかもしれないが、決してファシズムを信奉していたわけではなかった。アーキグラムのメンバーや支援者たちにとって、ウォーキング・シティの金属のフォルムは、兵器というより、災害から身を守る救命カプセルに近かった。1964年には核戦争の気配が色濃く漂い、ウォーキング・シティは荒野から従来の大都市まで、あらゆる場所で必要とされる可能性があった。ヘロンのイラストでは、ウォーキング・シティがマンハッタンを背景に、ハドソン川に膝までつかりながらニューヨ

ークの街に向かって歩いている様子が描かれている。ウォーキング・シティが川を渡れることを示し、世界最大の都市の一つであるニューヨークと並べて見せたこのイラストからは、デザイナーの大胆不敵さがうかがえる。

地面から動かないニューヨークと、水の上も自在に移動するウォーキング・シティという、まったく正反対のものを組み合わせた独特のユーモラスさは、雑誌の写真を使ったコラージュや宇宙時代のタイポグラフィー、蛍光色などを使ったアーキグラムのビジュアル表現によって、より強調されている。しかし、ここにはまじめに考えるべき点もある。ウォーキング・シティは都市というものを見直させ、世界の問題を技術で解決できる可能性を示しているからだ。一方で、昆虫のような脚で歩き回るウォーキング・シティは大量の燃料を必要とする。現在ほど消費が問題視されていなかった時代が生んだデザインだともいえるだろう。

前衛建築家集団アーキグラムの意義

アーキグラムのデザインはすべて紙上の建築にすぎず、実現する見込みもなく、まったく実用性がないにもかかわらず、なぜ重要な意味を持つのだろう？ 第一に、彼らはものごとを違う視点から見る目を人々に示した。リチャード・バックミンスター・フラーの作品のように（220ページ参照）、既成概念を打ち砕いて難しい質問を投げてくる（フラーは「あなたのビルの重みはどれくらいか？」と質問した）。建物とは重くて四角くて動かない物体だという常識に疑問を抱いたとき、前途有望な道が開けるかもしれない。

もちろん、彼らの考えに賛同する建築家もいた。すべてのダクトと配管とエスカレーターを覆うチューブを着色したエキセントリックな外観と、内部を自由に変更できる設計が特徴のパリのポンピドゥーセンターをデザインしたリチャード・ロジャーズとレンゾ・ピアノは、アーキグラムの影響を受けている。ノーマン・フォスターやニコラス・グリムショー（格子状の構造を使ってプレハブのモジュールを追加していく建築方法が有名だった）のように、アーキグラムに近い分野で活動していた建築家たちは、経歴のどこかでハイテク派と呼ばれるようになった。さらに、アーキグラムはメンバーによる教育活動を通して数千人の建築家に影響を与えた。プレハブ、軽量構造、適応性などのコンセプトはアーキグラムの発明ではない。しかし、彼らの問いかけと、挑発的なイラストと、抜群の訴求力は、これらのアイデアを一般大衆に広め、都市が川を歩いて渡り、マンハッタンのインフラに自ら接続（プラグイン）する可能性を秘めた世界を楽しませ、ときには真剣に考えさせてくれる。

安全な住まい

次ページ：ウォーキング・シティを構成するユニットの一つ。アーキグラムが提案する、大胆な建築の新しい形が表現されている。私たちには安全な住まいが必要だが、現代においてその家は、必ずしも私たちが「住宅」や「ビル」と思っている形どおりである必要はないのかもしれない。

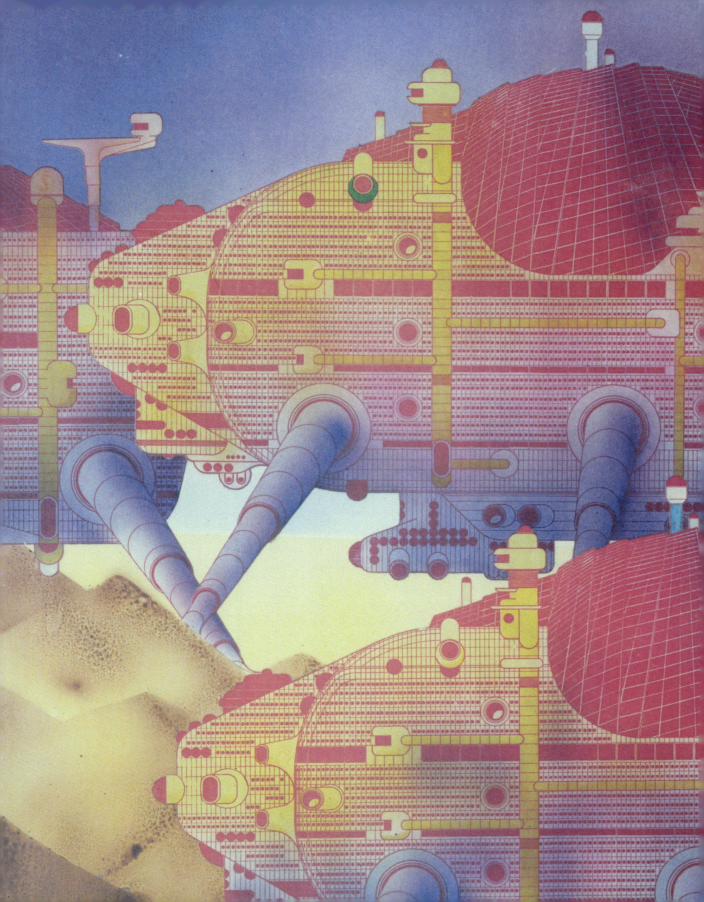

ジャージー回廊
巨大建造物で形づくられた長さ76キロにおよぶ都市

Jersey Corridor

1965年 米国、ニュージャージー州 ピーター・アイゼンマンとマイケル・グレイヴス

　1965年のクリスマスイブに、『ライフ』誌が米国の都市を特集した合併特別号を発売した。表紙を飾った見出しは「危機に瀕する米国都市」。特集では、米国の活気ある都市を称賛し、同時に、それらの都市が直面している主な問題にどのように立ち向かうかにも焦点を当てている。都市のすばらしさについては、輝きに満ちたニューヨークシティの外観と、洗練されたおしゃれな写真入りのエッセイなどで特集された。一方、都市が直面する課題のほうは、ろくに役に立たない都市計画（「だれも責任を取らない」、「もうL.A.にはうんざり」）からスラム街、交通量、汚染など、さまざまな問題が取り上げられた。ライフ誌の特集は、都市がどのように都市自体とその周辺地域を破壊し（ビルのお粗末な改築や、地方の幹線道路に沿って進む劣悪で蛇行した帯状の開発）、都市計画家たちがどうやって事態を収拾しようとしているか（ボストンの再生、工業汚染の爪痕を消そうと奮闘するピッツバーグの取り組み）に目を向けていた。特集の最後で同誌は、新しい都市と新しい都市開発に関するさまざまな提案という形で、未来の都市について紹介している。その中には、日本の大建築家、丹下健三の東京計画1960も含まれていた（194ページ参照）。さらに、当時はほぼ無名だった2人の若手米国人建築家が考案したプロジェクトも紹介された。ともにプリンストン大学の教授を務めていたピーター・アイゼンマンとマイケル・グレイヴスだ。ライフ誌の記事には2人の名前は掲載されていない。構想の発案者は「プリンストン大学教授陣のチーム」とだけ説明されている。

線状に伸ばされていく都市

　この2人は、のちにまったく違った形でそれぞれ有名になった。グレイヴスはポストモダン主義の第一人者となり、アイゼンマンは脱構築主義の建築家として名を上げた。だが、記事で紹介された彼らの都市計画は、のちの作風とはなんら関係がない。「ジャージー回廊」と呼ばれるこの構想は、近代主義風の巨大建造物で形づくられた細長い一大都市だ。ニュージャージー州のサウスアンボイからトレントンまで47マイル（76キロメートル）におよぶ広大な複合施設で、オフィス、住宅、店舗、レジャー施設、各種設備まで、どこの都市にでもありそうなさまざまな機能をそろえている。この建物は線状都市と名づけられ、高速道路に沿って2本の平行な帯状に建設される。一方の帯には集合住宅やオフィス、地域の店

あらゆる施設が入った巨大ビル

住宅やオフィスを集めたジャージー回廊の「中心街の帯」の拡大図。さまざまな機能を切り分けながらも、物理的には近接させている。屋根つきの駐車場と道路が下の階を占め、歩行者は上階の開放的な空間を散歩したり、そこに集まったりする。左側には住宅用の高層ビルが建ち、右側にはオフィスなどが並ぶ。両方の建物は物理的な空間で隔てられているが、ブリッジを使って行き来できるようになっている。

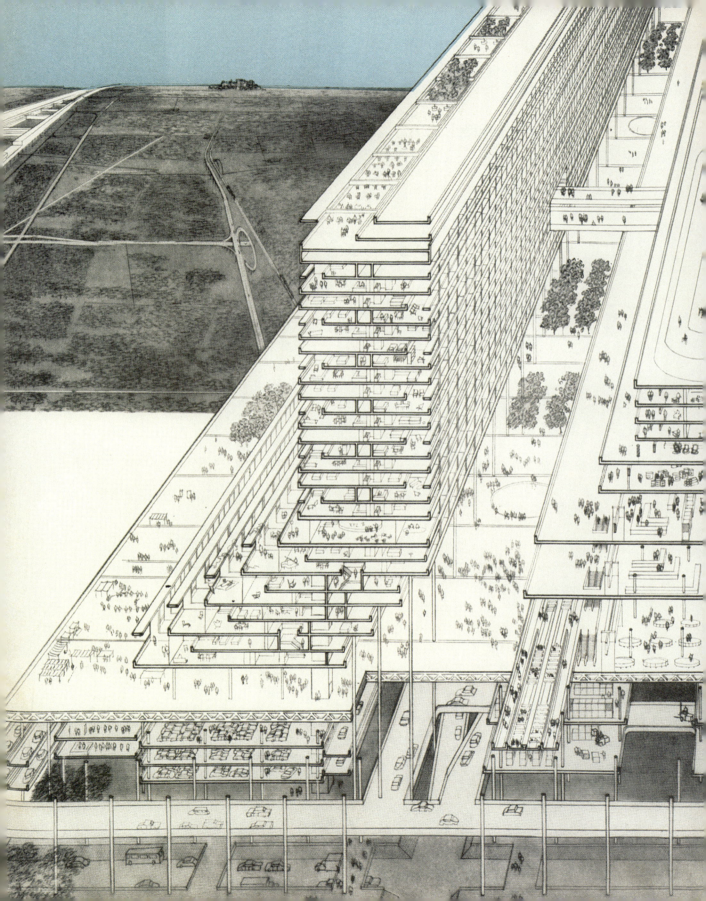

を集め、もう一方には軽工業施設や、やや大型の店舗が入る。さらに生活施設を収容したブリッジで双方をつなぎ、その真下には道路が走るという寸法だ。帯状の建物は広いうえに高層で、壁の外側には手つかずの田園地帯がはるか遠くまで広がる。線状都市そのものは目新しいアイデアではない。19世紀のスペインでは、大きな影響力を持つスペインの都市計画家アルトゥーロ・ソリア・イ・マータが、マドリードのための線状都市計画を提案した。ソビエト時代のロシアでも、20世紀の初めに同様のコンセプトの都市計画が検討されたことがある。しかし、アイゼンマンとグレイヴスが提案した新しい線状都市は、1960年代という時代のこだわりやニーズを取り入れて、道路輸送と高密度ビルが取り入れられている。

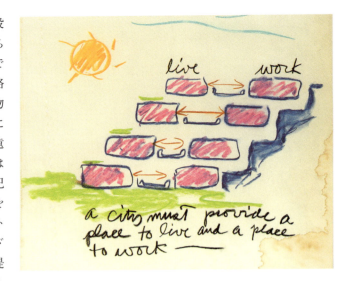

住居とオフィスが近接

2人の建築家は、基本方針をまとめたシンプルなスケッチを何枚も残した。ここでは住居(live)とオフィス(work)が近いことがキーポイントになっている。

　グレイヴスとアイゼンマンはインクとパステルを使って、自分たちの提案をイラストで表現した。そのうちの1枚には、2本の帯のように遠くまで伸びる線状都市の全貌が示されている。別のイラストでは建物が細部まで描かれ、端が断面図になっている。断面図の部分を見ると、(コンクリートの床を格子状の柱で支える)建物の構造と、さまざまな機能の配置を知ることができる。住宅やオフィス、店舗などあらゆる施設が入った「中心街の帯」は二つの部分に分かれている。地上およそ25階建ての高い棟は主に集合住宅になり、低いほうの棟には主に店などの事業者が入る。

　地下もいくつかの階層に分かれ、駐車場と高速道路が整備されている。幹線道路は最下層を走り、近隣への移動にはその上の道路を使う。都市では電動の乗り物が活躍し、住民は部屋の前まで乗り物を呼び出して気軽に外出できるが、住宅と店やオフィスが近いため、都市内での移動は最小限ですむ。断面図には豆粒のような人影が無数に描き込まれている。人間の大きさと比較することで建物の巨大さを表現しようとしたのかもしれないが、イラストの中でせっせと活動している人々が、巨大な巣の中にいるアリのように見えてしまうという点では逆効果だったかもしれない。

　ライフ誌で紹介されたイラストの建物は近代主義建築だ。アイゼンマンとグレイヴスは、伝統的な米国式スタイルで建てた多くの低層住宅が曲がりくねった郊外の道沿いに立ち並ぶ、米国ならで

はの都市をよいとは思わなかった。また当時は、コンクリートがむき出しで、岩肌がのぞく崖のような雰囲気のブルータリズム建築が流行っていたが、それも避けた。彼らの近代主義は、高層ビルを柱(ピロティ)で持ち上げて一続きの平面のように表現するル・コルビュジエ（162ページ参照）のスタイルに影響を受けていた。おそらく、マルセイユなどの都市に建設されたル・コルビュジエのユニテ・ダビタシオン、すなわち集合住宅に店舗や各種施設を併設したコンクリート造りの複合施設が、彼らの建物のモデルの一つだったのではないだろうか。ル・コルビュジエはユニテ・ダビタシオンにコンクリートを使用していた。アイゼンマンとグレイヴスのイラストの建物は、それよりはるかに巨大だが、やはりなめらかな白い壁でできている。

都市を成長させる方法

このスケッチでは、成長と変化に重点が置かれている。建物は交通の大動脈に沿って建設され、新たなニーズが生じたときは、道路のもう片方に拡張していくことができる。

北米大陸全体を縦横に走る

　ジャージー回廊は十分に巨大な構造物のように思えるが、アイゼンマンとグレイヴスは、さらに将来、規模が拡大していくことを見据えていた。線状都市をどんどん作り足していけば、ついには北米大陸全体を縦横に走る巨大都市となり、それ以外の土地は自然のまま残しておくことも、農地として利用することもできる。そうなれば、ジャージー回廊は世界最大の建築物になるだろう。

　もちろん、このような建物が実際に建設されることはなかった。結局のところ、この案は学者の集団が考え出したものであり、技術的に可能な熟考された設計ではあるのだが、支援者や投資家の存在を抜きにしては実現できない話だった。それでも、発行部数の多い人気雑誌で紹介されたこともあり、一時期は広く知られていた。専門家以外の大勢の読者に作品を見てもらうチャンスに恵まれる建築家は少ない。一般誌に掲載されたことで一般の認知度は高まった。それまでにない姿と、大胆な発想と、異次元の規模のジャージー回廊は、多くの米国人に束の間の興奮を与え、未来を夢見させたに違いない。

アメリカ移民記念館
すべての移民の名を刻み歴史との接点を演出

National Shrine

米国、ニューヨーク フィリップ・ジョンソン 1966年

アッパー・ニューヨーク湾に浮かぶエリス島には、1892年から1954年まで、米国にやってきた移民が入国手続きをするための移民局が立っていた。元の建物は木造だったが、1900年頃に火事で焼けたために建て直されることになった。入国者の増加に合わせて移民局は拡張され、湾を埋め立ててエリス島自体も広げられた。1900年にフランス風のルネサンス様式で建てられた本館は、移民局が閉鎖されるまで使われていた。閉鎖されるまでに、1600万人の老若男女がエリス島を通って米国での新生活に足を踏み入れた。

景観をこわさないデザイン

1954年11月に移民局が閉鎖されると、建物は使われないまま放置され、やがて少しずつ劣化が進んだ。そのまま10年が経ち、政府は移民局の品位を保つために、記念となるような施設を島に作ることを決めた。1965年5月、リンドン・B・ジョンソン大統領は、エリス島をナショナル・モニュメントに指定する法案に署名した。それからまもなく、62年間の移民局の歴史の中で1000万人以上の移民が通過したエリス島を称える記念館と博物館の設計が、米国人建築家のフィリップ・ジョンソンに託された。

フィリップ・ジョンソンは米国で最も有名な建築家の1人だった。若い頃にヨーロッパの近代建築を北米に持ち込み、1932年にニューヨーク近代美術館（MoMA）で開催された、新時代を創造する展覧会の企画にも携わった。その展覧会は、ヴァルター・グロピウス、ル・コルビュジエ、ミース・ファン・デル・ローエなどの重鎮の作品を米国に紹介するというものだった。ミースが1930年代後半に米国に移り住んだ際には、ジョンソンは、ミースが新天地で生活基盤を確立できるように支援し、ニューヨークのシーグラム・ビルディングなどの重要なプロジェクトを共同で手がけた。さらにジョンソンは、世界的に有名になったコネティカット州ニューケイナンの透明なガラスの家や、自らの住宅など、1960年代までに数々の主要建築物をデザインした。

ジョンソンは、エリス島のプロジェクトには慎重な配慮が必要とされることを理解していた。政治家、移民、有名ジャーナリスト、評論家といったあらゆる人々がエリス島をどうするべきかについてそれぞれ意見を持っていた。大型の建物を求める声が多かっ

ジョンソンの記念館

外側のらせん状の傾斜路が目を引くジョンソンの記念館。見た目におもしろいだけでなく、この通路を利用する来館者は、米国にやってきた大勢の移民の名前を読んでいくことができる。

たが、島にはすでに傷みの激しい歴史的建造物があり、自由の女神もそれほど遠くない場所に立っていた。ジョンソンはさまざまな意見に耳を傾け、すでにある建物や有名な像よりも立派にならないように配慮しながら、慎重に建物のデザインを進めた。

　ジョンソンの計画は二つの案で構成されていた。一つ目は、多くの人々を驚かせるような大胆な案だった。島にある旧移民局の建物を残し、記念館の一部として活用するというのだ。建物はすでに崩れかけていたため、ジョンソンは建物の屋根とガラスと木製の建具を撤去し、残った壁を補強することを提案した。そうすれば、気品と独特の雰囲気のある空間が生まれ、ここを訪れる人々が、移民局を通過していった大勢の人たちに思いをはせることができるというのが彼の主張だった。

　二つ目の計画は、1600万人の移民のための大型の記念館を島に新しく建てることだった。記念館のデザインは上部が開口した円形の建物で、壁は内側に向かって傾斜している。つまり、円錐を途中で切り取ったような形のデザインだ。円錐の表面には、縦型リブ（垂直に取りつけられた独立壁）が並び、全体の直径は300フィート（91メートル）、高さは130フィート（40メートル）になる。およそ1700フィート（518メートル）離れたリバティ島に見える自由の女神の台座より20フィート（6メートル）ほど低くなるように、抜かりなく

かつての移民局

1900年頃に建設された移民局。当時流行していたネオ・ルネサンス様式で建てられている。移民局は修復されて、現在では移民博物館となっている。

工夫されている。

　円錐の内側と外側には、巻きつくようならせん状の傾斜路が設けられている。さらに建物には、移民局をかつて通過して記録に残っている全員の名前を彫り込んだ銘板がずらりと並べられる。銘板は、来館者が名前を読みながら傾斜路をのぼっていけるように配置される。昔の乗船名簿を複写すれば可能なはずだし、非常に近代的な外見の記念館に歴史との接点を持たせることもできる。こうして、移民の一人ひとりに捧げられる見事な大型の記念館でありながら、島と自由の女神に配慮して目立ち過ぎない建物のデザインが完成した。

　計画が発表されると、内務長官のスチュワート・ユーダルやニューヨーク州選出の上院議員ジェイコブ・ジャヴィッツはジョンソンのデザインを認めた。しかし、大多数の人々はジョンソンの構想の巧みな工夫や配慮にまったく気づかなかった。報道機関は記念館を不格好だと非難し、記念館はいつの間にか「ジョンソンのバベルの塔」というあだ名で呼ばれるようになった。ヘラルド・トリビューン紙は記念館のデザインを「怪物のようなガソリンタンク」と例えた。ニューヨーク・タイムズ紙の社説では、ジョンソンの記念館が壁のように見えるといい、一般的に壁は人々を近づけないためのものであり、かつて米国の入口であったエリス島のシンボルとしてはまったくふさわしくないと述べた。

　さらにメディアは、すでにある歴史的建造物を廃墟のように作り変えるという計画にもかみついた。建物に手を入れて廃墟のように仕立て上げるのは、敬意を欠いた不当なやり方であり、やらせ同然の行為だというわけだ。ヨーロッパの作家たちが廃墟や遺跡に抱くような、ロマンチックな愛着はかけらも報道されなかった。おそらく、ジョンソンがわざわざ人の手を使ってまでして、建物の一部を撤去しようと提案したことが原因だったのだろう。ワール

ド・テレグラム・アンド・サン紙はこの計画を「ロマンチシズムの大暴走」と表現した。少数ながらも寛容な意見もあった。例えば、(ニューヨーク・タイムズに寄稿していた)有名な建築評論家のアダ・ルイーズ・ハクスタブルは記念館の真価を見抜き、称賛を送っている。しかし、全体的な反応は好意的とはいい難かった。

ベトナム戦争の影響

ジョンソンのエリス島の構想が実現されなかった理由は、このような世間の反応だけではなかった。時はベトナム戦争の真っ最中で、政府に金銭的な余裕はなかった。計画には全部で600万ドルの予算が割り当てられていたが、ジョンソンのデザインを見る限りでは、はるかに多額の費用がかかりそうだった。結局、議会は600万ドルの支出すら認めず、計画は財政基盤を失った。その間にもエリス島の旧移民局の建物は、建築業者の手を借りずとも自然に崩壊していった。

エリス島の新たな計画が浮上したのはそれから15年以上経ってからだ。1980年代にエリス島の整備と自由の女神の修繕が一緒に検討され、さらに、エリス島にホテルと会議場を建設することが提案された。多くの人々は、計画が商業主義に走りすぎており、ジョンソンの案と同じくらいに不謹慎だと考えた。政府顧問を務め、自由の女神の修繕費用を先頭に立って集め、強い影響力を持った実業家のリー・アイアコッカも同様の感想を抱いた1人だった。最終的に、エリス島の移民館は移民博物館に改築された。

ジョンソンの計画は、有名建築家のちょっとした失敗談として扱われ、今では知るものもほとんどいない。だが、エリス島を通過した人々を記念する建物を作り上げようと努力したという点では意義深い計画だった。さらに、のちの記念碑や記念館に影響をおよぼした部分もある。壁に名前を書き連ねていくというやり方は、現在の米国でよく行われている。1982年にマヤ・リンの設計により完成したワシントンDCのベトナム戦争戦没者慰霊碑には、5万8000人を超えるベトナム戦争の戦没兵士の名前が刻まれている。これは、あらゆる戦争記念碑の中でも特によくできた、価値のある記念碑の一つだ。これほど美しい姿ではなかったにせよ、エリス島のジョンソンの記念館の実現を、事実上資金的な理由で中止させたのは、ベトナム戦争だった。この戦争で命を落とした兵士を思い出させるのが、ジョンソンの考えたやり方だったという事実は、皮肉なめぐり合わせといえるかもしれない。

マンハッタンドーム

Dome Over Manhattan

ニューヨークシティを半透明の巨大ドームで覆う

米国、ニューヨーク　リチャード・バックミンスター・フラー　1968年

　1960年代は、楽観主義と若者文化とポップスとヒッピーとテクノロジーが支配する時代だったが、それだけではない。ヨーロッパは第二次世界大戦の傷跡からまだ立ち直っていなかったし、米国は住宅不足などの社会問題に直面していた。これらの問題をテクノロジーで解決できないだろうか？　米国の技術者でデザイナーのリチャード・バックミンスター・フラーのように、それが可能だと考える人々もいた。フラーは時代が抱える問題に、工夫を凝らした奇想天外な解決策を提案する人物として有名だった。例えば、航空機の機体に似せた流線型の車、短期間で建設できる工場生産の円形の住宅、生活に必要な家具や道具類がすべてそろった「生活パッケージ」などを考案している。「宇宙船地球号」という言葉もフラーが作った概念だ。彼の思いつきの多くは現実離れしていたが（フラーの友人たちは「時代の先を行きすぎている」と評した）、彼の最大規模のアイデアはほかの案の比ではなかった。マンハッタンのど真ん中に、直径2マイル（3.2キロメートル）を超える巨大ドームを建設しようというのだ。

▍天候に左右されないエコドーム

　フラーはドームに魅了され、その構造的性質やメリットに強い関心を抱いていた。ドームは最小限の材料で非常に広い空間を覆える。ドームの壁は比較的薄くても強度がある。紙を丸めて筒にすると強くなるのと同じ原理だ。壁を薄くすれば、建設に必要な鉄やコンクリートの量も減り、コストダウンにつながる。

　フラーは、このようなメリットを持つドームを実現させていた。それが剛性のあるまっすぐな骨組みで強度を確保した構造物「ジオデシックドーム」だ。典型的なジオデシックドームは、多数の三角形を表面で組み合わせて曲面を作り上げている。三角形を形成する骨組みやチューブや棒には、鉄、アルミニウム製チューブ、木材を使用し、三角形の面に金属板やガラス、プラスチック、ベニヤ板など平らな材料を張って、非常に軽量でありながら比較的強度のある構造物を作ることができる。

　ジオデシックドームはフラーの発明ではない。1920年代の初めにドイツのヴァルター・バウアースフェルトが考案したものだ。その20年後にこの発明を知ったフラーは、米国で特許を取った。ジオデシックドームは、内部の広さの割に費用がそれほどかから

世界最高峰のビルも包む

222〜223ページ：フラーの直径2マイル（3.2キロメートル）のドームは、マンハッタン中心部をすっぽりと覆い、当時世界で最も高かった103階建てのエンパイアステート・ビルも丸ごと入るようにデザインされていた。

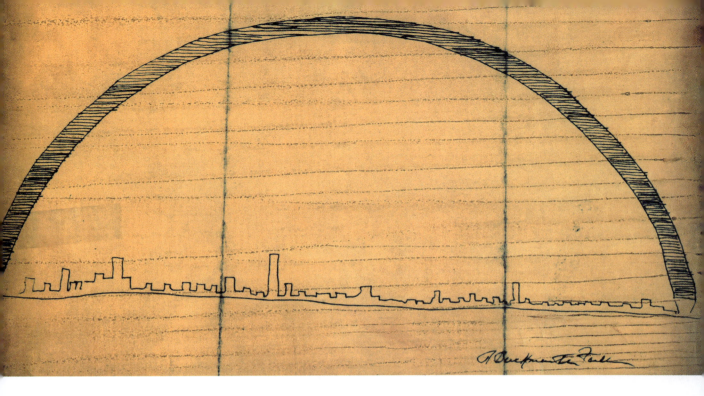

ず、建設も難しくないため、戦後の住宅不足を安価に解消できるとフラーは考えていた。さまざまな事情からこのアイデアはうまくいかなかったが（多くの人々が半球形の住宅に住むのを嫌がったことも理由の一つだった）、1950年代から1960年代にかけて、ジオデシックドームは、万博会場からコンサートホール、倉庫から防衛早期警戒システムまで、あらゆる場所で活躍した。

1960年代に入ると、フラーはより大型のドームを設計するようになり、その過程で、ドームを大型化するほど材料とコストを大幅に節約できることに気がついた。そこで彼は、巨大なドームの中に都市を丸ごと建設したり、あるいはニューヨークのような既存の都市の上にドームを建てたりする可能性を考えるようになった。

1960年前後のマンハッタンの地図を見ると、マンハッタン島の幅は42丁目あたりでおよそ2マイル（3.2キロメートル）ある。この地域に直径2マイルのドームを建設し、イースト川からハドソン川までと21丁目から64丁目までのエリアを覆ったら、一体どんな効果が得られるだろうか？ 建築設計のパートナーだったショージ・サダオの協力を得て、フラーはドームや都市の表面積を計算した。すると、ドーム内に収容できる建物の表面積の合計に比べ、ドームの表面積は8分の1程度だという結果が導き出された。建物は壁や窓、屋根から熱を放出している。そのため、表面積が大幅に減れば、熱の損失をかなり抑えることができ、エネルギーの大幅な節約になるはずだ。また、ドームの内側の気候を、快適で安定

頑丈な骨組み

フラーは、大型ジオデシックドームの天井部分も含んだ壁には、頑丈な骨組みが必要であるという結果を計算から導き出し、図面に斜線を入れてその事実を示した。彼は、この空間に人が暮らせる構造物を入れることも検討していた。

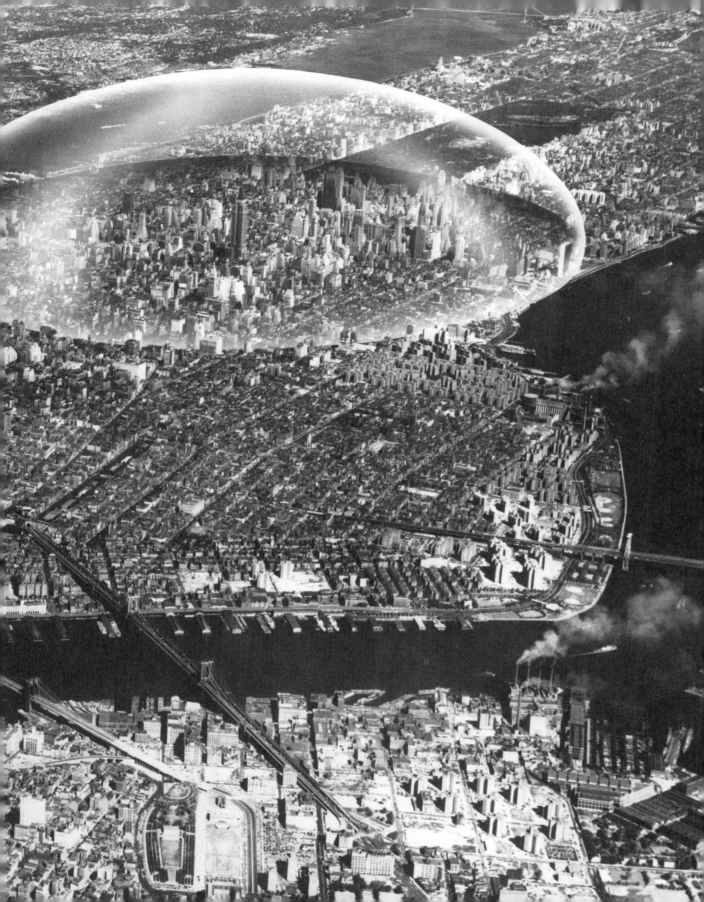

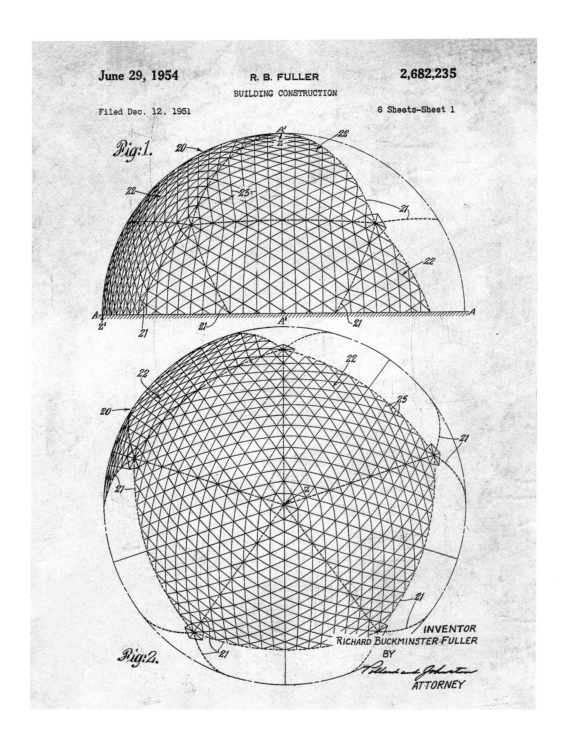

した状態に維持することもできる。

　フラーもサダオも、マンハッタンにドームが建設される可能性が極めて低いことを承知していた。フラーは、可能性が低い理由を、プロジェクトの規模が大きいせいとは考えていなかった。除雪

特許を取得

フラーが米国で取得した特許。骨組みは正三角形で構成することが示されている。

にかかる費用を節約できることを思えば、10年もあればドームの建設費用は回収できると彼は計算していた。むしろ、プロジェクトの実現を妨げるのは、土地や建物の所有者が持つ既得権益、賛成派と反対派の間で起こる言い争い、政治の介入などだった。

　フラーはドームの建設方法を具体的に検討しなかったが、屋根に網入りの安全ガラスを使用し、アルミニウムを吹きつけて表面をメッキすることを提案した。そうすれば太陽光をさえぎることなく、まぶしさを抑えることができる。外側からは、キラキラ光る巨大な鏡のように見えたかもしれない。そして、内側の環境は快適に保たれるはずだ。フラーは別のジオデシックドームについて次のように語っている。「何にもさえぎられずに、内側から外の様子を見ることができる。太陽と月の輝きを目にし、空全体を見渡せるが、熱さ、ホコリ、虫、まぶしさなどの不快なものはドームが調整してくれるので、中は天国のようだ」

　フラーは鏡のような表面をイメージして、ニューヨークの空中写真にエアブラシでドームを描き入れた。そうして生まれたのは世にも不思議な光景だ。ドームに支えのようなものはまるでなく、半透明の姿は刺せば破裂する風船のように見える。だが、このイラストは、ドームの紹介に有利に働かなかったようだ。

必要とされる場所があるだろう

　このドームを突飛な思いつきとして片づけてしまうことは簡単だが、発明家フラーが生み出したほかの数多くのアイデアと同様に、巨大ドームも適切な議論と仮定を踏まえたうえで誕生している。

　巨大ドームはマンハッタンにはなじまなくても、どこか別の場所でなら、そのメリットを生かせる可能性があったかもしれない。例えば、雨季には降った雨のほとんどが利用することも貯めることもできずに排水路に流され、乾季には水不足に陥るような土地はあちこちにある。そんな場所にドームがあれば、貴重な雨水を集めて貯水槽に貯めておくシステムを整備できるだろう。内部の環境をコントロールできるなら、北極や南極に巨大ドームを建て、人間が生活できるようにすることも可能かもしれない。

　そのような大胆かつ意欲的な構想が日の目を見ることは、結局なかった。しかし、万博会場や公園に建てられた巨大なジオデシックドームは現在も残っている。また、ジオデシックドームとよく似た構造の炭素分子に、フラーの名前を冠したバックミンスターフラーレンという名前がつけられている。こうして、フラーの影響力が、大型建築の世界にもミクロの研究の世界にもおよんでいたことを、私たちは知ることができる。

ザ・ピーク
香港の山頂にそびえる「曲線の女王」の建築物

　2016年に死去したイラク生まれのイギリス人女性建築家ザハ・ハディドは、建築家として非常に高い評価を得て大きな注目を浴びた人物だった。米国で建築家に贈られるプリツカー賞を女性として初めて受賞し、イギリスでは王立英国建築家協会（RIBA）から金メダルを授与されている。有名美術館、大学、ロンドンオリンピックで使われた屋内水泳施設アクアティックスセンターなど、世界中で超一流の作品を手がけた。2012年には日本でも、2020年東京オリンピックのメイン会場となる新国立競技場のコンペで最優秀賞を受賞している（このデザインに基づく当初の整備計画はのちに撤回され、大きな騒ぎとなった）。

　彼女の建築は独創的で、変幻自在の曲線美が目を引く。そである新聞は、彼女を「曲線の女王」と呼んだ。しかし、彼女が世に認められるまでの道のりは平坦ではなかった。設計した建築物が一つとして形にならない時期が長く続いた。

▍絶対主義とキュビスムで表現した設計

　ハディドが最初に注目されるようになったのは、1980年代の初めに、画家としての才能を発揮したときだった。彼女は20世紀初期のロシアにおける絶対主義（シュプレマティスム）に魅了され、特にカジミール・マレーヴィチの作品に強い影響を受けた。マレーヴィチは円、正方形、長方形といった基本的な幾何学図形を用い、多くの作品でごく限られた色だけを使って、抽象的な絵を描いた。有名な『黒の正方形』のように1種類の形だけを使った非常にシンプルな構成の作品もあれば、多くの図形を宙に浮かせたように配置して躍動感を出した作品もある。ハディドはマレーヴィチにならい、フォルムの無駄をそぎ落として純粋な幾何学図形に近づけるように建築物や都市を描いた。20世紀初期の美術に関心のある人なら、彼女の絵の中に、もう一つの20世紀初めの芸術であるキュビスム的な雰囲気を見てとることができるだろう。対象物をいくつもの角度から眺めた視点で描き、あらゆる方向から対象物を同時に見ているような感覚を味わえる。これらに加えて、彼女の絵には流れるような動きがある。一般的に絵の具は建築家が使う画材ではないが、彼女は流れる液体である絵の具を使い、非常に独特な表現を生みだした。

　こうして生まれた絵画は作品自体だけでも十分に衝撃的だっ

ザ・ピークのデザイン

ザハ・ハディドによるザ・ピークの絵。香港はビル群と山が一体化した都市であるという点を念頭においてデザインされた。

たが、見る者に衝撃を与える以上に、絵には設計に対する思いが込められていた。「私は抽象芸術に非常に心惹かれ、設計を抽象化する方法に興味を持った。そのことで、建築とはかくあるべしという定説(ドグマ)に縛られずにすんだ」。ハディドは、大規模な都市計画から、たった1棟のビルにいたるまで、あらゆる種類のプロジェクトの検討と表現に絵を使った。彼女の名が最初に知られるようになったプロジェクトも、建物そのものと、舞台となった都市のドラマチックな風景を描いた絵で表現されている。

そのプロジェクトは、香港にザ・ピークと呼ばれる建築を作る計画だった。ハディドは、集合住宅を併設した高級レジャークラブのコンペに作品をデザインして応募した。彼女がデザインの出発点としたのは、自身が「絶対主義者の地形」と呼んだ建設予定地だった。香港はそもそもかなり窮屈な土地で、山際に都市が建設され、ところせましと高層ビルと低層の建物が立ち並ぶ「人工的な地形」になっていた。ハディドが描いた香港には、結晶のような形をした高層ビルが、海と山の間にぎっしり並び、青とピンクと

ザ・ピーク 227

グレーの陰影によってあらゆる輪郭が表現されていた。

　レジャークラブの建設予定地は香港の街を見下ろす山の上だった。ハディドのデザインは、この地形と建築との関係を考えることで固まり始めた。彼女は土地の一部を掘り起こして、岩を運び、人工的な崖を建設することを提案した。崖の上に建てることで、土地と建物の境界をなくし、地形との一体化を目指したのだ。

　しかし、建築物と地形に一体感が生まれても、香港のほかの建物から浮いてしまうおそれがある。水平の要素で構成されたハディドの建築物は、巨大梁のようにも見え、住宅の部分とクラブの部分に分かれている。スナックバーやプールなどが入った建物は、2本の梁の間に設けられた中空に華麗に浮かんでいる。

　建物の華は、梁のような構造と、その合間にプールなどの施設を配置して空中に制止させたような姿にあるだろう。過去の近代主義（モダニズム）で用いられた四角い構造がないため、いっそうの見ごたえがある。また、上の層が下の層に対して鋭い角度で配置しているため、大胆かつ不安定な印象も与える。直角を基本にした近代主義建築に対し、ハディドはひたすら斜めの線にこだわっているかのようだ。建物のラインの一部は曲線を描き、さらに近代主義から遠ざかろうとしている。流れるような曲線はハディドの建築の持ち味であり、斜めの線と組み合わせることで建物に躍動感を与えている。曲線を効果的に使う傾向は時代とともに顕著になり、主流の建築とは一線を画する非常に個性的なデザインを生んだ。ほかの建物とは違うデザインにして建物を目立たせているように思えるが、周囲の建物との違いには常に機能的な理由がある。

名声を得たザハ・ハディド

　ここからハディドは、彼女にふさわしい道を歩んでいく。ハディドのデザインはコンペで優勝した。だが、ザ・ピークは結局建設されなかった。おそらく大胆すぎると思われたのだろう。しかし、ハディドにとってこの作品は大きな飛躍のきっかけとなった。1988年にはニューヨーク近代美術館（MoMA）の脱構築主義の建築展で、ザ・ピークのデザインが展示され、世間に衝撃を与えたのだ。この展覧会は、直角をいたるところに取り入れた過去の近代主義に対し、1980年代の建築家がどう挑戦してきたかを示そうとしていた。その中でも、ジグザグと斜めの線と曲線が織りなす新しい世界を開いたザ・ピークは、ひときわ輝いていた。

　ハディドのデザインと絵画は、見た者に、建築物のフォルムと立地との関係を考え込ませずにはおかない魔力を持っている。同時にそれらの作品は、ハディドに革新的なデザイナーという地位を

The Peak

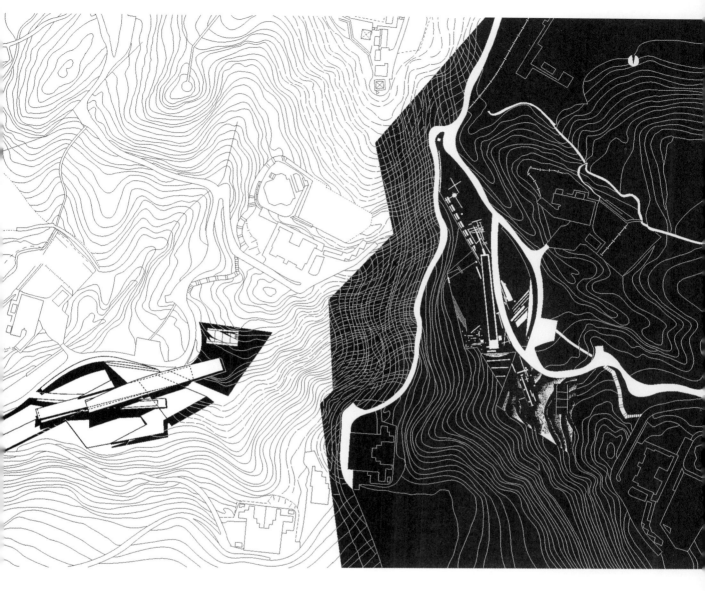

現在の地形とハディドのデザイン

実際の香港の地図にザ・ピークを重ね合わせた地形図。その後に建てられた建築物も載っている。

確立させ、非常に明確なビジョンを提供し、絶対主義芸術の視覚表現を、まったく新しい三次元のものへと変えた。

　ハディドの大胆な建築プロジェクトが実際の建築物として完成するまでには、長い時間を要した。彼女の努力が、ドイツのヴァイル・アム・ラインのヴィトラ消防署などの現実の建物となって結実するのは、10年ほど後の話になる。その頃には、ザ・ピークをはじめとするいくつものプロジェクトが建築の専門家たちの心をつかみ、彼女の評判はすでに揺るぎないものになっていた。実際に何も建設されていないうちから、彼女はすでに建築家として名前を知られ、安定した評価を得ていたのだった。

トゥール・サン・ファン
自己主張をしない超高層ランドマークタワー

Tour Sans Fins

フランス、パリ　ジャン・ヌーヴェル　1992年

　ランドマーク(地域を特徴づける目印)になるものを建てるという考え方は、建築が誕生したばかりの頃からあった。建築家たちはいつの時代にも、一つの建築物によって街全体あるいは地域全体を変え、街や地域のイメージを作ったり、「ブランド化」させたりするという考え方を知っていた。だが、開業業者や政府がそれを強く認識するようになったのは20世紀末のことだった。フランスのフランソワ・ミッテラン大統領はこの考え方に基づき、一連の「グランド・プロジェクト」を思いついた。自分が政権の座にある間に、大型ビルや現代的なモニュメントをパリに建て、建築的にも文化的にも都市の認知度を高めようとしたのだ。政府の支援を受けて建設された建物が成功して名声を得るようになると、民間の建設業者や不動産開発業者も、自分たちも「アイコン」になるような建築物を生み出したいと考えるようになった。

▍空に溶け込み、地面に吸い込まれる

　パリのラ・デファンスと呼ばれる大規模なオフィス街では、多数の民間開発業者による開発が進められていた。この地区が開発され始めたのは1950年代後半で、それまで空き地や工場やいくつかの建物があった場所に、オフィスビルが立ち並ぶようになった。初期に建てられたビルの高さは比較的低く、せいぜい330フィート(100メートル)程度だったが、この土地は都市のすぐ西側に位置し、エトワール凱旋門とカルーゼル凱旋門という二大凱旋門を結ぶパリの歴史軸に沿っていたため、立地は非常に恵まれていた。1970年代から地区が拡大され、1990年代の初めにかけて、さらにオフィスビルの建築ラッシュが起きた。この段階で建築物の高さ制限が解除され、より高いオフィスビルが新築されるようになった。1982年には、ラ・デファンスは世界最大級の商業地区に成長し、歴史軸の終点となる記念碑が設立された。これがミッテラン大統領のグランド・プロジェクトの一環として建設された、超高層ビルのグラン・ダルシュ(新凱旋門)だ。正方形のアーチの両側には行政のオフィスビルが入り、上の部分はエキシビジョンセンターになっている。

　グラン・ダルシュは、ラ・デファンス地区の中でも未開発の土地が残る地域に建てられた。すぐ近くには、鉄道線路に挟まれた、いつでも開発できそうな三角形の小さな空き地があった。この土

地に建てる建物のコンペが開かれ、建築家ジャン・ヌーヴェルが優勝した。彼は、やはりグランド・プロジェクトの一つとなった、非常に目を引くアラブ世界研究所の設計者として知られていた。ヌーヴェルがコンペ用にデザインした新しい建物は円筒形の高層ビルで、高さは当時世界最高峰の1394フィート（425メートル）、直径はかなり細身の143フィート（44メートル）だった。傑出したバランスと上品さを兼ね備えたデザインだ。

このビルにはおかしな名前がつけられていた。トゥール・サン・ファン、すなわち「終わりのない塔」という意味の名前は、このユ

トゥール・サン・ファンとグラン・ダルシュ（新凱旋門）

ラ・デファンス地区で、グラン・ダルシュ（中央）はくっきりした正方形を見せている。それと対照的に、近くに建つトゥール・サン・ファン（左）は、足元が周囲の影に溶け込み、先端は空に溶け込んでいるため、実際のビルの高さを感じさせない。

ニークなデザインをよく表している。ヌーヴェルのアイデアは、ビルの先端は空に溶け込んで消え、ビルの足元は地中に吸い込まれるように姿を消すというものだった。そうして、空や地面と一体化した、終わりがない建物にしようというわけだ。彼は掘った穴の中に建物の土台を沈め、低層階を表面がざらざらした黒い花崗岩（かこうがん）で覆うことで、地中に吸い込まれるように見せようとした。黒い花崗岩の上の階は、灰色の花崗岩、光沢のある雲母、アルミニウム、ステンレス鋼とさまざまな建材を使用し、上に向かうにつれて段階的に色を明るくしていく。窓にはさまざまな種類の反射材とガラスを使用し、頂上は透明なガラスのみで仕上げ、空に溶け込むような雰囲気を演出する。

　トゥール・サン・ファンの構造は、当時としては異色だった。その頃の一般的な高層ビルは、構造的な強度を確保するためにコンクリートコアを使用し、木の枝のように床を張り出させ、構造材としては役に立たないガラスなどの薄い被覆材で表面を覆っていた。ヌーヴェルの高層ビルは、外側のコンクリートの枠によって構造を支え、大きなガラス窓がはめ込まれることになっていた。そのため、内部のフロアではほとんどのスペースをオフィス空間として自由に利用できる。

　高層ビルの設計で必ず直面する構造上の問題の一つに、風の抵抗がある。強風が吹くと、高層ビルは驚くほどよく揺れる。最上階では3フィート（1メートル）前後も揺れることがあるほどだ。風の影響に耐えられる強度を確保することに加え、揺れを抑える工夫も必要で、揺れが続くと、高層ビルの中にいる人々がビル酔いを起こして体調不良を訴えるようになる。円筒形の細身のビルは、高さが同じくらいの四角いビルに比べれば風の抵抗を受けにくいが、高さ1394フィート（425メートル）にもなれば、どうしても風は問題になる。ヌーヴェルはデザインにあたって、技術者トニー・フィッツパトリックが率いる、有名な建築エンジニアリング企業アラップの技術チームの協力を得た。技術チームは、風の影響を和らげるために同調質量ダンパーと呼ばれる装置を使うことを提案した。これは、ビルの一番上に大型のおもりを設置し、風が吹いて建物が揺れ始めるとおもりが左右に動くように設計されている。このおもりの動きが振動を軽減し、中にいる人々がビル酔いを起こさずにすむという仕組みだ。

フランス経済の浮き沈み

　トゥール・サン・ファンは構造に配慮が行き届いており、見た目もすばらしかった。外観に対する注目度は（あるいは関わってくる金額

狭い敷地

ヌーヴェルのモデル。トゥール・サン・ファンは、周囲をビルに囲まれた狭い三角地に配置されている。

も）ヌーヴェルの作品としては普通だったが、トゥール・サン・ファンのように民間投資によって資金が賄われる商業ビルとしては、異例なほど高かった。しかし、ラ・デファンス地区のような目立つ立地で、パリのどこからでも見えるような建物としてはふさわしかった。残念ながら、民間から資金を集めなければならないという点が、プロジェクトの進行を妨げる大きな問題になった。ラ・デファンス地区の歴史は、フランス経済の浮き沈みに振り回されてきた。1990年代にも景気が悪化したためにプロジェクトはいったん保留になり、最終的には中止に追い込まれた。

　パリの西側にあるラ・デファンスに向かってパリを見渡すと、今では多く立ち並んだ高層ビル群が見える。だが、ヌーヴェルがデザインしたような高さと上品さを両立させたビルは見当たらない。建築界にとってはもう一つ、大きな損失があった。もし、トゥール・サン・ファンが建設されていれば、開発業者は身の程を知るという教訓を学ぶことができたにちがいない。ヌーヴェルの高層ビルは繊細さが身上だ。普通の高層ビルならもっと強く自己主張をしたデザインだろうに、このビルは繊細さを保ちながら、地面と空に敬意を表している。最近の高層ビルは、繊細さはほとんど表現されず、ほかのビルとは違う目立つ形やフォルムを採用することで、爪痕を残そうとする傾向がある。高層ビルにどうやって敷地を占有させるかを見直したヌーヴェルに、開発事業者たちは学ぶところがあったはずである。

バンコク・ハイパービルディング

Bangkok Hyperbuilding

都市全体の機能を内包する超高層ビル

1996年 タイ、バンコク／レム・コールハース

　ハイパービルディングという名前は、新しく作られた言葉に聞こえるが、コンセプトの登場は古い。ハイパービルディングとは、膨大な数の人々が暮らし、その壁の内側にさまざまな機能を収めた非常に巨大な建物のことだ。おそらく人類最初のハイパービルディングはバベルの塔だったと思われる。20世紀から21世紀にかけて登場したシカゴのジョン・ハンコック・センターやドバイのブルジュ・ハリファなど、住宅、ホテル、店舗、レストラン、ギャラリー、駐車場などを併設した多目的ビルにも、ハイパービルディングを名乗る資格があるだろう。

斜めと水平と縦の線の組み合わせ

バンコク・ハイパービルディングに入るには、すぐ近くの川にかかった斜めの「大通り」を利用する。ビル内ではさまざまな階に移動できる。

ケーブルカーとエレベーターで移動

　オランダの建築家レム・コールハースの作品は、数十年間にわたって建築界を揺さぶり続けてきた。コールハースと彼の建築事務所OMA、さらにその研究機関であるAMOは、建築物や出版物、実現しなかったプロジェクト(なかには非常に大規模な計画もあった)などにより、都市の建築物と都市計画に特別な影響を与えた。OMAがタイ、バンコクのプロジェクトで設計した、力強く大胆かつ巨大なハイパービルディングは、最も躍動感にあふれる作品の一つだ。この建物は、斜めに倒れたビルと、直立するビルをいくつも集め、不思議な格好をしている。しかし、無秩序に見えながらも、そこには意図と論理がある。

　バンコク・ハイパービルディングにはいくつかの原則がある。一つは、高層ビルに関する都市計画でよくいわれることで、近代都市をむしばんできたスプロール現象(都心から郊外へと無計画に無秩序な開発が進められていく現象)は、緑の空間を残して高層ビルを建設することで回避できるというものだ。ハイパービルディングは、12万人分の住居や各種設備、場合によっては職場も併設でき、緑の空間も増やせる。ビルに必要な敷地面積も、従来の宅地開発のわずか3パーセントですむ。もう一つの重要な原則は、住居と職場を近接させることで、移動時間の短縮とエネルギーの節約を図ることだ。

　コールハースは、ハイパービルディングはあらゆる意味で新興開発地域の都市にふさわしいと指摘した。新興都市では、急速な都市の拡大と近代的な施設の導入により、都市空間が混乱するおそれがある。ハイパービルディングは、スプロール現象のように貴重な郊外の土地を巻き込まずに、急激にふくれ上がる新興都市のニーズに応える。時代に合った解決策だといえるだろう。

　バンコクは長い歴史を持つ都市でありながら、過去数十年間で急速に成長と近代化が進んだ、いわば特殊なケースだ。コールハースはこの土地を「許容できるぎりぎりの状態にある都市」と表現した。交通量の多さ、でたらめな開発、不安定な政治情勢のために、生活と仕事をしやすい空間を作りにくくなっているのだ。それでもまだ新しい住宅や施設が必要とされている。広がり続ける都市のスプロール現象は抑えなければならない。コールハースは、ハイパービルディングは、そのような需要に応えながら、すでにある都市の状況を踏まえて立地を決めることができ、既存の施設とのバランスを考慮することもできると主張した。

　設計者たちはハイパービルディングを、一つの都市あるいは一

つの街区と見なし、ビルと従来の都市の構成要素が対応するとしている。コールハースらは次のように述べている。「都市に多様性と複雑さを持たせるには、ビルを都市のメタファーとして構築するべきだ。ビルは道の代わりとなり、水平の要素は公園、内部空間はいくつもの地区、斜めの部分は大通りに対応する」

　バンコクでは、すでにあるオフィス街の外れに近い土地に、ハイパービルディングを建設しようというアイデアが出ていた。そうすれば、ハイパービルディングの住民がオフィス街で働くことができるし、自分が暮らす巨大ビルの中に職場ができるかもしれない。想定された建設予定地は、チャオプラヤ川に近い緑地保護地区で、建物の一部は川をまたぎ、バンコク市内のどこにでもアクセスできる。この場所は、周辺をビルに囲まれているが、緑地を残すために開発されていなかった地域だった。ハイパービルディング内の移動方法や、外の世界との出入りも重要な点になる。バンコク・ハイパービルディングでは、いくつかの移動手段が用意されている。縦方向のエレベーターがビルの各階を結び、斜めの「大通り」ではケーブルカーと「ゴンドラ」が地面や都市とビルをつなげる。さらに「遊歩道」も設置されている。

　構造は型破りだ。幅の広い平面的な水平の台が、何本ものビルのさまざまな階層を結び、4本の斜めの「大通り」で地上とつながっている。ビルをいくつも集めたようなこの配置は、複数のビルが一つのビルとして「解釈される」ことを意図している。世界の大都市に建つ一般的な多目的ビルとハイパービルディングが一線を画するための工夫だ。一見したところではかなり複雑な構造に見えるが、実は比較的単純な造りを目指していた。バンコク・ハイパービルディングは、ハイテクの産物ではない。高層ビルや平面や斜めに傾いた構造物など、ここで用いられている要素は、柱や梁、筋交いなど、建築の最も基本的な要素とよく似ている。

超巨大ビルを分割したデザイン

　ハイパービルディングは非常に大規模な建物だ。エッフェル塔のミニチュアを隣に置いた模型を見ると、ハイパービルディングの一番高い部分はエッフェル塔の約4倍の高さがある。バンコクの周辺地域にある低層ビルに比べればはるかに高い。しかし、ハイパービルディングは複数のビルに分割されているため、12万人を収容できるような一体型のビルを建てるのに比べて、圧迫感を感じさせない。建物が非常に巨大になると、一つのビルではもはや満足のいく結果を出すことは難しい。そのような場合は建物を分割する必要があるというのがコールハースの原則だ。このような

緑を多く残すデザイン

模型を見下ろすと、ハイパービルディングが未開発地域に建っている様子がわかる。地上から高いビルの上にも緑の空間が設けられている。斜めの大通り（拡大図）は、ビルの中心部まで続いている。

巨大構造物からは「軽さ」や「明るさ」は感じられないように思えるが、比較的細身の構成要素には、おどろくほどの繊細さがある。ビルの比率と配置も内側を明るく保ち、通気性を確保できるように考えられている。

　バンコク・ハイパービルディングは建設されなかったが、その卓越した構造は、コールハースとOMAの代表作と呼ぶにふさわしい。また、都市部のビルを増やすというニーズに、ビルを分割するという方向性を示した点や、まったく新しい構造を提案して都市計画と建築を融合させた点も重要だ。このようなハイパービルディングが近い将来、世界のどこかの大都市の外れに姿を現す可能性は低いかもしれないが、巨大建築物が単体のビルである必要はないこと、透明感と明るさと優美さを兼ね備えるのは不可能ではないことをバンコク・ハイパービルディングは示している。

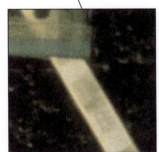

アジアの石塚
中国の都市環境問題に対応した農場つき高層ビル

Asian Cairns

　建築家がいる限り、私たちはより良い未来の実現を期待する。ルネサンス時代の理想都市から啓蒙時代が生んだ前代未聞の空間、19世紀の都市の急成長から20世紀のテクノロジーが生み出した夢まで、建築家は都市問題に対する解決策を示し、新たな生き方を提案してきた。私たちは常に先人の道に従ってきたわけではない。一方で、理想はときとして現実から離れすぎている。それでも、過去の時代の人々が残した作品には、豊富なアイデアが詰まっており、未来へのヒントを与えてくれる。

▍自然界の営みを高層ビルで再現

　現在、地球上で最も変化がめまぐるしい場所、それも都市の見直しが最も必要とされている場所は、おそらく中国だろう。中国の都市部は非常に激しい人口の変動に直面している。1980年、中国の都市部に住む人の割合は、全人口に対して5分の1程度だったが、現在は半数以上が都市部に集中し、その傾向はますます顕著になっている。中国では100万人以上の都市がまもなく220カ所を超えようとしており、500万人以上の都市も20カ所を超える。その結果、中国の都市部の建築も大きく様変わりした。上海には高層ビルがところせましと立ち並び、かつては人口3万人前後の地方都市だった深圳は、今や推定人口1800万人を抱える巨大都市に成長した。そして、人口の増加に伴い、エネルギー消費、炭素排出、食料不足、人口過密といった大都市につきものの問題を抱えるようになった。都市部では、中国で消費される地球エネルギーの75パーセントが消費され、80パーセントの炭素を排出しているといわれる。建築家には、これらの課題の解決が、かつてないほど強く期待されている。

　これらの問題を建築で解決するには、いろいろな方法がある。ゴミの再生利用、省エネ化、建物と緑の空間の融合、炭素排出量の削減といった重要な対策を、小規模住宅からオフィスビルまであらゆる建築物に取り入れるさまざまなアプローチが、「緑の建築」、「環境建築」、「持続可能な建築」などの言葉を使って登場してきた。これらのデザインの多くは、伝統的な建材（輸送で発生する二酸化炭素排出量を減らすため、現地で調達できる材料が多い）を使用するなど、ハイテクとは無縁でありながら、最新の再生可能エネルギー技術も導入されている。だが、中国のように急速に発展する新

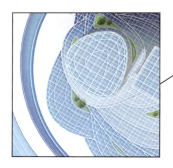

上から見た6本の石塚

円形の敷地に、6本の石塚が対称的に配置されている。それぞれの石塚の中心には正方形の高層ビルがあり、小石のような構造体を積み重ねた層を支えている（拡大図）。

アジアの石塚 | 239

興地域では、もっと抜本的なアプローチが求められているように思われる。

　アジアの石塚(2013年)は、深圳という巨大都市が抱える問題に対して、ベルギーの建築家ヴィンセント・カレボーが出した回答だ。農場つきの高層ビルを建てて、田園地帯と都会を一つの高層建築に融合させる。建物の外観は、旅行者たちが道端に石を積み上げた「石塚」がもとになっている。カレボーが深圳のために考えた計画は、円形の敷地に6つの高層ビル型農場を集めるものだった。それぞれの中心には、直立する高層ビルが建つ。この高層ビルの周囲に、小石のような形をした構造物をいくつも取りつけていく。この小石のような構造物はそれぞれが一つのモジュールとなり、住宅やオフィス、工場、レジャー施設などさまざまな機能を持つ。なかでもとりわけ重要な役割は食物の生産だ。中央の高層ビルは、構造全体を支える役割を果たし、建物内を縦方向に移動するときの軸となる。高層ビルの周囲に、らせん状に配置された小石のような形のモジュールは、表面がガラスまたは太陽光パネルで覆われ、発電用の風力タービンを取りつけたり、屋上に木を植えて緑の空間を設けたりすることができる。

　アジアの石塚は見るからにハイテクな感じがするが、手本となっているのは自然だ。自然は主に太陽のエネルギーに頼っている。必要なエネルギーだけを利用して、無駄を抑えている。あらゆるものを循環させて再生し、多様な生物を育む。カレボーは、これらの自然の法則をすべて自らのデザインに取り入れた。さらに、彼は自然界に存在する形をそのまま建物で表現した。美しい曲線の小石、らせん状のオウムガイの貝殻、耐久性と柔軟性(彼はプロジェクトについて書いた文章の中で、スイレンの葉のしなやかさとハチの巣の再生力と表現した)を併せ持った構造などがそうだ。外観も、設計のプロセスも、自然界の力に頼ったところは大きい。

自然とたたかわず、共存する

　高層ビル型農場にさまざまな機能を集約する理由は、過去数十年間で提案された数々の巨大構造物が掲げてきた目的に近い。例えば、通勤にかかる時間と距離を短縮できれば、それだけエネルギーの節約と汚染の軽減につながる。コミュニティ全体を1カ所に集中させれば、規模の拡大に伴う経済効率の向上が見込める。しかし、アジアの石塚にはさらに大きい意図が秘められている。この建物は、ゴミの再生利用を導入し、エネルギーを可能な限り自家発電により調達し、緑化を進めて都市の酸素供給に寄与するように設計されている。有機農業を実践することにより、食物生

産における農薬や化学肥料の使用を抑え、食料自給率を高め、都市の生物多様性の維持にも貢献する。食物の生産を都市部に移行させれば、地方の森林を破壊せずにすみ、環境の保護にもつながる。

　アジアの石塚は、構造がおもしろく、見た目に華やかで、さまざまな方向から問題にアプローチをしている。都会の高層ビルに農場を取り入れようと考えた建築家はカレボーだけではないし、そういう意味では独創的とはいえない。だが、さまざまな要素を見事に一体化させ、魅力的に生物の有機的な形態を模している。しかし、このプロジェクトの最も興味深い点は、建築の既成概念をくつがえそうとしたところだろう。歴史的に、建築物とは自然の力から人間を守るものだと考えられてきた。風や雨や雪を防ぎ、冬の寒さをしのぎ、照りつける夏の太陽の日差しをさえぎる。建築はそんな存在だった。しかしアジアの石塚は自然との共生を目指している。より持続可能な生き方を実現させるという希望を持って、人間と環境の仲介役となる。

　世界中に存在する伝統的な建物は、(建築家の手が介在することなく)その土地独自の建材を使い、固有の気候風土に合わせている。このような建築物は常に自然と共生し、その土地固有の気候や社会的な慣習、農業に寄り添ってきた。これらはハイテク技術に頼らない、素朴な低層の建物であることがほとんどだ。一方、アジアの石塚のような建築物は、人類と自然界に調和をもたらすという希望のもとに、鉄骨から太陽光発電パネルにいたるまで、技術の粋を詰め込んでいる。拡大を続ける中国の都市は、かつてない規模で人類に課題を突きつけ、同じようにかつてない規模での解決策を必要としている。このような課題に建築家が取り組もうと立ち上がり続ける限り、未来には希望がある。

森から立ち上がる建物

次ページ：カレボーは、森から立ち上がるような有機的な建物として、アジアの石塚を思いついた。空中緑地や空中農場を取り入れて、さらに緑を増やすこともできる。

主な参考文献

Albrecht, Donald（2012）*Norman Bel Geddes Designs America*, New York, NY: Abrams

Amery, Colin, et al.（1981）*Lutyens*, London: Arts Council of Great Britain

Arnold, Catherin（2007）*Necropolis: London and its Dead*, London: Simon & Schuster

Averlino, Antonio di Pietro（1965）*Filarete's Treatise on Architecture: Being the Treatise by Antonio di Piero Averlino, Known as Filarete*, trans. by John R. Spencer, facsimile edn 2 vols, New Haven, CT: Yale University Press

Bel Geddes, Norman（1932）*Horizons*, Boston, MA: Little Brown

Bentham, Jeremy（1995）*The Panopticon Writings*, edited by Miran Božovi, London: Verso

Betzky, Aaron（2009）*Zaha Hadid: Complete Works*, New York, NY: Rizzoli

Blau, Eve（2002）*Architecture and Cubism*, Cambridge, MA: MIT Press

Bogner, Dieter（1997）*Friedrich Kiesler: Inside the Endless House*, Vienna: Bohlau

Butler, A. S. G.（1950）*The Architecture of Sir Edwin Lutyens*, Vol. III, London: Country Life

Carter, Rand（1979）'Karl Friedrich Schinkel's Project for a Royal Palace on the Acropolis', *Journal of the Society of Architectural Historians*, Vol. 38, No. 1（March 1979）, pages 34–46

Cohen, Jean-Louis（2011）*Mies van der Rohe*, Berlin: Birkhäuser

Colquhoun, Kate（2003）*A Thing in Disguise: The Visionary Life of Joseph Paxton*, London: Fourth Estate

Cook, Peter（ed.）（1999）*Archigram*, New York, NY: Princeton Architectural Press

Crawford, Alan（1998）*Charles Rennie Mackintosh*, London: Thames & Hudson

Crewe, Sarah（ed.）（1986）*Visionary Spires*, London: Waterstone

Curl, James Stevens（2002）*Death and Architecture*, Stroud: Sutton Publishing

Curtis, William（2006）*Le Corbusier: Ideas and Forms*, London: Phaidon Press

Dickson, Donald R.（1998）*The Tessera of Antilla: Utopian Brotherhoods and Secret Societies in the Early Seventeenth Century*, Leiden: Brill

Eaton, Ruth（2002）*Ideal Cities: Utopianism and the*（*Un*）*built Environment*, London: Thames & Hudson

Eriksen, Svend（1974）*Early Neo-Classicism in France*, London: Faber & Faber

Etlin, Richard A.（1996）*Symbolic Space: French Enlightenment Architecture and Its Legacy*, Chicago, IL: University of Chicago Press

Ferriss, Hugh（1986）*The Metropolis of Tomorrow*, with essay by Carol Willis, New York, NY: Princeton Architectural Press

Goldin, Greg and Lubell, Sam（2016）*Never Built New York*, New York, NY: Metropolis Books

Harrison, J. F. C.（1969）*Robert Owen and the Owenites in Britain and America: The Quest for the New Moral World*, London: Routledge

Hart, Vaughan（2011）*Inigo Jones: The Architect of Kings*, New Haven, CT and London: Yale University Press

Horn, Walter（1979）*The Plan of St Gall*, Berkeley, CA: University of California Press

Huxtable, Ada Louis（1960）*Pier Luigi Nervi*, New York, NY: George Braziller

Jardine, Lisa（2003）*On a Grander Scale: The Outstanding Career of Sir Christopher Wren*, London: HarperCollins

Jodido, Philip（2008）*Jean Nouvel by Jean Nouvel: Complete Works*, Cologne: Taschen

Kemp, Martin（2005）*Leonardo*, Oxford: OUP

Kultermann, Udo（ed.）（1970）*Kenzo Tange, 1946–1969: Architecture and Urban Design*, New York, NY: Praeger

Le Corbusier（2000）*The City of Tomorrow and Its Planning*, Mineola, NY: Dover Publishing

Leapman, Michael（2004）*Inigo: The Troubled Life of Inigo Jones, Architect of the English Renaissance*, London: Headline

Leopold, Richard William（1940）*Robert Dale Owen: A Biography*, Cambridge, MA: Harvard University Press

Life Magazine, 24 December 1965

Linstrum, Derek (1999) *Towers and Colonnades: The Architecture of Cuthbert Brodrick*, Leeds: Leeds Philosophical and Literary Society

Lissitzky-Kuppers, Sophie (1980) *El Lissitzky, Life, Letters, Texts*, London: Thames & Hudson

Lupfer, Gilbert and Sigel, Paul (2004) *Gropius*, Cologne: Taschen

Lynde, Fred C. (1890) *Descriptive Illustrated Catalogue of the Sixty-Eight Competitive Designs for the Great Tower for London*, London: Industries

Lynton, Norbert (2009) *Tatlin's Tower: Monument to Revolution*, New Haven, CT and London: Yale University Press

Macaulay, James (2010) *Charles Rennie Mackintosh: A Biography*, New York: Norton

Margolin, Victor (1997) *The Struggle for Utopia*, Chicago, IL: University of Chicago Press

Margolius, Ivan (1979) *Cubism in Architecture and Design*, Newton Abbot: David & Charles

Martin, John (1842) *Martin's Thames and Metropolis Improvement Plan*, London: Ridgway

Mertins, Detlef (2014) *Mies*, London: Phaidon

Meyer, Esther da Costa (1995) *The Work of Antonio Sant'Elia: Retreat into the Future*, New Haven, CT and London: Yale University Press

Milner, John (1983) *Vladimir Tatlin and the Russian Avant-Garde*, New Haven, CT and London: Yale University Press

Murray, Stephen (1980) 'The Choir of the Church of St-Pierre, Cathedral of Beauvais: A Study of Gothic Architectural Planning and Constructional Chronology in Its Historical Context', *The Art Bulletin*, Vol. 62, No. 4 (December 1980), pages 533–51

Murray, Stephen (1989) *Beauvais Cathedral: The Architecture of Transcendence*, Princeton, NJ: Princeton University Press

Nicholl, Charles (2005) *Leonardo da Vinci: The Flights of the Mind*, London: Penguin

Oshima, Ken Tadashi (2009) *Arata Isozaki*, London: Phaidon

Pevsner, Nikolaus (1962) 'Finsterlin and Some Others', *Architectural Review*, Vol. 13, No. 789, pages 353–7

Price, Lorna (1982) *The Plan of St Gall in Brief*, Berkeley, CA: University of California Press

Raschke, Brigitte (1996) *Frank Lloyd Wright: The Mile-High Illinois*, Munich: Scaneg

Ribart, Charles (1758) *Architecture Singuliere: L'éléphant Triomphal: Grand Kiosque a la Gloire du Roi*, Paris: P. Patte

Ridley, Jane (2003) *Edwin Lutyens: His Life, His Wife, His Work*, London: Pimlico

Rosen, Sidney (1969) *Wizard of the Dome*, New York, NY: Little, Brown

Rosenau, Helen (ed.) (1976) *Boullée and Visionary Architecture*, New York, NY: Harmony Books

Rosenau, Helen (1983) *The Ideal City and Its Architectural Evolution in Europe*, London: Routledge

Schulze, Franz (1996) *Philip Johnson: Life and Work*, Chicago, IL: University of Chicago Press

Select Committee on Metropolitan Communications (1855) *Minutes of Evidence Taken Before Select Committee, 7 June 1855*, London: House of Commons

Semple, Janet (1993) *Bentham's Prison: A Study of the Panopticon Penitentiary*, Oxford: Clarendon Press

Smith, Franklin W. (1891) *A Design and Prospectus for a National Gallery of History and Art at Washington*

Solomonson, Katherine (2003) *The Chicago Tribune Tower Competition*, Chicago, IL: University of Chicago Press

Steffens, Martin (2003) *Schinkel*, Cologne: Taschen

Thompson, Edward H. (1999) 'Introduction', in Johannes Valentin Andreae, *Christianopolis*, trans. by Edward H. Thompson, Boston, MA: Kluwer Academic Publishers

Tinniswood, Adrian (2002) *His Invention so Fertile: A Life of Christopher Wren*, London: Pimlico

Vidler, Antony (2006) *Claude-Nicholas Ledoux: Architecture and Utopia in the Era of the French Revolution*, Berlin: Brikhäuser

Whittick, Arnold (1956) *Eric Mendelsohn*, London: Leonard Hill

Wright, Frank Lloyd (1957) *A Testament*, New York, NY: Horizon

Zevi, Bruno and Mendelsohn, Louise (1999) *Erich Mendelsohn: The Complete Works*, Berlin: Birkhäuser

索引

A–Z

AMO 235
BTタワー、ロンドン 179
JPモルガンチェースビル、ヒューストン 145
MoMA、ニューヨーク→ニューヨーク近代美術館
OMA（オフィス・フォー・メトロポリタン・アーキテクチャー）、バンコク・ハイパービルディング 193, 235, 237

ア

アイアコッカ、リー 219
アイザック・ニュートン記念堂 41, 59, 60~65, 66, 68
アイゼンマン、ピーター 212~215
アイランド・ダンス・レストラン、ミシガン湖 177
アインシュタイン、アルバート 134
アインシュタイン塔、ポツダム 134, 136, 137
アーキグラム→ウォーキング・シティ
アーキグラム・オペラ 207
『アーキテクツ・ジャーナル』 171
　アクロポリスの丘の宮殿、アテネ 86~89
アジアの石塚、深圳 193, 238~243
アテネ、ギリシャ 75
　アクロポリスの丘の宮殿 86~89
アドルフ・ロースのトリビューン・タワー 144, 146~149
アブ・シンベル神殿、エジプト 84
アミアン大聖堂 18, 100
アメリカ移民記念館、ニューヨーク 216~219
アメリカ海軍 108
アーモリーショー、ニューヨーク（1913） 125
アラップ 232
アラブ世界研究所、パリ 231
アラモアナセンター、ホノルル 179

アリストテレス 25
アル=ケ=スナン、フランス、王立製塩所 56~59
アール・デコ 113, 125, 198
　ゲッデス、ノーマン・ベル 176
　高層ビル 145, 146, 186
アール・ヌーヴォー 112, 118, 122, 136
アルバート公 45, 90, 96
アルハンブラ宮殿、グラナダ 109
アンドレーエ、ヨハン・ヴァレンティン 36~39
磯崎新 193, 202~205
イタリアのルネサンス 39
　階層構造都市 30, 33
　スフォルツィンダ 22~25
　通商貿易 24
　都市計画 24
　パトロン 25
　四大元素 25
　理想都市のパネル画 26~29
　→ルネサンス時代
移民記念館、ニューヨーク 216~219
イームズ、チャールズとレイ 145
イングランド内戦（1642–1651） 45
インスタント・シティ 208
インディアナ州、米国、ニューハーモニー 75, 76~81
ヴァノーニ、カルロ 189, 190
ヴィクトリア女王（ヴィクトリア時代） 45, 96
ヴィクトリア・ピラミッド巨大墓所 85
ヴィッテルスバッハ、オットー・フォン 86
ヴィトラ消防署、ヴァイル・アム・ライン 229
ウィトルウィウス 43
ヴィラ・ゾレイダ、フロリダ 109
ウィリアム3世 45
ウィルソン、トーマス 82~85

ウィンザー城 45
ウェストミンスター（大聖堂）、ロンドン 181
ウェッブ、マイケル 207
ウェルウィン、田園都市、イギリス 167
ヴェルド、アンリ・ヴァン・デ 136
ウェンブリー、ロンドン→ワトキンの塔
ウォーキング・シティ 193, 206~211
ウォバッシュ川、インディアナ州 77
ウォール街の株価大暴（1929） 179
ヴォルケンビューゲル→雲の鐙
ヴォルテール 60
宇宙の家（スペースハウス） 200
宇宙の象徴 57, 59
ウッツォン、ヨーン 134
ウルジー枢機卿 42
ウルビーノ、イタリア 12, 13, 26~29
エジプシャン・ホール、ロンドン 84
エジプト、古代 83~84
エッフェル、ギュスターヴ 104, 107
エッフェル塔、パリ 132, 179, 236
　ワトキンの塔 104, 106, 107
エラスムス、ロッテルダムの 36
エリエル・サーリネンのトリビューン・タワー 113, 142~145
エリザベス2世 45
エレクテイオン神殿 88
エンドレスハウス、ニューヨーク 198~201
エンパイアステート・ビル、ニューヨーク 146, 171, 186, 220
オイケマ、王立製塩所、アル=ケ=スナン 58, 59
オーウェン、デイビッド 81
オーウェン、ロバート 75, 76~81
オーウェン、ロバート・デール 81
黄金時代 22, 24, 25
黄金の書 24~25

王立アカデミー、ロンドン 77, 182
王立英国建築家協会(RIBA) 115, 226
王立建築アカデミー、パリ 57
王立製塩所、アル＝ケ＝スナン、フランス 56～59
オーストラリア・スクエア、シドニー 191
オズボーン・ハウス、ワイト島 45
音楽堂、万国博覧会、グラスゴー 114～117

カ

海上都市 194, 197
凱旋門、パリ 50, 53, 230
階層構造都市、ダ・ヴィンチ、レオナルド 30～35
ガウディ、アントニ 113, 118～121, 136
輝く都市 150, 162～167
語る建築 56～57, 59
カトリック大聖堂、リヴァプール 151, 180～183
カトリック教徒解放令(1829) 181
ガーフィールド、ジェームズ・A 85
カポディストリアス、イオアニス 86
ガラスの家 150, 156～161, 216
ガラスの鎖 161
ガリレイ、ガリレオ 40
カルーゼル凱旋門、パリ 230
カルナック神殿、エジプト 111
カルネヴァーレ、フラ 29
ガルフビル、ヒューストン 145
カレボー、ヴィンセント 193, 238～243
環境(建築)→アジアの石塚
監獄、パノプティコン、ロンドン 70～73
ギザ(ピラミッド) 64, 84, 106
キースラー、フレデリック 198～201
キーティング、フレデリック・ウィリアム、大司教 181
機能主義 140, 150, 200
ギバード、フレデリック 183
キャンパス・ガルリ 17
旧博物館(アルテス・ムゼウム)、ベルリン 87
キュビスム 112, 113, 122～125, 131, 226
キュビスムの家、パリ 122～125
『教会建築学者』 100, 102, 103
教会美術協会 189
巨大なアヒル、ロングアイランド、ニューヨーク 50
菊竹清訓 194, 196, 202
ギリシャ、古代(ギリシャ様式) 12, 22, 60, 67, 69, 86
近代主義(モダニズム) 150, 151, 193, 200
　「形は機能に従う」 202
　カトリック大聖堂 183
　近代建築を北米に 216
　グロピウス、ヴァルター 156, 173
　高層ビル 144
　ジャージー回廊 212, 214, 215
　脱構築主義 228
　フィンステルリン、ヘルマン 160, 161
　メンデルゾーン、エーリヒ 134, 156
　リシツキー、エル 155
　ロース、アドルフ 146
近代美術館(MoMA)、ニューヨーク→ニューヨーク近代美術館
『クイーン』誌 207
空間都市(ラウムスタット) 198
「空想建築」 136
空中都市 192, 202～205
空中レストラン、シカゴ 151, 176～179
クック、ピーター 207
グッゲンハイム、ペギー 200
グッゲンハイム美術館、ニューヨーク 118, 121
クプカ、フランティセック 123
雲の鐙、モスクワ 151, 152～155, 204
クライスラービル、ニューヨーク 146, 186
グラスゴー、イギリス→万国博覧会のための音楽堂
クランストン、ケイト 114, 117
グラン・ダルシュ(新凱旋門)、パリ 230, 231
クランブルック教育コミュニティ、ミシガン州 145
クランブルック美術学院、ミシガン州 145
クリア、ウィリアム 48, 49
クリスタル・パレス→水晶宮
クリスティアノポリス 13, 36～39
グリムシャウ、ニコラス 209
グリーン、デイヴィッド 207
グレイヴス、マイケル 212～215
グレート・ヴィクトリアン・ウェイ、ロンドン 75, 94～97
グレート・モデル→セント・ポール大聖堂
クレンツェ、レオ・フォン 89
黒い聖母の家、プラハ 124
黒川紀章 197
グロピウス、ヴァルター 151, 216
　ガラスの鎖 161
　高層ビル 144
　全体劇場 151, 172～175
　フィンステルリン、ヘルマン 156
　バウハウス 173, 174
　ファンステルリン、ヘルマン 156
　「無名の建築家」展(1919) 156, 160
クロンプトン、デニス 207
『芸術報(ダス・クンストブラット)』 155
啓蒙時代(啓蒙運動、啓蒙主義) 40, 41, 60, 65, 66, 238
下水道、ロンドン 74, 75, 97
　テムズ川の三階建て堤防 90, 92, 93
ケッピー、ジョン 114
ゲルトナー、フリードリッヒ・フォン 89
ケンサル・グリーン、ロンドン 85
ケンジントン宮殿、ロンドン 45
現代装飾美術・産業美術国際博覧会、パリ(1925) 198
ケント、ウィリアム 42

構成主義 112, 132, 133
高層ビル 113, 150, 154
　→アジアの石塚
　→アドルフ・ロースのトリビューン・タワー
　ウォーキング・シティ 208
　→エリエル・サーリネンのトリビューン・タワー
　→輝く都市、ル・コルビュジエ
　空中都市 204
　→雲の鐙
　→ザ・イリノイ
　ザ・ピーク 227
　ジャージー回廊 212
　→新都市（チッタ・スォーヴァ）
　→セットバック
　東京計画1960 197
　→トゥール・サン・ファン、パリ
　ネルヴィ、ピエル・ルイジ 191
　→橋の上のアパート
　→バンコク・ハイパービルディング
　→フリードリヒ通りビル
　メンデルゾーン、エーリヒ 134
　ワトキンの塔 107
国際革新芸術家会議 155
黒死病 30 →ペスト
国立図書館、パリ 66～69
国立歴史・美術博物館、ワシントンDC 75, 108～111
ゴシック建築（ゴシック様式）26, 140
　19世紀 122
　カトリック大聖堂 180, 181
　高層ビル 144, 145, 146
　ボーヴェ大聖堂 18～21
　リール大聖堂 98～103
古代の殿堂、ワシントンDC 111
ゴチャール、ヨセフ 124, 125
古典様式 12
　17世紀と18世紀 40
　19世紀 122
　イニゴー・ジョーンズ 43
　王立製塩所、アル゠ケ゠スナン 57

高層ビル 144, 146, 149
国立図書館、パリ 68, 69
国立歴史・美術博物館、ワシントンDC 108
シンケル、カール・フリードリッヒ 86, 89
セント・ポール大聖堂 46, 48
ブーレー 60, 64, 65
ホワイトホール宮殿 43, 44
ミース・ファン・デル・ローエ、ルートヴィヒ 138, 140
リーズ市庁舎 98, 103
理想都市 26～28
レオナルド・ダ・ヴィンチ、階層構造都市 33
コープ・ヒンメルブラウ 161
ゴベルトゥス修道院長 15
コミンテルン →第三インターナショナル記念塔
ゴメス、グレゴリー 189
ゴールドバーグ、モーリス 179
コールハース、レム 193, 234～237
コルベット、ハーヴェイ・ウィリー 168～171
コルベール、ジャン＝バティスタ 66
コンウェイ、M・D 110
今世紀の美術ギャラリー、ニューヨーク 200

サ

再建法（1670）47
ザ・イリノイ、シカゴ 184～187
サウス・ケンジントン博物館（ヴィクトリア・アルバート博物館）、ロンドン 109
サウスビル 77, 81
サグラダ・ファミリア、バルセロナ 118, 120
『ザ・グラフィック』 106
サークル線、ロンドン 96, 97
ザ・シャード、ロンドン 187
サダオ、ショージ 221, 224
サックス五番街、ニューヨーク 200
ザ・ピーク、香港 226～229
サラン＝レニバン 57

サリヴァン、ルイス 144～145, 148
サーリネン、エリエル 113, 142～145
サロン・ドートンヌ展、パリ（1912）123, 125
産業ホール、万国博覧会、グラスゴー 115, 116
ザンクト・ガレン修道院、スイス 13, 14～17
サンクトペテルブルク、ロシア 40 →第三インターナショナル記念塔
サンクロフト、首席司祭 47
サンテリア、アントニオ・ド 112, 126～129
サンドリンガム・ハウス、ノーフォーク 45
サン・ピエトロ大聖堂、ローマ 108, 181
シエナ、イタリア 22, 29
ジェームズ1世（イングランド王）42～45
ジェームズ2世 45
ジェームズ6世（スコットランド王）42
ジェームズ7世 45
シェルドン、大主教 47
ジオデシックドーム 220, 221, 225
シカゴ、米国 74
　アドルフ・ロースのトリビューン・タワー 144, 146～149
　エリエル・サーリネンのトリビューン・タワー 142～145
　空中レストラン 176～179
　高層ビル 107, 140, 146
　ザ・イリノイ 184～187
　シカゴ・トリビューン紙 →トリビューン・タワー
　シカゴ万博「進歩の世紀」（1933～1934）176
シーグラム・ビルディング、ニューヨーク 216
自然科学アカデミー、フィラデルフィア 81
持続可能な建築 238
シドニーのオペラハウス 134
ジャヴィッツ、ジェイコブ 218
ジャージー回廊、ニュージャージー州 212～215

上海 238
シャルトル（大聖堂）18, 100
シャンゼリゼ、パリ 50, 52
修道院 12, 13, 36
   ザンクト・ガレン修道院 14〜17
   ニューノーシア 188〜191
自由の女神、ニューヨーク 217, 218, 219
首都建設委員会、ロンドン 97
シュプレマティスム→絶対主義
シュールレアリスム→超現実主義
シュレンマー、オスカー 173
巡礼センター、ニューノーシア 188〜189
勝利の凱旋ゾウ、パリ 50〜55
『曙光（フリューリヒト）』誌 141
ジョージ2世 42
ショーの森、フランス 57
ジョーンズ、イニゴー 40, 42〜45, 46
ジョンソン、フィリップ 216〜219
ジョンソン、リンドン・B、大統領 216
ジョン・ハンコック・センター、シカゴ 234
新衛兵所（ノイエ・ヴァッヘ）87
シンケル、カール・フリードリッヒ 86〜89
新建築家協会 155
新古典主義 56, 87
深圳、中国、アジアの石塚 238〜243
シンタグマ広場、アテネ 89
新動向（スオヴォ・テンデンツェ）129
新都市（チッタ・スォーヴァ）126〜129
水晶宮（クリスタル・パレス）、ロンドン 95, 97, 179
水族館レストラン、シカゴ 177
水平の摩天楼 151, 152, 154, 204
スカモッツィ、ヴィンチェンツォ 43
スコット、エイドリアン・ギルバート 183
スコット、ジャイルズ・ギルバート 183
スコット、リドリー、『ブレードランナー』129

スタム、マルト 155
スチュワート、マクラーレン、ダン 106
ストラスブール大聖堂 64
スフォルツァ、フランチェスコ 22, 25
スフォルツァ・イル・モーロ、ルドヴィーコ 30
スフォルツィンダ、ミラノ 13, 22〜25
スミス、フランクリン・ウォルド 75, 108〜111
スミソニアン博物館 111
製塩所、アル＝ケ＝スナン、フランス 56〜59
生物形態主義（バイオモルフィズム）156, 161
聖ベネディクトゥス、ヌルシア 188, 190
絶対主義（シュプレマティスム）
   ハディド、ザハ 226, 227, 229
   リシツキー、エル 152, 154, 155
セットバック 113, 126, 144
   →エリエル・サーリネンのトリビューン・タワー
   →新都市（チッタ・スォーヴァ）
   橋の上のアパート 168
セティ1世 84
セルリオ、セバスティアーノ 43
全体劇場、ベルリン 151, 172〜175
セント・エドワーズ大学、エヴァートン 180
セント・ポール大聖堂、ロンドン 40, 46〜49, 82, 117
   グレート・モデル 40, 47〜49
セント・メアリー大聖堂、サンフランシスコ 190
セントルイス修道院、ミズーリ州 190
ゾウ→勝利の凱旋ゾウ
   シャンゼリゼ 50, 52
   バスチーユ広場 53, 54
総督邸、ニューデリー 181
ゾウのルーシー、マーゲート・シティ、ニュージャージー州 53
ゾガリア王 24〜25

ソバージュ、アンリ 129
ソープ、ジョン 182
ソリア・イ・マータ、アルトゥーロ 214
ソールト、ヘンリー 84

タ

「大悪臭（グレート・スティンク）」93
大英帝国博覧会（1924）107
第三インターナショナル記念塔、サンクトペテルブルク 112, 130〜133
大聖堂 12, 40, 50, 64, 126
   カトリック大聖堂、リヴァプール 151, 180〜183
   スフォルツィンダの大聖堂 25
   セント・ポール大聖堂、ロンドン 40, 46〜49, 82, 117
   ニューノーシア 188〜190
   ボーヴェ大聖堂 13, 18〜21
   リール大聖堂、フランス 98〜103
ダ・ヴィンチ、レオナルド 13, 26, 30〜35
ダウニー、リチャード 181, 183
脱構築主義 212, 228
タトリン、ウラジーミル 112, 130〜133
「堕落した」画家 200
丹下健三 194〜197, 202, 212
チェンバーズ、ウィリアム 72
チャオプラヤ川 236
チャールズ1世 45
中世 12〜13, 46, 59, 169, 180
   階層構造都市 30
   国立図書館、パリ 66, 67
   ザンクト・ガレン修道院 17
   ボーヴェ大聖堂 18, 20, 21
   理想都市のパネル画 26, 28
超現実主義（シュールレアリスム）160
チョーク、ウォーレン 207
庭園のあずまや、ルッケンヴァルデ 113, 134〜137
   →メンデルゾーン、エーリヒ
ディドロ、ドゥニ 60
ディ・ピエトロ・アヴェルリーノ、アントニオ→フィラレーテ

索引 249

デ・ステイル 198
鉄道 75, 112, 126, 128～129, 166, 192, 196
　グレート・ヴィクトリアン・ウェイ、ロンドン 94～97
　メトロポリタン鉄道、ロンドン 104, 106
テート・ギャラリー、ロンドン 73
テムズ川、ロンドン 72, 73
　下水道 90, 92, 93, 97
　三階建て堤防 90～93
テムズ川の三階建て堤防、ロンドン 90～93
デュシャン、マルセル 123
デュシャン＝ヴィヨン、レイモン 122～125
デラ・フランチェスカ、ピエロ 26, 28
『田園生活』、ハッセー、クリストファー 182
田園都市運動 167
伝統的な建物 241
東京計画1960、東京 194～197, 202, 212
塔建築株式会社（トゥルムハウス） 138
トゥール・サン・ファン、パリ 230～233
都市 12, 13, 40, 74, 112, 113, 150, 192, 193
　アクロポリスの丘の宮殿 86
　→アジアの石塚
　→ウォーキング・シティ
　エリエル・サーリネンのトリビューン・タワー→トリビューン・タワー
　エンドレスハウス 198
　王立製塩所 56, 59
　→階層構造都市
　→輝く都市
　→キュビスムの家
　→空中都市
　雲の鐙 152, 154
　→クリスティアノポリス
　→グレート・ヴィクトリアン・ウェイ
　国立歴史・美術博物館 109

　ザ・イリノイ 184
　ザ・ピーク 226～227
　→ジャージー回廊
　→新都市（チッタ・スフォーヴァ）
　→スフォルツィンダ
　セント・ポール大聖堂 46
　→東京計画1960
　トゥール・サン・ファン 230
　ニューハーモニー 76, 77
　→橋の上のアパート
　→バンコク・ハイパービルディング
　ピラミッド型墓地 82
　マンハッタンドーム 211
　→理想都市のパネル画
都市計画 193
　階層構造都市 30, 33
　輝く都市 162, 167
　空中都市 205
　ザ・イリノイ 184
　ザ・ピーク 227
　ジャージー回廊 212, 214
　スフォルツィンダ 24
　東京計画1960 197
　バンコク・ハイパービルディング 235, 237
　ピラミッド型墓地 82
　理想都市のパネル画 28
図書館、国立図書館、パリ、フランス 66～69
ドナテッロ 26
ドミノシステム 162
トラヤススの記念柱、ローマ 149
トリビューン紙、シカゴ→トリビューン・タワー
トリビューン・タワー
　アドルフ・ロースの 144, 146～149
　エリエル・サーリネンの 142～145
ドローネー、ロベール 123

ナ

ナイル川、エジプト 84
ナポレオン 52～54

ニュージャージー州、米国 53→ジャージー回廊
ニュートン、アイザック 40→アイザック・ニュートン記念堂
ニューノーシア、パース 188～191
ニューハーモニー、インディアナ州 75, 76～81
ニューヨーク、米国 50, 125, 129, 144～145, 212
　→アメリカ移民記念館
　ウォーキング・シティ 208, 209
　→エンドレスハウス
　過密状態 169
　高層ビル 140, 146, 186
　→ニューヨーク近代美術館（MoMA）
　→ニューヨーク万国博覧会
　→橋の上のアパート
　→ホテル・アトラクション
　→マンハッタンドーム
　ル・コルビュジエ 162, 166
ニューヨーク・タイムズ紙 218, 219
ニューヨーク近代美術館（MoMA） 141, 198～201
　1932年の展覧会 216
ニューヨーク万国博覧会（1939） 178, 179
スーヴェル、ジャン 230～233
ネヴァ川、サンクトペテルブルク 132
ネルヴィ、ピエール・ルイージ 188～191
農場、アジアの石塚 238～243
ノートルダム大聖堂、パリ 18, 100

ハ

バイオモルフィズム→生物形態主義
ハイテク 193
　アーキグラム 209
　アジアの石塚 238, 240, 241
　空中レストラン 178
　バンコク・ハイパービルディング 236
ハイパービルディング 193, 234～237
バウアースフェルト、ヴァルター 220

ハウウェルズ、ジョン・ミード 144, 146
バウハウス 145, 155, 173, 174
ハギア・ソフィア、イスタンブール 117
ハクスタブル、アダ・ルイーズ 219
パクストン、ジョセフ
 グレート・ヴィクトリアン・ウェイ 75, 94~97
 水晶宮（クリスタル・パレス）95, 97
バザルジェット、ジョセフ 93, 97
バージェス、ウィリアム 100, 102
橋の上のアパート、ニューヨーク 151, 168~171
パース、オーストラリア、ニューノーシア 188~191
ハッセー、クリストファー 182
パッラーディオ、アンドレーア 43~44
ハディド、ザハ 193, 226~229
バーナム、ダニエル 118
ハニーマン（ジョン）&ケッピー建築事務所 114
パノプティコン、ロンドン 70~73
パノプテス、巨人 70
バビロン様式 75, 108
ハブ、ベルトルド 25
バベルの塔 218, 234
ハーモニスト 76, 77
薔薇十字団 36
パラツェット・デロ・スポルト、ローマ 190
パリ、フランス 85, 100, 188, 198
 →エッフェル塔
 王立製塩所 56
 →キュビスム
 「グランド・プロジェクト」230, 231
 →国立図書館、パリ
 国立歴史・美術博物館 109
 手稿B 33, 35
 →勝利の凱旋ゾウ
 タトリン・ウラジミール 131, 132
 →トゥール・サン・ファン
 ノートルダム大聖堂 18

パリ万博 179
ポンピドゥーセンター 161, 209
メトロ駅 136
ラ・デファンス 230, 233
ル・コルビュジエ 162
パルテノン神殿、アテネ 86, 88, 89
バルモラル城、スコットランド 45
ハワード、ジョン 70
バンコク・ハイパービルディング、バンコク 193, 234~237
万国博覧会のための音楽堂、グラスゴー 114~117
ハンプトン・コート、ロンドン 43
ビアード、メアリー 88
ピアノ、レンゾ 209
ピカソ、パブロ 122, 131
ピサの斜塔 106
ビザンティン様式 117 →カトリック大聖堂
ピスカートル、エルヴィン 172~175
百年戦争（1337~1453）20
ピュージン、A・W・N 180
ピュージン、エドワード・ウェルビー 180, 181
ヒューズ、ロバート 162
表現主義 113, 134, 137, 156, 160
ピョートル大帝 132
ピラミッド型墓地、ロンドン 82~85
ピラミッド墓地会社 85
ピレリビル、ミラノ 188
ファティマの聖母像 188
ファラデー、マイケル 90
フィッツパトリック、トニー 232
フィラレーテ（アヴェルリーノ、アントニオ・ディ・ピエトロ）22~25
フィレンツェ、イタリア 22, 29
フィンステルリン、ヘルマン 150, 151, 156~161
フェラーラ、イタリア 29
フェリス、ヒュー 151, 168~171
フォスター、ノーマン 209
フッド、レイモンド・M 144, 145, 146
空中レストラン 179

橋の上のアパート 169~171
プーニン、ニコライ 130
『冬宮殿の襲撃』（1920）133
フューチュラマ 178, 179
フラー、リチャード・バックミンスター 209, 220~225
ブラウン、マーク 141
プラグイン・シティ 193, 208
ブラック、ジョルジュ 122
ブラックプール（塔）107
フラットアイアン・ビル、ニューヨーク 118, 121
プラトン 36, 39, 77, 81
プラハ、チェコ 113, 122, 124, 125
ブラマンテ、ドナート 30
ブランズウィック劇場、ロンドン 81
フランス革命（1789~1799）58, 69
フランス学士院、パリ 33
フリードリヒ2世、プロイセン 65
フリードリヒ通りビル、ベルリン 138~141, 154
プリムローズ・ヒル、ロンドン、ピラミッド型墓地 82
ブールジュ大聖堂 18
ブルジュ・ハリファ、ドバイ 187, 234
ブルータリズム 162, 215
ブルノ、チェコ 125
ブルワー=リットン、エドワード（ポンペイ最後の日）111
ブーレー、エティエンヌ・ルイ 41
 アイザック・ニュートン記念堂 41, 59, 60~65, 68
 国立図書館、パリ 66~69
『ブレードランナー』129
ブロイヤー、マルセル 155
ブロウン 152, 154
ブロドリック、カスバート
 リーズ市庁舎 98, 100, 103
 リール大聖堂 98~103
ブロードエーカー・シティ 184
プロピュライア、アテネ 88
ベーカー、ベンジャミン 106
ベーコン、フランシス 77, 80

ヘシオドス 22
ペスト 30, 33
ベッジマン、ジョン 104
ベトナム戦争戦没者慰霊碑、ワシントンDC 219
ベーネ、アドルフ 160
ベネディクト会 17
　　ニューノーシア 188~191
ヘラルド・トリビューン紙 218
ヘーリング、フーゴー 141
ベル・ゲッデス、ノーマン 151→空中レストラン
　　フューチュラマ 178, 179
　　『ホライゾンズ』179
　　『マジック・モーターウェイズ』179
ペルツィヒ、ハンス 141
ベルツォーニ、ジョバンニ 83, 84
ベルニーニ、ジャン・ロレンツォ 50
ヘルマン、グスタフ 136
ペール・ラシェーズ墓地、パリ 85
ベルリン、ドイツ 87, 134, 155
　　→全体劇場
　　→フリードリヒ通りビル
　　理想都市のパネル画 27, 29
ヘロン、ロン 206~211
ベンサム、サミュエル 70
ベンサム、ジェレミー 70~73
ヘンリー8世 42, 43
ホウィットウェル、トーマス・ステッドマン 76~81
ボーヴェ大聖堂、フランス 13, 18~21
ポストモダン 193, 212
墓地 59
　　ピラミッド型墓地、ロンドン 75, 82~85
ポチョムキン公爵 70
ボッティチェリ、サンドロ 26
ホテル・アトラクション、ニューヨーク 118~121
ポトマック川、ワシントンDC 110
ホーム・インシュランス・ビル、シカゴ 107

ホワイトサイド、トーマス、大司教 181
ホワイトホール宮殿、ロンドン 40, 42~45
ボーン、アーネスト 16, 17
香港、ザ・ピーク 226~229
ホンドロス、ジョージ 190
ポンピドゥーセンター、パリ 161, 209
ポンペイア 109, 111

マ

マイヤー、アドルフ 144
マカドゥー、ウィリアム・ギブス 118
マクルア、ウィリアム 81
マタマラ、ジョアン 118
マタマラ、ロレンソ 118
マッキントッシュ、チャールズ・レニー 114~117
マッケイ、チャールズ 44
マッジョーレ病院、ミラノ 22
マーティン、ジョン 90~93
マドリード、スペイン 214
マリネッティ、フィリッポ・トンマーゾ 126
マルセイユ、フランス 167, 215
マルティーニ、フランチェスコ・ディ・ジョルジョ 26~29, 39
マレーヴィチ、カジミール 152, 226
マンセル要塞 208
マンハッタン、米国 118
　　→ウォーキング・シティ
　　→橋の上のアパート
　　→マンハッタンドーム
マンハッタンドーム、ニューヨーク 220~225
ミース・ファン・デル・ローエ、ルートヴィヒ 113, 155, 216
　　フリードリヒ通りビル 138~141, 150, 154
ミッテラン、フランス大統領 230
緑の建築 238
ミネルヴァ広場、ローマ 50
ミラー、ジェームズ 117
未来派 112, 126~129

ミラノ、イタリア 12
　　→階層構造の都市、ダ・ヴィンチ
　　→スフォルツィンダ
ミルバンク刑務所、ロンドン 73
ミレニアム・ドーム、ロンドン 117
ミロ、ナントゥイユ 18
ムーア様式 109
メア、アンドレ 124
メアリー2世 45
メタボリズム 194, 197, 202
『メトロポリス』(映画) 126, 129
メトロポリタン鉄道、ロンドン 104, 106
メンデルゾーン、エーリヒ 113, 156, 161
　　アインシュタイン塔 134, 136, 137
　　ガラスの鎖 161
　　→庭園のあずまや
モア、トーマス 77
モスクワ、ロシア、雲の鐙 151, 152~155, 204
モダニズム→近代主義
モホリ＝ナジ、ラースロー 173
モンテフェルトロ、フェデリーコ・ダ 27
モンドリアン 198
モンマルトル・ナイトクラブ、プラハ 125

ヤ

ヤナーク、パヴェル 122, 125
ユーダル、スチュワート 218
ユニテ・ダビタシオン 162, 166, 167, 215
ユネスコ本部、パリ 188
ヨーク大主教 42
ヨーク・プレイス、ロンドン(ホワイトホール宮殿) 42, 43

ラ

ライト、フランク・ロイド 144, 179
　　グッゲンハイム美術館 118
　　→ザ・イリノイ
　　ブロードエーカー・シティ 184
ライヒェナウ修道院、オーストリア

15
ラウムスタット（空間都市）198
ラシュス、ジャン＝バティスト 102, 103
ラッチェンス、エドウィン 151, 180〜183
ラトローブ、ベンジャミン 57
ラファエロ、『アテナイの学堂』67, 69
ラファティ、ジェームズ・V 53
ラムセス2世 84
ラング、フリッツ、『メトロポリス』126, 129
ランス大聖堂 18, 100
リヴァプール、イギリス、カトリック大聖堂 151, 180〜183
リシツキー、マルコヴィッチ（リシツキー、エル）151, 152〜155, 204
リーズ市庁舎 98, 100, 103
理想都市 12, 13, 192, 193
　　アジアの石塚 238
　　王立製塩所、アル＝ケ＝スナン 59
　　クリスティアノポリス 13, 36〜39
　　スフォルツィンダ 22, 25
　　ダ・ヴィンチ、レオナルド 33
　　ニューハーモニー、インディアナ州 77
　　ル・コルビュジエ 166
理想都市のパネル画、イタリア 26〜29
リテラリー・ガゼット紙 91
リバール、シャルル＝フランソワ 41, 50〜55
リビング・ポッド 208
リール大聖堂、フランス 98〜103
リン、マヤ 219
リンカーン、エイブラハム 109
ルーアン大聖堂 100
ルイ13世 66
ルイ14世 45, 52, 66
ル・コルビュジエ、シャルル＝エドゥアール・ジャヌレ 160, 215, 216
　　輝く都市 150, 162〜167
　　ドミノシステム 162

ユニテ・ダビタシオン 162, 166, 167, 215
ルッケンヴァルデ、ドイツ→庭園のあずまや
ルドゥー、クロード・ニコラ 41, 56〜59
ルートヴィヒ1世、バイエルン 86
ルネサンス時代 12〜13, 193, 238
　　→イタリアのルネッサンス
　　エラスムス、ロッテルダムの 36
　　円（象徴）28
　　教育の理想 38
　　ネオ・ルネサンス様式 218
　　フランス風のルネサンス様式 216
　　要塞化された理想都市のデザイン 77
　　ルネサンス時代の都市 169
ル・ノートル、アンドレ 52
ルーブル美術館、パリ 110
ルルド、フランス 189
ルロワ、シャルル 103
レジェ、フェルナン 123
レッチワース、イギリス 167
レベリー、ウィリー 70〜73
レン、クリストファー 40〜41, 45, 46〜49, 82
レンウィック・ジュニア、ジェームズ 110
ロココ様式 60, 64, 65
ロシア皇帝 90
ロシア革命（1917）130, 152, 154
ロジャーズ、リチャード 209
ロース、アドルフ 144, 146〜149
ロックフェラーセンター、ニューヨーク 145
ロッシ、アルド 65
ローハンプトン、ロンドン 167
ローマ、古代 12, 69, 86
　　黄金時代の伝説 22
　　ザンクト・ガレン修道院 14, 15
　　ブーレー、エティエンヌ・ルイ 60
　　ホワイトホール宮殿 43
　　ポンペイア 109, 111

理想都市のパネル画 26
ローマ様式 46, 75, 108, 109
ロマネスク様式 17
ロンドン、イギリス 74, 75, 77
　　→グレート・ヴィクトリアン・ウェイ
　　回転レストラン 179
　　下水道 74, 75, 90〜93, 97
　　サウス・ケンジントン博物館 109
　　人口 74, 82, 90, 94, 97
　　→セント・ポール大聖堂
　　大火 46, 82
　　→テムズ川の3階建て堤防
　　ハディド、ザハ 216
　　→パノプティコン
　　→ピラミッド型墓地
　　ブランズウィック劇場 81
　　→ホワイトホール宮殿
　　ロンドン・ドックス 76
　　ロンドン塔 46
　　→ワトキンの塔
ロンドン万国博覧会、ロンドン（1851）94, 95, 109, 179

ワ

ワシントンDC、米国 40, 75, 219
　　→国立歴史・美術博物館
ワトキン、エドワード 104〜107
ワトキン、デイヴィッド 89, 104〜107
ワトキンの塔、ロンドン 104〜107
ワナメーカー百貨店 168, 170
ワールド・テレグラム・アンド・サン紙 219
ワールドトレードセンター、ニューヨーク 118, 121

図版クレジット

P1 Bibliotheque Nationale de France
PP3, 88–89 The National Galleries of Scotland
PP4–5 Alavoine, Jean Antoine (1776–1834) / Musee de la Ville de Paris, Musee Carnavalet, Paris, France / Bridgeman Images
P6 akg–images / Sputnik

CHAPTER 1: IDEAL WORLDS

PP13–15 akg–images
P16 Wikimedia Commons, Public Domain
P19 Hemis / Alamy Stock Photo
P21 Wikimedia Commons, Public Domain
P22 INTERFOTO / Nachum T. Gidal / Mary Evans
P23 akg–images / Mondadori Portfolio / Antonio Quattrone
PP24–5 Wikimedia, Public Domain
PP26–7 DeAgostini / L Romano / Getty Images
P29 Walters Art Museum, Baltimore, USA / Bridgeman Images
P31 DeAgostini Picture Library / Getty Images
P32 akg–images
P34 akg–images / Album/Prisma
P37 AF Fotografie / Alamy Stock Photo
P38 AF Fotografie / Alamy Stock Photo

CHAPTER 2: ENLIGHTENED VISIONS, ECCENTRIC SPACES

P41 Graham Lacdao © The Chapter of St Paul's Cathedral
P42 London Metropolitan Archives (City of London)
P43 RIBA Collections
P44 Bridgeman Images
P47 Graham Lacdao © The Chapter of St Paul's Cathedral
P48 Graham Lacdao © The Chapter of St Paul's Cathedral
PP50–51 Science History Images / Alamy Stock Photo
P52 Charles Ribart's French order of architecture
PP54–55 akg–images / Erich Lessing
P56 Perspective View of the Town of Chaux, c. 1804 (engraving) (b/w photo), Ledoux, Claude Nicolas (1736–1806) / Bibliotheque Nationale, Paris, France / Bridgeman Images
P58 Courtesy of The MIT Press from Anthony Vidler; Claude–Nicolas Ledoux: Architecture and Social Reform at the End of the Ancien Regime, Cambridge, Massachusetts: MIT Press, © MIT 1990, page 357 bottom
P61 Bibliotheque Nationale de France
PP62–63 Bibliotheque Nationale de France
P67 © Tallandier / Bridgeman Images
P68 © Leemage / Bridgeman
P71 © British Library Board. All Rights Reserved / Bridgeman Images

CHAPTER 3: THE EXPLODING CITY

P75 © Antiqua Print Gallery / Alamy Stock Photo
P77 Don Smetzer / Alamy Stock Photo
PP78–79 Chronicle / Alamy Stock Photo
P80 Mary Evans Picture Library
P83 London Metropolitan Archives (City of London)
P84 London Metropolitan Archives (City of London)
P87 akg–images
P91 Pandemonium, 1841 (oil on canvas), Martin, John (1789–1854) / Louvre, Paris, France / Bridgeman Images
P92 London Metropolitan Archives (City of London)
P94 © Victoria and Albert Museum, London
P95 RIBA Collections
P97 © Antiqua Print Gallery / Alamy Stock Photo
P99 RIBA Collections
P105 Chronicle / Alamy Stock Photo
P106 © Look and Learn / Illustrated Papers Collection / Bridgeman Images
P108 Courtesy of the Library of Congress, LC–USZ62–58657
P111 Irma and Paul Milstein Division of United States History, Local History and Genealogy, The New York Public Library. "The Pompeia Penagotheca" The New York Public Library Digital Collections. 1862–1963.

CHAPTER 4: BUILD IT NEW

P113 © The Hunterian, University of Glasgow, 2017
PP114–15 © The Hunterian, University of Glasgow, 2017
P116 © The Hunterian, University of Glasgow, 2017
PP119–121 Hotel Attraction, New York, Antoni Gaudí, 1908
P123 Archives of American Art, Smithsonian Institution
P124 © Lubomir Synek – ArchArt / Bridgeman Images
P127 akg–images / De Agostini Picture Library
P128 akg–images / DeAgostini Picture Library/U.Marzani
P130 akg–images / Sputnik
P131 akg–images / Universal Images Group/Sovfoto
P133 akg–images
P135–137 © bpk / Kunstbibliothek, Staatliche Museen zu Berlin / Dietmar Katz. Erich Mendelsohn's work, with kind permission of Daria Louise Joseph and family.
P138 DIGITAL IMAGE © 2017, Mies van der Rohe / Gift of the Architect / MoMA / Scala © DACS 2017
P139 © Ludwig Mies van der Rohe / DACS 2017
P140 DIGITAL IMAGE © 2017, The Museum of Modern Art, New York / Scala, Florence © DACS 2017
P143 Wikimedia Commons, Public Domain
P145 Heritage–Images / Curt Teich Postcard Archives / akg–images
P147 RIBA Collections
P148 Kohl–illustration / Alamy Stock Photo

CHAPTER 5: RADIANT CITIES

P151 Fine Art Images / HIP / Topfoto
P153 Fine Art Images / Heritage Images / Getty Images
P154 Fine Art Images / HIP / Topfoto
P155 akg–images © DACS 2017
P158–159 bpk / Staatsgalerie © DACS 2017
P163 Le Corbusier (Jeanneret, Charles-Edouard 1887–1965), Ville Radieuse (plan), 1930. Drawing. BI, ADAGP, Paris / Scala, Florence
P164–165 © FLC / ADAGP, Paris and DACS, London 2017
P166 © FLC / ADAGP, Paris and DACS, London 2017
P169 Courtesy of The George A. Smathers Libraries at The University of Florida
P170 Avery Architecture & Fine Arts Library, Columbia University (with thanks to the family of the artist)
P172 © Tallandier / Bridgeman Images © DACS 2017
P175 © Tallandier/ Bridgeman Images © DACS 2017
P177 akg–images / TT News Agency / SVT; © The Edith Lutyens and Norman Bel Geddes Foundation, Inc.
P178 Photo by Library of Congress / Corbis / VCG via Getty Images; © The Edith Lutyens and Norman Bel Geddes Foundation, Inc.
P180 Courtesy National Museums Liverpool
P182 RIBA Collections
P183 RIBA Collections
PP185 The Frank Lloyd Wright Fdn, AZ / Art Resource, NY/ Scala, Florence © ARS, NY and DACS, London 2017
P186 The Frank Lloyd Wright Fdn, AZ/Art Resource, NY/Scala, Florence © ARS, NY and DACS, London 2017
P189 New Norcia Archive, accession number NNA 74897P
P191 New Norcia Archive, accession number NNA 05176–17

CHAPTER 6: MOVING ON

PP193, 213, 214–215 Michael Graves Architecture & Design
P195 © Akio Kawasumi
P197 © Akio Kawasumi
PP198–199 DIGITAL IMAGE © 2017, The Museum of Modern Art, New York / Scala, Florence. © 2017 Austrian Frederick and Lillian Kiesler Private Foundation, Vienna
PP202–3 Deutsches Architekturmuseum, Frankfurt am Main; Foto: Uwe Dettmar, Frankfurt am Main; © Arato Isozaki
PP206–207, 210–211 © Ron Herron Archive. All Rights Reserved, DACS /Artimage 2017
P217 © Louis Checkman/Distributed Art Publishers Never Built New York
P218 Photo by Geo. P. Hall & Son/The New York Historical Society / Getty Images
PP221–224 Courtesy, The Estate of R. Buckminster Fuller
P227 DIGITAL IMAGE © 2017, The Museum of Modern Art, New York / Scala, Florence. © Zaha Hadid Foundation.
P228–9 © Zaha Hadid Foundation
P231 Jean Nouvel & Associes / Photomontage. © Jean Nouvel / ADAGP, Paris AND DACS, London 2017
P233 © Jean Nouvel / ADAGP, Paris AND DACS, London 2017 © Centre Pompidou, MNAM–CCI, Dist. RMN–Grand Palais / Jean–Claude Planchet
P234 Photo by Hans Werlemann, courtesy OMA © OMA / DACS 2017
P237 Photo by Hans Werlemann, courtesy OMA © OMA / DACS 2017
P238, 239, 242–243 VINCENT CALLEBAUT ARCHITECTURES

ナショナル ジオグラフィック協会は1888年の設立以来、研究、探検、環境保護など1万3000件を超えるプロジェクトに資金を提供してきました。ナショナル ジオグラフィックパートナーズは、収益の一部をナショナルジオグラフィック協会に還元し、動物や生息地の保護などの活動を支援しています。

日本では日経ナショナル ジオグラフィック社を設立し、1995年に創刊した月刊誌『ナショナル ジオグラフィック日本版』のほか、書籍、ムック、ウェブサイト、SNSなど様々なメディアを通じて、「地球の今」を皆様にお届けしています。

nationalgeographic.jp

PHANTOM ARCHITECTURE
Text Copyright © Philip Wilkinson 2017

Published by arrangement with Simon & Schuster UK Ltd
1st Floor, 222 Gray's Inn Road, London, WC1X 8HB
A CBS Company
through Japan UNI Agency, Inc., Tokyo

All rights reserved. No part of this book may be reproduced or transmitted in any form or by any means, electronic or mechanical, including photocopying, recording or by any information storage and retrieval system without permission in writing from the Publisher.

まぼろしの奇想建築

2018年10月8日　第1版1刷
2021年 9月1日　　　2刷

著者	フィリップ・ウィルキンソン
訳者	関谷冬華
編集	尾崎憲和　田村規雄　葛西陽子
編集協力	小葉竹由美
日本語版デザイン	三木俊一＋髙見朋子（文京図案室）
制作	クニメディア
発行者	滝山晋
発行	日経ナショナル ジオグラフィック社 〒105-8308 東京都港区虎ノ門4-3-12
発売	日経BPマーケティング

ISBN 978-4-86313-418-8
Printed in China

© 2018 日経ナショナル ジオグラフィック社
本書の無断複写・複製（コピー）は、著作権法上の例外を除き、禁じられています。購入者以外の第三者による電子データ化及び電子書籍化は、私的利用を含め一切認められておりません。